SHOUBASHOU JIAO NI ZUO KEYAN

手把手教你做科研

——写给中小学教师

胡远明 著

河南大学出版社
HENAN UNIVERSITY PRESS
·郑州·

图书在版编目（CIP）数据

手把手教你做科研 ： 写给中小学教师 / 胡远明著. -- 郑州 : 河南大学出版社, 2020.7（2024.12重印）

ISBN 978-7-5649-4351-6

Ⅰ. ①手… Ⅱ. ①胡… Ⅲ. ①中小学—教学研究 Ⅳ. ①G632.0

中国版本图书馆CIP数据核字（2020）第111740号

策划编辑 阮林要

责任编辑 张雪彩

责任校对 林方丽

封面设计 陈　玮

出版发行 河南大学出版社

地址：郑州市郑东新区商务外环中华大厦2401号　　邮　编：450046

电话：0371-86059750（高等教育与职业教育出版分社）

0371-86059701（营销部）

网址：hupress.henu.edu.cn

印　刷 河南龙华印务有限公司

版　次 2020年8月第1版　　**印　次** 2024年12月第7次印刷

开　本 710 mm×1010 mm　1/16　　**印　张** 20

字　数 317千字　　**定　价** 55.00 元

（本书如有印装质量问题，请与河南大学出版社联系调换）

序一：对话一线教师　助推教学科研

随着教师专业化的发展，“教师成为研究者”已不再仅仅是口号，而逐渐变为现实。然而，教学科研并非易事，教师在实际操作中仍会面临各种问题，陷入诸多困境。怎么办？一方面需要老师们不断学习、自我提升，另一方面需要行家的指导帮助。内外两方面力量的结合，有助于教师更好地从事教学科研。助力教师教学科研需要指导者具备相应的能力。

一是调查了解能力。准确把握教师教学科研现状是有效指导的前提。指导者最好经常参与教师们的教学科研活动，有较多的机会与他们面对面交流，了解他们真实的困惑、内在的需求与生存的困境。同时，通过察看、分析他们撰写的论文、课题申报书、结题报告等文字成果对他们的教学科研水平与存在的问题做出全面而准确的研判与把握。

二是归纳概括能力。通过调查了解所获得的对教师教学科研的认识往往是感性的、分散的，还需通过分门别类的梳理、归纳概括进一步把认识提升到理性的高度、整体的层面。这样才能更全面、更深层地把握教师教学科研中存在的问题，从而提供更具有普遍性与针对性的指导。

三是释疑解惑能力。教师在教学科研过程中会存在各种各样的问题与疑惑，对此，指导者要能给出清晰而准确的分析，对问题、疑惑产生的背景、根源等给出科学的解释，对从事教学科研的价值意义等给予正确的指引，对教学科研的动力给予持久的激发，对教学科研的知识给予有效的传授，从而全方位地解决教师教学科研中存在的问题与困惑。

四是对策指导能力。释疑解惑只是解决了认识层面的困惑，而对策指导才能解决实践层面的问题。针对教师教学科研的问题与困惑，指导者要能够提供明确、具体、可操作的解决方法、应对举措。这些教学科研的方法、对策应易于掌握，可操作性强，而且行之有效。

真正具备这些能力需要长期的学习与积累，需要深厚的理论功底与实践经验。阅读胡远明老师的《手把手教你做科研——写给中小学教师》这本书，可以发现胡老师完全具备了这些能力，而且能够娴熟地驾驭。因工作之需，他经常接触、参与教师们的教学科研活动，积累了丰富的指导经验与大量的一手资料，在此基础上深入分析、归纳概括，切实把握了一线教师教学科研的问题与困惑，进而基于教师教学科研的特点，为教师教学科研提供了努力的方向、可操作性强的对策。阅读下来，这本书有以下几个方面的特点。

一是立足教研真实问题。研究真实问题，是科研的前提，也是科研的常识。然而，要做到这一点，有时并不容易，因为很多“想当然的问题”“拍脑袋的问题”“似是而非的问题”会被拿来“认真研究”。找准教师教学科研中遇到的真实问题，才能为后续工作提供坚实的基础和牢固的前提。什么是教研真实问题？就是教师在教学研究中碰到的各种各样的障碍，这些障碍是客观、真实存在的。不解决这些真实问题，教师就难以很好地走上教学科研之路，难以顺利地实施教学科研。这本书就是立足于教师教学科研的真实问题而展开的，旨在帮助教师解决这些真实问题。真实就是力量。对真实问题的研究与解决使得本书具有强烈的现实扎根性与强大的实践推动力。

二是针对教师真正困惑。教研的真实问题与教师的真正困惑有关系，但不是同一回事。教研的真实问题是教学科研过程中客观存在的障碍，教师的真正困惑则是教师在对教学科研主观认识过程中遇到的挫折。教师教学科研中的困惑具有个别性，也具有普遍性。作者对教师科研的困惑有比较全面的了解，而且做了很好的归纳概括。比如，把中小学教师对课题研究的认识误区概括为神秘论、负担论、单一论、速成论、游离论、复杂论等六大类。这些归纳概括全面而清晰，不仅澄清了教师教学科研的误区，而且为有针对性地走出误区提供了坚实的认识基础与可能的对策方向。本书就是针对教师教学科研过程中产生的真正困惑而写作的，从众多带问号的标题就可以看出这一点。这些带问号的问题从哪里来的？老师们日常教学科研中产生的。这就是教师的真正困惑。本书以与一线教师对话的姿态与方式书写，问题是教师的疑惑，回答则是作者的释疑解惑。一问一答的对话中，教学科研的诸多问题迎刃而解。由此不难看出，这本书具有非常强的现实针对性与问题解释力。

三是基于正确的科研观。科研观是我们对教学科研的整体性认识。从某种意义上说，有什么样的科研观，就会有什么样的科研行为、科研成果。正确的科研观引领正确的科研方向、正确的科研行为，进而产生源源不断的科研动力和优质的科研成果。树立正确的科研观对教学科研十分重要。然而，现实中存在一些不正确的科研观念，如“研究与教学是对立的”“为科研而科研”“为课题而课题”等。针对这些不正确的科研观念，本书进行了纠偏拨误，提出了“教育教学过程中的问题是中小学教师科研的起点”“中小学教师的科研不能等同于专家教授的科研”“课题研究是教育教学工作的一部分”“结项报告是做出来的，而不是写出来的”“工作遇到难题越多越需要研究”“课题研究不要盲目赶时髦”“中小学教师的科研就是实践性研究”等中小学教师应知的科研常识。这些科研常识对教师转变科研观念、形成正确的科研认识，十分必要，也十分有用。重视观念引领是本书的一大特色。

四是切实提供可行方法。对教学科研的指导，一方面要有观念转变的引领，另一方面还要切实提供专业可操作的方法。本书介绍了许多“如何做”的具体措施、具体策略、具体方法，对一线教师来说都是可学、可做、可成的。作者提出一线教师的课题研究工作过程应当尽量简化、细化，应落实到具体的课堂教学过程中，与教育教学工作融为一体。如果按照这样的指导去实践，教学科研将不再是负担，不再是累赘。需要注意的是，只读书是没有用的，关键要学以致用。按照书本的指导实现观念转化、进行实践操作，才会逐渐走上教学科研之路，真正掌握教学科研之法，进而成长为研究型教师、专家型教师。

可以说，这是一本在指导教师教学科研实践中摸爬滚打出来的书，是一本站在一线教师教学科研立场上书写的书，是一本对话一线教师助推教学科研的书，是一本既有实践智慧又有理论内涵的书，是一本针对性、操作性、实践性都非常强的书，是一本实打实的教学科研指导书。相信，认真学习这本书可以帮助教师解决教学科研中的诸多困惑与问题，助力教学科研的顺利实施和教学科研水平的不断提升。

中国浦东干部学院教授　李冲锋

2020年4月23日于卧书公室

序二：科研为伴　且行且思

一

时光荏苒，逝者如斯。

掐指算来，本人入职教师行业已经25年了，而进入科研部门工作也已经有16年之久。在进入科研部门之前，我是一名普通的中学历史教师，非科研专业或者教育学专业的“科班”出身。我最初对科研的认识几乎是懵懵懂懂、一无所知，也像大多数一线教师一样，把科研看作是一件神圣、神秘和高不可攀的事情。但随着时间的推移和个人的努力，我慢慢对科研有了一些熟悉和了解，开始对科研有了一些新的认识和理解。回首20年来的人生之路，是一段比较漫长、艰辛而充满着温暖的路程。

作为一名基层科研工作者，本人常年深入基层学校、走进课堂和接触一线教师。多年来，我每年坚持进课堂听课上百节，每年指导各级各类的科研课题数百项，每年开展各种科研知识的普及讲座几十次。在与广大一线中小学教师接触过程中，我发现老师们在教育教学过程中经常会遇到各种各样的问题或难题，此时要么是手足无措，要么是抱怨和苦恼，这显然严重阻碍了教育教学工作的开展。这些日常教育教学过程中出现的现象，引起了我们的深度思考：中小学一线教师在教育教学过程中遇到的问题谁来解决？谁又能够解决？这显然是摆在我们教师面前的亟待解决的难题。

同时我也发现，尽管多年来一再提倡一线中小学教师做科研，相关的科研部门也一直为科研事业殚精竭虑，为科研普及和引领也做出了大量的工作，但事实上部分学校的科研氛围和教师的科研能力仍然不容乐观，尤其是一线教师在科研意识、科研方法和科研能力等方面都存在着不同程度的欠缺。每年在课题立项、研究过程或结项的时候，每天都会有大量认识或不认识的一线中小学教师通过微信、邮箱、电话等多种方式向我咨询课题的相关问题。尽管一般情况下我都会耐心解答和指导，但这毕竟是杯水车薪，显然远远满足不了广大教师的科研需要。

当看到一线中小学教师面对日常教育教学过程中的一个个难题而苦恼，当看到那一双双对科研迷茫而渴望的眼神，我感到了肩上的责任和巨大的压力。因此，我非常希望能够为中小学一线教师分忧解难，能够为一线教师做一点力所能及的帮助。

二

也正是基于这样的思考，我把与一线教师接触、交流过程中看到、听到、想到和问到的各种问题作为素材及时付诸笔端，形成了一篇篇有血有肉、观点鲜明的科研文章。其中的部分文章在个人微信公众号“老胡聊科研”上相继推出后，引起了广大中小学一线教师的广泛关注、学习和转发，有的一线教师甚至把部分文章打印出来研读，这些也成了我笔耕不辍的动力“源泉”。当然，能够对中小学一线教师的科研水平提高尽到自己的绵薄之力，我也略感欣慰。

多年来，我一直坚持潜心研究，笔耕不辍，已经把写作当成了我个人生命的重要组成部分，在历时数年的写作之后，已经累积了几十万文字的科研素材。经常有朋友建议我，把这些年撰写的文章集结成册，这可能会对广大一线中小学教师有更大帮助。也正是朋友们的多次好心奉劝和本人的反复考虑，触动了我出书的念头。于是，我的第一本书——《手把手教你做科研——写给中小学教师》就像新出生的婴儿一样“呱呱坠地”了。

本书合计分为六章内容。第一章，从“揭开教育科研神秘‘面纱’”切入，回答了一线教师最迷茫、急需解决的科研困惑，帮助一线教师树立正确的科研观，让中小学的教育科研走下高高在上的“神坛”。第二章至第五章，按照课题研究的基本环节——选题阶段、研究阶段和结项阶段，即从课题的选题、开题、研究过程、结项等几个方面进行了阐述，并结合了一线教师的部分课题案例和科研困惑，让一线教师的课题研究过程更加明晰，研究思路更加明确。第六章，从不同方面回答了基层学校科研管理中遇到的困惑，有助于学校科研管理者理清学校科研管理的方向与思路。

本书突出亮点主要有以下几个：

1. 书中的文章，都来自于一线教师在科研过程中遇到的实际问题的解答与回应，以问题为导向，由问题引发老师们对科研的深度思考。

2. 书中的文章，大都结合着日常教育教学过程中的案例进行阐述和分析，有理有据，娓娓道来，读者比较容易理解和接受。

3. 本书内容丰富，材料翔实，案例精彩，观点明确，具有较强的可读性与可操作性。

4. 本书的读者群，立足于中小学（幼儿园）一线教师，他们可以在书中部分文章指导下开展科研工作，具有较强的针对性和实效性。

这不是一本纯理论性的科研专著，而是在科研理论指导下，具有较强实践性的科研普及读本，比较适合中小学一线教师阅读和实际操作。该书打破常规，改变了以往以作者思路编写的方式，而以满足读者的困惑和需求为导向，真正急一线教师之所急，想一线教师之所想。从某种意义上来说，中小学一线教师在课题研究过程中所遇到的大多数问题，基本上都能够在本书中找到想要的答案。

三

苏霍姆林斯基曾说："研究是教师劳动的本质……研究工作对教师来说，并不是什么神秘莫测和高不可攀的东西。不要一提研究就感到害怕。就其本来的基础来说，教师的劳动就是一种真正的创造性劳动，它是很接近于科学研究的。"[1]

苏霍姆林斯基的这段话，回答了一线中小学教师关心的三个问题：一是

[1] 苏霍姆林斯基：《给教师的建议》（修订版，全一册），杜殿坤编译，教育科学出版社，1984年版。

研究是教师分内的事情，教师也是研究者；二是研究并非高不可攀，不要害怕；三是教师的研究是接近科学研究的，但还不是真正意义上的科学研究行为。事实上，苏霍姆林斯基的这段话，诠释了中小学一线教师的科研应该是什么样子的，也回答了很多一线教师的科研困惑和迷茫。

显然，苏霍姆林斯基的这些科研理念和观点，正是中小学一线教师所需要知道和了解的，本书中的很多科研观点与想法，与之不谋而合、殊途同归。而最难能可贵的是，本书不仅仅停留在科研理念的层面，而是在这一科研理念指导下，把科研理念与教育实践有机结合起来，这将会更加有助于一线教师的科研行为。

四

我相信，本书会触发您的思考、解答您的困惑和提升您的科研认知。我也相信，您在阅读本书之后，会产生一种对科研的冲动、科研的兴趣和科研实践的强烈意愿。我更加相信，本书将会有助于您的科研工作开展、课堂教学改进和专业素养提升。

亲爱的老师们，当您耐心、认真阅读本书后，如果感到本书对您的科研和教学有所启迪、有所帮助、有所引领，那将是我最为喜悦而宽慰的事情。当然，这也是本书集结成册的初衷，更是我在科研道路上砥砺前行的动力源泉。

科研为伴，且行且思。

由于我对科研的认知水平可能还有所欠缺，书中难免有一些观点和想法未必成熟，敬请各位读者不吝赐教！

作　者

2020年3月19日

目　　录

第一章　揭开教育科研神秘“面纱”

第二章　研究课题就在你我身边

第三章　课题开题助力研究起航

第四章　研究过程扎根教学实践

第五章　课题结项收获智慧结晶

第六章　科研管理谱写工作新篇

第一章 揭开教育科研神秘“面纱”

苏霍姆林斯基曾说：“研究是教师劳动的本质……研究工作对教师来说，并不是什么神秘莫测和高不可攀的东西，不要一提研究就感到害怕。”显然，中小学一线教师的教科研工作并非高不可攀，也并不神秘，就是基于自己日常教育教学过程中问题的研究，并且扎根于我们的日常教育教学工作之中。

本章内容，将为您答疑解惑，希望揭开教科研的神秘“面纱”，探寻教科研的本真，帮助您走进科研、了解科研和爱上科研。

教师为何要成为研究者?

——从两则教育案例谈起

一、由两则教育案例引发的教育思考

【案例1】

一天上午，某校教室里一名语文教师正在上一节常态课，课题是人教版一年级语文上册《耳口目》。在教室的后排，有几名教师正进行观课。在议课环节活动中，这些观课的老师们纷纷积极表达自己对该节课的一些看法，主要有：(1) 课堂上教师没有领读；(2) 教学情境的时间太长；(3) 有的生字组词而有的生字没有组词；(4) 小组探究不充分；(5) 课堂延伸内容过多；(6) 学生自带的教具没有使用；(7) 教师课堂紧张，有些内容没有讲到；(8) 课堂上学生的专注力不够集中；(9) 学生朗读的方式变化少；(10)“禾”字没有解释；(11) 有些字的演变过多；(12) 课堂评价方式单一……

我们且不论观课老师们对本节课的建议或者意见的准确性，因为每一名教师的业务素养、课堂诊断能力是有差别的。不难看出，这样的课堂诊断活动，就是我们经常所说的教研活动，也是中小学最为司空见惯的活动内容之一。显然，这样的活动是必要的，也是可行的，对该教师的课堂教学行为改善具有重要的促进作用和指导价值。针对老师们提出的看法，如 (1)、(3)、(6)、(7)、(10)、(11) 等问题比较具体，所以一经提出，该教师完全有能力及时地解决。但是，同时我们也发现有一些问题，如 (2)、(4)、(5)、(8)、(9)、(12) 等课堂上存在的问题，尽管大家也提出来了，但是，该教师显然难以及时地进行解决，这就需要该教师有一个思考和解决这些问题的过程。这几个难以解决的问题，事实上只是课堂上存在的一种现象，其背后的问题值得我们去认真地挖掘和探索。如，“教学情境的时间太长”，其背后的问题是“教

师如何进行课堂情境创设”；又如，“小组探究不充分”，其背后的问题是“课堂上怎样进行小组探究”；再如，“课堂评价方式单一”，其背后的问题是“课堂如何进行评价方式的多样化”；等等。

那么，这些需要进一步思考和解决的问题就是课堂上遇到的难题，就是制约或者影响课堂教学效率的重要障碍。对于该教师来说，这些问题不会自生自灭，只会成为课堂教学的“拦路虎”。尽管这种类似的观课议课活动是我们广大教师最常见的教研活动之一，但目前“教而不研”现象却十分突出。即问题虽然诊断出来了，但我们的大多数教师并没有真正主动或者乐意去解决存在的问题，因此这些问题一直持续影响或者制约着课堂教学效率。因此，从这个意义上来说，教师需要做一些课题研究。

我国著名教育家陶行知先生说过：“创造始于问题，有了问题才会思考，有了思考，才有解决问题的方法，才有找到独立思路的可能。”[1] 案例1中的问题，是集体智慧的碰撞结晶。那么，在平时的常态课堂上，显然不可能经常性地进行观课和议课活动。因此，教师需要学会自我诊断课堂，具有一定的课堂问题意识。

【案例2】

某小学校长的苦恼

该校长是一名女校长，她们学校是一所新建的农村小学，刚刚招生一年，学校规模不是很大。学校目前有14名教师，就连她自己也在带着课。这些教师中，30岁以上的有10人，4人30岁以下，而30岁以上的教师工作不是很积极主动，而且还会影响其他年轻教师的工作积极性。更令人头疼的是，学校还要经常性应付上级部门安排的大量检查、会议、评比等活动，因此每一名教师都是疲于奔命。

说实话，我能理解该校长的苦恼。这种现象，绝不仅仅是该校一个学校存在的个案，而是相当多学校存在的比较普遍的现象。内在动力的缺失，加之整日忙于事无巨细的事务性工作，教师的专业发展也就遭遇“瓶颈”。

人都是有惰性的，大多凭借着本能而生活，日复一日，教师当然也不例

[1] 陶行知：《陶行知全集》，四川教育出版社，2005年版。

外。我们中相当多教师的生活和工作状态往往是这样的：每天被动地接受工作，像一个零件一样被牢牢地“拧”进学校这台快速运转的机器中，从早到晚，备课、上课、下课、教研、批改作业、考试、补课、应付检查……一旦有空还偷偷打个游戏或上网聊会天，晚上精疲力竭地回到家，再做做家务、看看电视、辅导一下孩子。于是，每天周而复始地重复着，久而久之就陷入了麻木、倦怠、烦躁、散漫的工作状态。

如何让教师自己不再迷失？如何让教师激发内在的驱动力？那么教师就需要成为思考者：(1) 今天的课堂教学中哪些环节做得好，还有哪些不足，就会不断地反思；(2) 今天哪个孩子表现好，哪个孩子又调皮捣蛋了，就会想办法怎样去面对这些孩子；(3) 今天的教研活动中，有一名教师关于小组建设的建议非常好，就会想继续请教这名教师，也希望在自己的课堂中进行实践；(4) 今天批改作业时，发现一道数学题目的错误率非常高，就会查找原因，是题目设计的问题还是学生理解的问题呢……

著名教育学者朱永新认为：“中小学教师搞教育科研，就是应该从记录教育现象、记录自己的感受、记录自己的思考开始，把这一串串的‘珍珠’串起来，那就是一根非常美丽的项链。”[1] 对日常教育教学中这种细节性问题的不断追问与反思，实质上就是一种研究行为。让研究成为一种习惯，让内在的动力得以复苏，那么教师才会逐步走向新的工作状态和展现新的精神面貌。正如上述的那名校长，如果不尽快引导教师成为研究者，那么这个苦恼将会一直持续下去，甚至阻碍着学校的持续性发展。

二、让教育研究回到原点

英国课程专家斯腾豪斯提出“教师要成为研究者”，这种理念已经成为一种共识，同时也是教师专业成长的需要。但是，教师在教育教学实践中，对课题研究望而却步，踯躅不前。其原因就在于对研究的认识模糊。那么，什么是课题研究？经过多年的摸索与思考，我认为课题研究就是教师解决课堂

[1] 朱永新：《我的教育理想》，南京师范大学出版社，2000年版。

教学中问题的过程，并在解决问题过程中不断提高自身的课堂反思、总结和改进课堂教学的能力。因此，我们中小学教师所做的课题研究，既没有我们想象的那么“高大上”，也没有那么“神秘”。简单一点来说，研究其实就是解决我们自身在教育工作中遇到的实际问题或者难题的过程。这样的一种简单、接地气的研究理念和研究行为，才是研究的本真。因此，我们必须要让研究回归，让研究回到原点，让研究走进课堂教学和日常教育教学工作。

我们看一则案例：

站起来就说

顾老师任教初三语文，最近为班上的学生不愿发言而大伤脑筋。

经过一番考察，顾老师分析认为这可能是因为课堂时间紧，发言机会少，才会导致一部分学生的积极性被挫伤。

于是，顾老师根据《中国青年报》上一篇文章的启示，尝试让学生“站起来就说”。同时，他对本班学生做了一个征求意见调查，居然有54%的支持率。

然而，真正让学生“站起来就说”时，竟没有一人主动站起来。

于是，顾老师私下征求部分学生的意见，认为不能光凭“激励”，还得“强迫”，于是顾老师又公布了一项新的规定：“每周每个学生语文课上主动发言不少于两次；凡少于两次的同学必须当众唱歌，必要时还得‘请家长’……逐周累计发言次数，奖励前三名。”

这个措施果然有效果，课堂气氛也随即“活跃”起来。

然而，顾老师很快又发现：少数同学是前半周看热闹，后半周胡乱找几个问题提提、答答，完全是应付老师。

针对这种新情况，顾老师经过反复思考，又采取了“要点提问法”“即时提问法”，对那些一堂课上一次都没主动发言以及心不在焉的学生突然提问。

伴随着这样的“软硬兼施”，学生们的强迫感日渐消失，慢慢习惯了“站起来就说”的形式，课堂上学生发言积极主动起来了。

上述的案例，就是一项典型的课题的研究行为与过程。尽管该案例并不复杂，但是问题的解决过程颇费了一番周折，也是教师与学生“斗智斗勇”的过程。因此，课题研究往往具有一定的反复性、复杂性和艰巨性。问题解决的过程，就是不断实践、不断探索、不断改进的过程。而问题一旦解决了，也就扫除了课堂教学中的一个障碍，那么也就相应地提高了课堂教学效率。教师做研究，一方面，通过探索和研究，把遇到的问题予以解决，进而提高课堂教学的效率；另一方面，在解决问题的过程中，教师也在不断地提升自己的思考能力、经验总结能力以及课堂教学的改进能力。因此，解决问题不是最终目的，提升教师自身的专业素养才是课题研究的主要目标。教师的专业素养提升，需要持续性地开展研究工作，让研究成为一种状态、一种习惯、一种本能。

三、研究即教育本身

知名教育家李镇西认为："什么叫'教育科研'？我给老师们经常是这样说的：'带着一颗思考的大脑从事每一天平凡的工作，就是教育科研。'我还说：'把难题当课题，是最真实也最有价值的教育科研！'教育科研不是做给谁看的，而是我们教育本身的需要，或者它就是教育本身。"[1] 案例"站起来就说"中，顾老师遇到的问题是"学生不愿发言"。显然，这个问题就是顾老师的难题，也是最真实的问题，是必须要解决的问题。顾老师通过不断地探索与实践，最终基本上把该问题解决了，达到了预期目的。那么，顾老师的研究即问题解决的过程，是课堂教学质量改善的需要，同时也构成了课堂教学的重要组成部分。著名教育改革家魏书生说得好，科研是我们每位教师分内的事，是每位教师心灵深处的需要。所以，课题研究不是"表演"，不需要"观众"；课题研究也不是在做另外的一件事情，是与我们的课堂教学紧密结合在一起、不能脱离课堂教学的一件事情的两个层面。课堂教学是研究的基础和前提，而研究则促进了课堂教学效率的提高。离开课堂教学的研究，是虚假的研究，也是不存在的研究。而课堂教学缺乏研究行为，那么其效率也难以得到提升。如果我们的教师认为做研究比较累或者是一种负担，那么就说明我们教师的课题选题出了问题，即问题脱离了教育教学实践本身。这样的课题研究，是没有任何意义和价值的行为。

[1] 李镇西：《要搞真科研》，李镇西的新浪博客，2012年10月12日。

作为一名教师，在课堂教学或者日常教育管理中遇到问题与困惑总是难免的，也是一种正常的现象。但是，面对这些问题我们教师持一种什么样的态度是非常关键的。一名教师的专业成长快与慢，与其对问题的态度是密切相关的。也就是说，优秀的教师往往善于及时发现问题，并能够想办法及时解决问题，这样也就会不断地提升自身的业务水平与学科素养。

我国著名的科学家、教育家钱伟长说过："你不上课，就不是老师；你不搞科研就不是好老师。教学是必要的要求，而不是充分的要求，充分的要求是科研。"[1] 这个论断，揭示了研究之于教师的重要性和必要性。从本质上来说，一名教师的成长过程，其实就是不断改变自我、完善自我、提升自我的过程。中小学教师做研究的目的，不仅仅是要解决教育教学工作中的实际问题，更重要的是要通过持续性的研究改变自己固有的思维方式和工作方式。一名教师思维方式和工作方式的改变，对其自身的专业发展与成长具有“里程碑”式的现实意义和实践价值。

教师成为研究者，就是应以追问者、探究者与反思者的姿态看待教育教学中的一切现象或问题，就是应对司空见惯、见怪不怪的教育现象多追问“怎么办”，就是应对自己的日常课堂教学行为多问几个“为什么”。如果总是以“追问者、探究者与反思者”来审视课堂、审视学生、审视工作，那么教师也就具备了“研究者”的潜质。

[1] 李南亮：《在专业发展中享受职业幸福——我的成长絮语》，载《中学历史教学参考》，2013年第6期。

是谁让中小学教师做科研?

我们走进了部分学校，进行市级重点课题的中期走访活动。在与学校教科室主任和学校领导的交流过程中，他们普遍反映学校老师们的科研积极性不高。积极性不高主要体现在：一是校级小课题申报的人很少，尽管学校多次动员或催促大家申报，但收效甚微；二是研究的过程积极性不高，课题研究的进展缓慢，甚至缺乏研究过程；三是平时忙于工作，无暇顾及课题研究，即使学校教科室定期检查，大多也往往是应付差事；四是相当多的教师把课题研究和教学工作割裂开来，甚至课题研究成了工作的负担，“两张皮”现象比较突出。但是，学校教科室主任和学校老师也反映说，每年申报市级或者省级课题时，老师们反而非常积极，而且很多老师去争取上级部门分配给学校的少量课题指标，让学校领导左右为难，其主要因素是市级或省级课题评职称管用。

不难看出，老师们对科研的态度取决于评职称是否管用。也就是说，评职称管用的课题，老师们就会积极申报，而评职称不管用的课题，老师们就爱理不理。鉴于这种情况，部分学校已经内部规定，凡是上一学年没有申报校级小课题研究的老师，下一学年不能申报上一级的课题，包括省市区级的各级课题。学校做出这样的规定，也是为了尽量淡化科研的过分功利性，让老师们潜心进行一点课题研究工作，真正让课题研究成为教师专业成长的“助推器”。为此，部分学校也多次邀请了相关的科研专家走进学校，或者把部分教师送出去学习，对老师们进行科研普及工作，尽力改变老师们的科研意识和提高他们的科研技能。

那么，我们不禁要问：是谁让中小学教师做科研呢?

是学校领导让中小学教师做科研吗?为了提高学校老师们的省市级课题“中奖率”，部分学校领导往往在课题申报时亲自把关和筛选，而且还邀请部分科研专家进行手把手的科研课题的指导工作。在研究过程中，学校领导还定期检查课题研究工作，督促课题研究工作的开展。可以说，学校领导为老师们做科研尽职尽责，尽心尽力。

是评职称的相关部门让中小学教师做科研吗？在职称评审的“任职资格”条件中，“工作业绩”中有一条是这样规定的：“教科研课题。写明完成时间、级别、名次。附立项报告、研究过程材料、研究报告、结项（鉴定）证书、获奖证书等完备的材料。”也就是说，中小学教师必须有相关的课题研究资料，才有资格参加各级职称的评审工作。

是科研部门让中小学教师做科研吗？从科研部门的纵向来说，课题的层次从小到大的顺序有校级、区级、市级、省级和国家级，而这些众多的科研部门，其职责都是负责某一区域内的科研管理、普及和指导工作。不同的科研部门，尽管管理的区域不一样，但在中小学教师的科研工作中都发挥了巨大的影响和促进作用，有力地推动了中小学教师的课题研究工作开展。

……

从表面上来看，中小学教师做科研的动力来自于外部的力量：学校领导、评职称的相关部门或科研部门。或者换一句话说，是这些外力让中小学教师做科研。不可否认，这些外部的力量对中小学教师做科研确实起到了非常重要的推动作用，是中小学教师做科研的重要“推手”。即便如此，我们的部分中小学教师对科研的积极性仍然不容乐观，甚至个别教师还有抵触情绪。

那么，中小学教师做科研的真正动力在哪里呢？其实，中小学教师做科研的真正动力，是教师成长的需要，或者科研就是教育的本身。著名教育家李镇西说得好：“什么叫‘教育科研’？我给老师们经常是这样说的：‘带着一颗思考的大脑从事每一天平凡的工作，就是教育科研。’我还说：‘把难题当课题，是最真实也最有价值的教育科研！’教育科研不是做给谁看的，而是我们教育本身的需要，或者它就是教育本身。”[1]

不言而喻，是我们中小学教师自己让自己做科研。正如李镇西所说的那样，教育科研不是做给谁看的，而是我们教育本身的需要，或者它就是教育本身。这里的“谁”可能就是相关的科研部门、学校领导和评职称相关部门等，

[1] 李镇西：《要搞真科研》，李镇西的新浪博客，2012年10月12日。

但它们只是中小学教师做科研的“推手”或者管理者或者指导者。而科研真正的“主人”恰恰就是我们中小学教师自己，因为我们的教育教学工作需要科研，当然科研也是我们教育教学工作的重要组成部分。每一名中小学教师的成长过程都不会是一帆风顺的，都会有各种坎坎坷坷，都会面对很多的难题甚至困境，而这些坎坎坷坷或难题其实就是中小学教师成长的重要组成部分。从身边大量名师成功的案例中，我们总结出这样一条规律：一名教师的成长速度，与其解决问题的能力是正相关的。也就是说，科研能力是中小学教师成长的重要途径，而且是个人成长的一条捷径。

李镇西还认为：“教育科研的目的是什么？是为了得奖吗？是为了提升学校的档次吗？是为了学校的知名度美誉度吗？都不是。我认为，教育科研得不得奖不是最重要的，重要的是改变学生，提升教师，发展学校。在改变学生的过程中，提升教师，而学生改变了，教师提升了，学校自然发展了。学生的改变，教师的提升，学校的发展，就是我们的教育科研成果。”[1]

显然，“改变学生，提升教师，发展学校”，这是我们中小学教师做科研的初衷，也是我们中小学教师做科研的动力源泉。我们希望，每一名中小学教师都是科研最好的见证者、执行者和实践者，都是科研的主力军。

著名教育家魏书生说：“谈到科研，老师们常常以为那是教研所的专家学者的事。仔细分析，其实是我们每位教师分内的事，是每位教师心灵深处的需要……分析研究许多优秀教师的经历和他们的成果，人们不难发现，他们成功的一个重要原因就是能够从教育科研的角度看待自己的工作。”[2]

不言而喻，不是谁让我们做科研，而是我们自己让自己做科研。

---

[1] 李镇西：《要搞真科研》，李镇西的新浪博客，2012年10月12日。

[2] 魏书生：《教育改革与素质教育》，沈阳出版社，2000年版。

中小学教师应知道的科研常识有哪些？

常识，百度百科收录的解释为：“普通知识，即一个生活在社会中的心智健全的成年人所应该具备的基本知识，包括生存技能（生活自理能力）、基本劳作技能、基础的自然科学以及人文社会科学知识等，一切基于敬畏自然。”“常识”一词最早来源于孙中山《建国方略》：“凡欲固结吾国之人心，纠合吾国之民力者，不可不熟习此书。而遍传之于国人，使成为一普通之常识。”夏丏尊、叶圣陶《文心》：“诗之外还有词，词原可以不读，如果为求常识起见，想读，也好，就读《白香词谱》吧。”

由此可见，所谓常识，就是大家都明白的道理，是日常工作和生活中的常见现象，是众所周知的知识。爱尔兰剧作家萧伯纳认为，常识是本能，有足够的常识便是天才。比如，早餐要吃好、吃饱，不能空腹上班或学习；比如，要经常进行适当的身体锻炼，增强体质，提高身体免疫力；比如，行人要走斑马线，不闯红灯，不逆行；等等。这些都是生活中的常识，也是生活中最为司空见惯的现象。我们只有遵守这些生活常识，才能健康生活、安全生活，才会拥有较高的生活质量。但事实上，我们发现这些看似细小的生活常识，很多人却常常违背，以至于出现健康问题，甚至以失去生命为代价。

美国思想家爱默生认为，常识是两点之间最短的直线。我们由生活常识联系到科研常识。其实，科研常识和日常生活常识在许多地方也有异曲同工之妙。在日常教育教学过程中，也有一些科研常识需要广大中小学教师知道、了解和领悟，这样才有助于开展科研活动，有助于改进教育教学工作。那么，中小学教师应该知道的科研常识有哪些呢？

常识一：教育教学过程中的问题是中小学教师科研的起点

应该说，这是我们中小学教师应该知道的一个关于科研的最基本常识。

对于中小学教师而言，在日常教育教学过程中遇到的问题或困惑就是科研的起始点和出发点，即没有问题也就没有研究。课题研究，是我们解决问题的主要方式（当然我们也可以使用其他研究方式）。

然而，我们却发现部分教师的研究课题，对于问题的提出要么闪烁其词、模棱两可，说不清、道不明；要么不是自己的问题；要么是假大空的问题；更有甚者，部分教师的课题里压根就没有问题。研究课题的问题不聚焦、不具体，没有问题或者问题和自己无关等现象，就是假课题、假研究。

教育教学过程中的问题是中小学教师科研的起点，这是中小学教师应该知道的一个最朴素的科研常识。没有问题的课题就是假课题，没有问题的研究就是假研究。我们中小学教师不需要假课题，更要杜绝假研究。

常识二：研究可以借鉴他人成果

从某种意义上来说，我们中小学教师的研究课题属于“重复性”研究，因为对于选题内容基本上别人都有类似的研究成果了。尽管已经有相关的大量研究成果了，但我们自己的问题依然存在，因此仍然需要继续研究。那么借鉴他人的研究成果来解决自己的问题，是一个非常好的研究捷径。这也是一种常见的课题研究方法，即文献研究法。

事实上，中小学教师的科研工作并不是真正意义上的科研行为，更不需要构建一个什么理论或者搞一个什么创新或发明创造，而是基于日常教育教学过程中问题的研究。有鉴于此，我们借鉴一下别人已经研究过的、探索过的成果，从他人的研究成果中吸取经验，多快好省地解决自己遇到的实际问题，这样的研究工作显然就会更容易、更便捷、更高效。

我们的课题研究可以借鉴他人的研究成果，这是中小学教师应该知道的一个科研常识。我们中小学教师不用“讳疾忌医”，不用因借鉴他人研究成果解决自己的问题而心理上惴惴不安，应该是坦然面对、勇于实践，能够实实在在地解决自己的问题才是最重要的。

常识三：中小学教师的科研是个性化研究

我们知道，中小学教师之所以做科研，其目的是解决自己（课题组成员）在日常课堂教学中遇到的实际问题。因此，我们中小学教师的科研，都属于个案研究，都是围绕着自己（课题组成员）遇到的问题而进行的个性化研究。从某种意义上说，我们进行的个案研究，是特定情境下的个性化研究，是有效解决教育教学过程中实际问题的重要途径。

但事实上，我们的部分教师在科研过程中总是那么“悲天悯人”，总是希望自己的研究课题能够具有广泛的“代表性”，研究成果能够解决他人或者区域性的教育教学问题。也正是基于这样的顾虑，部分中小学教师对科研工作总是力不从心、浅尝辄止，到头来不仅没有解决自己的问题，也更难以解决他人或区域性的教育教学工作问题。其实，我们中小学教师的个性化研究成果，对他人或者区域性的教育教学同类问题解决也同样具有普适性和借鉴价值，只不过是在不同教育教学情境下的研究而已。

中小学教师的科研是个性化研究，这显然是中小学教师需要知道的一个科研常识。我们中小学教师只有做好自己的研究工作，研究成果才能具有较大的推广价值，才能惠及更多中小学教师的教育教学工作。

常识四：中小学教师的科研不能等同于专家教授的科研

中小学广大一线教师是一个特殊的教育群体，他们的科研现状体现在：(1) 他们没有先进的实验设备和仪器可供使用；(2) 他们平时的事务性工作繁重，没有大量的空闲时间、空间和精力；(3) 他们的工作大多是实践性工作，面对的是学生、家长、老师甚至社区人员，他们的实践场所大多是教室、办公室、功能室、操场和实验室；(4) 他们对科研方法一知半解甚至完全不知；(5) 他们难以得到高层次科研人员的专业指导和引领；等等。显然，让这样一个特殊教育群体——中小学教师去搞专家学者们的科研，简直无异于缘木求鱼、水中捞月，因此这样的科研注定是与广大的中小学教师无缘的。

那么，中小学一线教师的科研在哪里？我们认为，中小学广大教师的科研就是基于自己教育教学过程中问题解决的研究，就是立足于自己的课堂教学、立足于自己的班级管理、立足于自己的作业建设、立足于自己的户外基地活动、立足于自己的课程开发和社团活动等的实践性研究，这才是真正属于中小学教师的科研。对于中小学的一线教师而言，具有丰富的教育教学实践能力，具有稳定的教育教学实践场所，具有特殊的教育教学实践对象，是他们最大的优势，也是他们最值得骄傲的资本，因此实践性研究才是中小学教师的根本所在、立足之本。

中小学教师的科研不能等同于专家教授的科研，这是中小学教师应该知道的一个科研常识。如果我们中小学教师抛开自己的优势，而像大学教授或科研院所的教授们那样搞科研，其做法无疑是舍本逐末、南辕北辙，当然不会也不可能有什么科研成果。

常识五：课题研究是教育教学工作的一部分

中小学教师的科研工作就是教师基于自己日常教育教学过程中问题的研究。这个问题是教育教学工作中遇到的实际问题，那么课题研究显然不会也不可能脱离教育教学工作，即课题研究是教育教学工作的重要组成部分。

但我们发现，部分教师总是说做科研工作没时间、没精力，因此我们也就不得不怀疑这部分教师的课题选题是否脱离了日常的教育教学工作，是否是真研究。从某种意义上来说，一个人的专业成长是与问题相伴相生、形影不离的，一个人是在不断解决问题的过程中成长的。没有问题的教育教学工作是不存在的，教师在教育教学过程中没有遇到问题也是不可能的。教育教学过程中遇到的问题不会自生自灭，也不可能有别人帮助你攻克难题，因此这些问题只有依靠自己才能“摆平”。

课题研究是教育教学工作的一部分，这是中小学教师应该知道的一个基本科研常识。但我们的部分教师恰恰经常违背这个科研常识，总是习惯于把课题研究工作当成一项额外的任务或者另外一件事情来做，费时费力不讨好。

常识六：结项报告是做出来的，而不是写出来的

我们经常听部分中小学教师反映说，结项报告不好写、不会写，一到课题结项时就犯愁撰写结项报告。那么，结项报告是写出来的吗？显然不是，如果课题组成员没有深入地进行研究和收集一定的文献资料，那么结项报告是很难写出来的。

对于广大中小学教师而言，课题研究就是问题解决的过程，其中包括问题的提炼和原因分析、课题的开题与中期研讨、实践的过程、资料的收集与整理等，那么结项报告就是对问题解决的过程进行梳理与提炼，形成文字性的材料。因此，只有科研过程做扎实了，结项报告才会“水到渠成，瓜熟蒂落”，才会有东西可写，才会写出来精彩的结项报告。

那么，优秀的结项报告什么样呢？对于中小学教师而言，一篇优秀的结项报告应该体现这样三个关键词，即“看得懂”“用得着”“学得会”，具体体现如下。

1. 结项报告的内容丰富、材料翔实，既可以在内容中融入教育案例、教育故事、教学反思、教学课例和小论文等，也可以在合适的位置插入图表、照片、调查分析数据等，图文并茂，生动形象。

2. 结项报告具有较强的实践性、可操作性、可读性，就像一则经典的故事一样生动有趣、引人入胜。结项报告既体现了课题的问题解决整个过程，同时也对他人具有一定的借鉴价值。

3. 结项报告的表述尽量朴实、简洁、具体，建议以“我”“我们”“我校”“我们课题组”等第一人称为主体进行阐述，体现了“我”在真实情境中的问题解决过程，给人一种“声临其境”的感受，做法的表述越具体、越生动越好。

4. 结项报告的框架结构层次清晰，具有“立体感”；文字语言应通俗易懂，通顺完整；序号和参考文献的使用应规范；内容无错别字或者生僻字词或者拗口的句子。

结项报告是做出来的，而不是写出来的，这是中小学教师需要知道的一

个科研常识。课题研究工作认真做是前提，是基础，是内容，结项报告的撰写只是一个结果的呈现。

常识七：课题研究只有结题，没有结束

经常有教师反映说，课题研究过程中总是遇到一些新问题，不知道该咋办。应该说，课题研究过程中不断地遇到一些新问题，这是一件好事情，这恰恰说明该教师科研工作是扎实、有效的。相反，如果教师在课题研究过程中没有遇到什么新问题，那么反而说明课题的进展程度和有效性不咋样。

事实上，课题研究过程中遇到的新问题，就是该课题下一步的研究方向或起点，即该课题有待于继续解决的问题。由于课题研究的一般周期为一年，遇到的部分新问题往往没有时间解决，那么到课题结题时该课题仍然需要继续深入研究。因此课题虽然结题了，但该项课题研究工作却并没有结束。当然，课题“没有结束”是相对而言的，一项课题研究3～5年还是可以的。我们建议，广大中小学教师对一项课题要进行持续性的研究、深入性的研究，这样研究课题成果才会具有较大的研究价值。

课题研究只有结题，没有结束，这是中小学教师需要知道的一个科研常识。我们希望中小学教师都能够在某一个研究领域持续性、深入性地开展课题研究工作，那么有一天成为某一领域的教育教学专家或学者也不是不可能实现的梦想。

常识八：研究别人已经研究过的课题不是重复劳动

某学校教师根据自己日常教育教学工作中遇到的问题，选择了这样一个研究课题，即“小学语文课堂小组合作有效性研究”。打开百度一搜索，发现“课堂小组合作的研究”相关结果多达上百万条。于是，该教师认为自己所选的课题别人都已经研究过了，自己与别人的研究内容出现“雷同”现象，因此认为自己的研究是重复劳动，没有意思了，也没有价值了。

其实，这种想法是一个误解。如果从历史发展的纵向来说，我们中小学教师的绝大多数研究课题在研究之前就已经有类似的研究成果了，也就是说

我们教师选择的绝大部分课题他人之前在这方面就已经有研究行为了，因此我们的选题基本上都不是新课题。那么，别人已经有大量研究成果了，我们还要进行类似的研究是否就没有什么意义和价值了呢？显然不是，尽管我们的选题已经有了相似的研究成果，但那些成果是基于别人问题的解决，而不是基于我们的教育教学问题的研究。

就每一个教师而言，都是个性化的教育教学实践工作。尽管表面上看是同一个问题，但事实上每一名教师遇到的真实问题都是不同的，因为你的研究对象——学生与别人的学生不同，你的班级与别人不同，你个人的教育教学经验和自身素养与别人不同，你解决问题的方法也与别人有着很大的区别。因此，我们的研究不是重复性研究，而是有意义、有价值的研究行为。比如，关于学困生的研究，几年前甚至十几年前别人就研究过，而且有大量的研究成果，但这并不代表目前我们学校或班级中就没有学困生了，因此学困生仍然是我们需要解决的一个实际问题。

研究别人已经研究过的课题不是重复劳动，这是中小学教师应该知道的一个科研常识。尽管别人对某个问题已经研究过，但我们的研究依然有必要、有价值、有意义且并不是雷同，也不是重复性劳动。判断课题是否有研究价值和意义，不在于别人是否已经研究过，而在于教师自身是否还存在这些亟待解决的实际问题。我们部分中小学教师总是担心课题研究的重复性，我认为这是杞人忧天，至少不必要这样忧心忡忡。

常识九：工作遇到难题越多越需要研究

有部分教师经常反映说，平时在学校时工作比较繁忙，没有时间进行课题研究工作，因此课题研究往往比较草率，效果也不明显。老师们平时工作繁忙，这是一个事实。有些教师因为工作忙，课题研究往往比较草率，这也是一个事实。但是，工作繁忙不应成为课题研究草率的原因。

首先，我们要知道我们为什么工作忙？一种情况是日常事务性的事情比较多，一种情况是我们日常工作中办事效率低。对于前者，我们没办法逃避；但对于后者，我们完全可以通过提高工作效率来解决。部分教师之所以工作效率低，就是因为平时工作中遇到的问题多、困难多。很显然，这些问题和困难成了该教师工作忙的主要因素。比如，有些教师课堂教学总是乱哄哄的，本来一节课能够完成的教学任务，她需要花费两节课；比如，有些教师对二十分钟的早读课完全放任自流，导致早读课效果差；比如，试卷讲评课，有些教师每题必讲，面面俱到，本来一节课就能够完成一张试卷的讲评任务，结果花费两三节课才能完成任务；等等。这些问题和难题又恰恰制约了教师专业成长的步伐。不难看出，工作忙主要是由于工作效率低，工作效率低主要是由于问题多、困难多，因此有些教师总是忙忙碌碌，身心疲惫。

那么，如何解决工作忙、效率低的现象呢？这就需要我们思考并积极解决日常工作中遇到的问题或困难，即做研究工作。我们做研究的目的，就是解决遇到的实际问题，问题解决了，工作效率也就提高了，工作也就变得得心应手了。

工作遇到难题越多越需要研究，这是中小学教师应该知道的一个科研常识。李镇西说，把难题当课题，是最有价值的教育科研。我们做研究，就是要主动、及时解决问题，清除工作中的“拦路虎”；就是要理清工作思路，分清楚工作的主次和重难点，而不是天天“眉毛胡子一把抓”，浑浑噩噩“混”工作。当然，我们的研究并不一定都是以课题研究的方式进行，而是可以多种研究方式有机结合。

常识十：课题研究不要盲目“赶时髦”

核心素养、教学评一致性、创客教育、大数据时代、互联网+、增值性评价、深度学习、道德课堂、有灵魂的教育、有未来的教育等教育新理论、新名词层出不穷，对我们的教育教学工作产生了巨大的冲击。于是乎，近年来各级各类的申报课题中，课题名称满眼都是“基于核心素养的……研究”“互联网+时代的……研究”“基于增值性评价的……研究”“深度学习下的……研究”“道德课堂下的……研究”……各种类似的“新理论”大帽子，令人眼花缭乱、目不暇接。

著名教育家李镇西曾经说过这样一段话：“教育科研需要理论指导，但千万不要追逐理论时髦，不要追逐时尚。有一个真实的笑话，二十多年前，中央提出要重视德育，于是便有人研究‘学科教学与德育’的课题，我看到其中有一个子课题是‘生物教学与德育’，还编了一本书，标题有‘生殖系统与德育’，当时就把我笑翻了！前些年，有一段时间‘建构主义’被炒作，于是有人便研究‘建构主义与课堂教学’；过段时间‘多元智能’又吃香了，有人便转而研究‘多元智能与素质教育’；领导人说‘成都市要搞城乡统筹’，于是便纷纷研究‘素质教育与城乡统筹’……如此等等，就是‘眼睛向上’。”[1]

李镇西对部分教师选题时“追逐理论时髦，追逐时尚”提出了批判，这实际上是对部分教师课题研究“赶时髦”的警醒和鞭策。这也是对部分教师课题研究过于“功利化”的一个批评。看似耳目一新的课题名称：“基于核心素养的……研究”“互联网＋时代的……研究”“基于增值性评价的……研究”……当我们打开课题内容一看，相当多的课题基本上只是对新理论的简单解读甚至复制粘贴，至于新理论和我们的教育教学工作中的问题有什么关系，为什么要进行这样的课题研究，根本就没有说清楚，似乎只要和“新理论”沾上边就是新颖课题了。这就是部分教师选题时的一味求新，没有找到新理论与实践的结合点，造成生搬硬套、假大空等现象，从而忘记课题选题的本意了。这样的课题研究，显然就属于“赶时髦”和“跟风”现象。

课题研究不要盲目“赶时髦”，这是中小学教师应该知道的科研常识。如果我们中小学教师选题刻意追求新奇、新颖，就会陷入一味求新的“跟风”研究状态，就会“为研究而研究”，最终其实也解决不了什么实际的问题，更无助于自身的专业成长。

常识十一：中小学教师的科研就是实践性研究

近年来，我们发现中小学教师的科研积极性、主动性都有较大的提高，这是一个令人欣喜的变化。然而，我们发现部分中小学教师在课题研究过程中存在很多的问题，包括选题的随意性和“假大空”、研究过程的“空空如也”、

[1] 李镇西：《要搞真科研》，李镇西的新浪博客，2012年10月12日。

结项时的“手忙脚乱”以及结项报告的“空洞无物”。很显然，部分中小学教师“为研究而研究”的现象比较突出，更谈不上真正意义上的研究行为。

其实，中小学教师的课题研究工作要抓住最核心、最关键的一点，即基于教育教学过程中问题的解决。换一句话说，就是在课题研究过程中想办法解决问题就可以了。我们不要总是在使用什么样的研究方法、怎样进行问卷调查、如何进行研究综述等方面纠缠不清，这些都是辅助，而不是核心问题。实践，实践，再实践，这是中小学教师课题研究的最核心、最首要做的工作。从某种意义上来说，中小学教师的课题研究，基本上都属于实证研究，也叫作验证研究，解决问题就可以了，至于是否具有科学性，是否具有代表性，是否具有推广价值等，都不要有那么多的顾虑。中小学教师的课题研究其实没有那么难，就是在教育教学工作中遇到了实际问题，想办法去解决，要落地，要扎根，要符合实际。当然，我们可以参考别人的研究经验，也可以借鉴别人的研究成果。

中小学教师的科研就是实践性研究，这是中小学教师应该知道的一个科研常识。实践，实践，再实践，这是中小学教师科研的首要任务，而不是其他方面。尽管我们中小学教师的科研并不是真正意义上的研究，但这并不妨碍我们中小学教师科研的现实价值和意义。

结束语

当然，除上述几个方面广大中小学教师应该知道的科研常识外，还有许多，我们在此就不再一一列举了。不言而喻，上述的几个科研常识，都是我们中小学教师应该知道的科研常识，是需要认真领悟的科研常识，是需要在教育教学工作中实践的科研常识。

了解科研常识，就是了解教育教学规律；坚守科研常识，就是坚守自己的专业成长规律。中小学教师的科研行为，不是领导强加的任务，不是做给谁看的，也不是那么的高深莫测，而是一种日常教育教学过程中常态化的工作方式。因此，我们要了解科研常识，坚守科研常识，把科研工作简单化、有效化、快捷化，让科研“回家”。

一线教师如何走出科研误区？

我们参加了部分中小学的课题开题会，部分教师在课题汇报或提问环节，提出了很多困惑或疑虑，因此课题研究工作举步维艰。我们经过分析，发现部分教师的困惑和疑虑主要体现在三个方面：一是对课题研究的认识和理解方面的困惑，二是课题研究方法或技能方面的困惑，三是课题研究过程中遇到的新问题。前面两个方面的困惑，需要我们相关专业人员的正确引导；而对于后者，这些新发现的问题恰恰是该课题下一步的研究方向。

不言而喻，课题研究工作对于部分中小学教师来说，似乎是一件“可望而不可即”的事情，因此课题研究工作一直以来也就成了部分中小学教师的一块“心病”。那么，这块“心病”的症结在哪里呢？我们认为，问题的关键还是在于广大一线中小学教师对课题研究的认识和理解存在着一些误区，其主要体现在以下几个方面。

一、神秘论

课题研究是什么？我们很多时候总是说不清道不明，即使是一些科研专家也经常把课题研究工作讲得云里雾里，甚至把中小学教师的科研等同于大学教授或科研院所专家们的科研，因此部分教师总感觉课题研究有一种“神秘感”，总认为科研是专家学者的事情，自己做不了，也不想做，课题研究和自己无关。也正是把科研看成是深不可测的这种心态，导致了课题研究工作在中小学教师中很难有太大的“市场”。

课题研究到底是什么？我们必须给一线中小学教师进行澄清，给予一个清晰而明确的回答。我们认为，对于一线中小学教师而言，课题研究就是问题解决的过程，就是解决自己在教育教学中遇到的实际问题，并把解决问题的做法提炼出来。也正是通过这种持续性的研究工作，不断提高教师自身的问题解决能力，不断提高教师的课堂教学效率以及不断促进教师自身的专业成长。

二、负担论

在部分学校，课题研究已经成为部分一线中小学教师的负担，这是不争的事实。因此，课题研究“说起来重要，忙起来不要”已然成为部分教师的一种常态。教师平时工作都十分繁忙，事务多，任务重，如果再把课题研究当作另外一件事来做的话，等于又增添了一份额外的工作，自然也就增加了工作量，研究成为一种工作负担也就不足为奇了。

我们认为，凡是把课题研究工作当作另外一件事情来做或者把课题研究工作当作负担，都说明该教师的选题是有问题的，因为他的选题不是基于自己教育教学过程中实际问题的研究。只有基于教育教学过程中实际问题的研究，才是真正的研究。“在研究中工作，在工作中研究”，既是一种工作状态，同时也是一种研究状态。教育教学工作为研究提供基础和素材，而研究为推动教育教学工作的顺利开展提供保障，二者是相辅相成、互相促进的。

三、单一论

一线中小学教师搞研究、做课题研究仅仅是研究之中的一种方式，而不是研究的全部。如果我们把做课题研究等同于研究，那么实际上就是对研究的曲解。对于中小学教师而言，不仅仅要做课题研究，而且要在日常教育教学工作中开展更为多样化的研究方式，即与教学反思、课堂观察、教育案例、教育叙事、读书心得、教育日记等研究方式有机结合起来。相对来说，做课题研究时间比较长、难度比较大、规范性要求比较高，是教师解决教育教学工作中难题的重要研究方式。而教学反思、课堂观察、教育案例、教育叙事、读书心得、教育日记等研究方式，则相对比较简单、灵活、便捷，而且比较容易操作和把握，是和课题这种研究方式相辅相成的。显然，这些研究方式都是我们教师所需要的，是个人专业成长道路上不可或缺的重要“法宝”。

多样化的研究方式是一个有机的整体，是促进中小学教师专业成长的重要途径。就中小学教师而言，每天的教学、管理、生活、活动等都是新的，都会面临着各种各样新的问题和困惑，这些问题和困惑都是我们教育教学工作的组成部分。因此，多样化的研究方式，就能够及时地解决这些教育教学工作中的“拦路虎”，把问题及时地消灭在萌芽状态。

四、速成论

尽管中小学教师的专业成长路径有很多条，但我们认为课题研究是教师专业成长的一个捷径，这是一个不争的事实。但如果把课题研究当成中小学教师自身专业成长的“速成剂”，这显然是不太现实的。

我们认为，广大中小学教师通过课题研究提升学科教学能力和专业水平需要一个过程，需要一个不断磨砺、浸润和提升的过程。我们建议一线中小学教师每年都要做一些课题研究工作，只有静下心来，不断地深入研究学生、课堂、教材、课程、班级管理等，日积月累，由量变到质变，才会有收获、有成长。当广大一线教师掌握了一定的研究技能，形成了一种自觉的研究状态，勇于直面研究教育教学中的实际问题时，那么离成功也就为期不远了。

五、游离论

我们都知道，中小学教师课题研究的目的就是解决教育教学中的实际问题，提高教育教学的效率，因此课题研究工作不能脱离教育教学实际工作。但事实上，我们发现部分教师的课题研究工作实际上已经脱离了自己的教育教学工作，时常会出现“为研究而研究，为写论文而研究”的现状。显然，这种研究行为是很难深入的，也不可能促进教育教学工作的改进，这也违背了我们中小学一线教师课题研究的初衷。

课题就是来自于教育教学过程的实际问题，课题研究就是要尽快解决这些问题，因此没有问题也就谈不上课题研究了。这种游离于教育教学之外的研究是一种虚假的研究行为，对于我们中小学教师来说是不可取的。

六、复杂论

我们看看部分中小学教师的课题研究问题：

1. 如何把课题研究的范围从学校扩大到市?

2. 如何衡量一个问卷设计的问题是否合理、全面、科学?

3. 如何在课题研究中把理论和实践更好地结合?

4. 理论支撑的力度不足，归纳总结的能力不够强，将所研究的内容上升到理论高度相对困难，如何快速地、系统地解决这个问题?

……

事实上，一线中小学教师的课题研究工作，从某种意义上来说不是真正的科研行为，其主要目的是解决自身教育教学中存在的实际问题。因此，我们不建议把课题研究工作复杂化，不必要在理论问题上过于纠结，不必要在是否科学合理问题上过于纠结，不必要在结果是否有效问题上过于纠结，等等。

我们认为，对于一线的中小学教师而言，所谓的课题研究就是解决自身教育教学过程中遇到的实际问题的过程，即把自身的教育教学工作中的问题解决了，一项课题研究工作也就基本上完成了。因此，我们中小学教师的课题研究应尽量简单化，而不是另外花费大量的时间和精力搞所谓的“研究”工作。“为研究而研究”，这是中小学教师应该杜绝的行为。

不言而喻，在课题研究认识上的六大误区，成为制约广大一线中小学教师做好课题研究工作的主要因素。因此，我们中小学一线教师只有走出课题研究的误区，积极开展基于自己教育教学过程中问题的研究，才能够逐步搞好课题研究工作，才能逐步改进自己的教育教学水平和促进自身的专业成长。

课题研究一定需要理论依据吗?

一、问题呈现

1. 对教科研相关理论和方法知之甚少，缺乏比较规范的科研训练，不懂得教育科研的基本规范，没有掌握教科研所需要的相关技能。

2. 课题研究缺乏专家指导和理论基础，不能把教育理论与教育现象有机结合起来，导致无法提升研究高度，研究的方法也不够科学。

3. 在课题研究中，理论水平薄弱，理论知识赶不上时代的脚步。

4. 没有丰厚的理论知识，没有专家引领，即使在搞研究也是摸着石头过河。

5. 缺少既有理论水平又有实践经验的专家指导和引领。

6. 欠缺针对一线老师的既有理论高度又谙熟课堂教学的科研专家指导。

7. 教科研理论匮乏，不知道如何将工作中的问题提炼转化成教科研课题。

8. 在课题研究中，需要理论依据吗?

……

二、问题评析

上述的八个问题（可能还有更多的问题），是我们一线教师提出的教科研困惑。在这些问题中，一个关键词“理论”被中小学一线教师反复提及。经过分析，我们认为其中包括这样几个困惑：(1) 教师个人缺乏教科研相关理论；(2) 教育理论和教育现象不能结合起来；(3) 缺少具有理论水平的专家指导；(4) 是否需要理论依据? 这四个方面的困惑，是广大一线教师开展课题研究工作的主要障碍，也是中小学教科研一直以来“神秘化”的重要因素。对广大中小学一线教师而言，理论似乎成了开展教科研工作的“绊脚石”，是挡在教科研面前不可逾越的一座“高山”。也正是由于这些困惑和顾虑，中小学一线教师开展教科研工作总是缩手缩脚，不积极、不自信、不热情、不主动。因此，中小学教科研工作一直以来总是“喊得响”，但事实情况却是“雷声大雨点小”，尤其是中小学一线教师真正的科研行为少之又少，甚至成了累赘和负担。

三、理论是什么？

百度百科搜索“理论”“科学理论”的概念，分别是这样界定的：

理论是指研究系统的一般模式、结构和规律的学问。理论是指人们对自然、社会现象，按照已知的知识或者认知，经由一般化与演绎推理等方法，进行合乎逻辑的推论性总结。

科学理论是指对某一科学领域所做的系统解释的知识体系，由系列性的概念、判断和推理所组成。科学理论是人类认识长期发展的总结，是在实践经验的基础上经过思维加工而形成的、具有严密逻辑结构的学说体系，因此实践检验是科学理论真理性的标准，也是科学理论产生发展的源泉和动力。

上述对理论和科学理论的概念界定比较抽象，我们似乎还是不明白理论究竟是什么。那么通俗一点，理论是什么呢？我们认为，所谓理论就是前人经过实践之后对事物（自然或社会现象）认识的规律性经验总结。这个规律性的经验总结，可能是社会规律的普遍性观点，可能是对事物或现象的规律性认识，可能是推理出来的经验性结论，等等。

对于我们教师来说，接触和使用最多的可能是教育教学方面的理论。如我们经常提到的教育理论书籍《论语》、《孟子》、《陶行知文集》、柏拉图的《理想国》、卢梭的《爱弥尔》、洛克的《教育漫话》、蒙台梭利的学前教育丛书、赫尔巴特的《普通教育学》、杜威的《民主主义与教育》等，这些书籍都是一些教育名家通过教育实践后对教育的规律性认识或者经验总结，是值得我们中小学一线教师认真阅读和学习的书籍。

此外，还有一些教育名家的重要教育理论，如马斯洛需要层次理论、耶基斯的多德森定律、艾宾浩斯遗忘曲线、皮亚杰的儿童道德发展规律、美国杜威的教育即生活理论、英国的斯宾塞的教育为未来生活之准备理论、鲁迅的教育是要立人理论、钟启泉的教育是奠定“学生发展”与“人格成长”基础理论等。这些教育名家提出的教育理论，都是经过实践总结出来的具有普遍意义的教育观点或论断，具有较强的科学性、创新性，对我们的教育教学工作具有极大的价值和意义，当然也是值得我们学习的。

四、理论对我们重要吗？

我们先来看一组伟人或学者们对理论的看法：

恩格斯（德）认为，我们一个民族想要站在科学的最高峰，就一刻也不能没有理论思维。列宁（苏）认为，没有革命的理论，就不会有革命的运动。毛主席认为，真正的理论在世界上只有一种，就是从客观实际抽出来又在客观实际中得到了证明的理论。斯宾塞（英）认为，理论的知识比经验的知识要优越得多。阿·利哈诺夫（苏）认为，理论使我们能够辩证地观察世界，因为所有的事物都是相对的。利希滕贝格（德）认为，纯粹的理论除了争辩之外毫无价值。波尔茨曼（奥）认为，理论是思考的根本，也就是说，是实践的精髓。达·芬奇（意）认为，理论脱离实践是最大的不幸。歌德（德）认为，理论是灰色的，而生活之树常青。我国戏剧家田汉认为，最有价值的理论是从事实中得来的。……

从众多伟大人物或名人或教育家那里，我们知道了理论的重要性，我们也知道了理论与实践结合起来的重要性。人类社会能够保留下来的大部分理论，都经过了社会实践的充分检验，具有普遍意义和实践价值，对我们平时的教育教学实践工作具有一定的指导意义。理论的学习，可以使我们在工作中少走弯路，可以使我们认识到事物的本质。显然，理论的重要性对我们来说是不言而喻的。

五、课题研究一定需要理论依据吗？

我们再回到前面老师们提出的几个教科研问题与困惑：(1) 教师个人缺乏教科研相关理论；(2) 教育理论和教育现象不能结合起来；(3) 缺少具有理论水平的专家指导；(4) 是否需要理论依据？显然，这四个问题尽管是广大中小学一线教师从不同角度提出来的，但都是影响老师们开展课题研究工作的“疑难杂症”。

那么，我们一线教师进行课题研究工作，必须具有较高的理论基础吗？换一句话说，课题研究一定需要理论依据吗？要回答这个问题，我们先搞清楚中小学一线教师的课题研究是什么。事实上，就我们中小学一线教师而言，所谓的课题研究就是基于日常教育教学工作的问题解决过程。在问题的解决过程中，最重要的是实践，即基于问题的解决，理论在问题解决过程中可能起到一定的辅助作用，但并不是最重要的。显然，中小学一线教师的课题研究不一定需要理论依据或理论基础。换一句话说，中小学一线教师的课题研究工作没有理论基础或理论依据也是可以正常开展的，不会受到太大的影响。当然，如果有一定的理论基础可能会对我们的课题研究工作有一定的促进作用，但也不是绝对的。

因此，我们中小学的一线教师在课题研究过程中，不要总是纠结于缺乏科研相关理论，纠结于理论和教育现象不能结合，纠结于缺少高理论水平的专家指导，等等。如果过于纠结这些问题与困惑，就会束手束脚，造成课题研究工作的进程缓慢，课题研究工作就会迟滞不前。从某种意义上来说，中小学一线教师的课题研究工作不能算是真正意义上的科研行为，只是一种比较适合教师自身教育教学工作性质的“草根式”研究。这种研究行为，不能等同于专家学者们的“高大上”科研工作。换一句话说，就是二者的科研性质具有本质的区别。当然，由于中小学一线教师的身份、条件、时间、工作性质等限制，我们没必要也不可能像专家学者们那样进行真正意义上的科研工作。鉴于此，我们中小学一线教师不必过于纠结或专注于科研的严谨性、科学性和创新性。相反，如果我们中小学一线教师不能认清自己的能力与条件等而刻意追求科研的严谨性、科学性和创新性等，那么无疑是把自己的课题研究工作“逼”进了一条“死胡同”，最终科研工作也就不了了之。事实上，对于中小学一线教师而言，课题研究工作过程应当尽量简化、细化，应落实到具体的课堂教学过程中与教育教学工作融为一体。我们中小学一线教师的研究就是基于日常教育教学工作中问题的解决，只要问题解决了，效果达到了，课题研究工作也就告一段落了。

在我们的课题研究过程中，如果可能运用到相关教育理论，那么主要体现在选题过程中。我们以课题《小学低年级学生识字能力的培养研究》为例，说明可能用到教育理论的地方。一是研究背景。我们要研究学生识字，那么就要去了解一下《课程标准》的识字要求。二是概念界定。我们需要准确界定什么是识字能力，这可以去参考下别人对该概念的阐述。三是现状综述。我们中小学教师的选题，基本上没有什么创新点，因此绝大多数都是“重复性”研究。那么，我们在研究之前，可以通过百度或中国知网等，了解一下他人的相关研究成果，为我们的研究提供素材。上述三个方面，可能会运用到相关教育理论。但这个理论的使用是可以“现学现卖”的，而且操作起来也比较简单。

当然，课题研究工作不一定需要理论基础或理论依据，但这并不意味着我们不需要学习相关教育理论或专著。我们中小学一线教师在平时的教育教学过程中，积极阅读一些教育专著，主动接受一些教育名家的教育理论或观点，是必要的，也是必需的。尤其是随着互联网＋时代的到来，各种各样的新理论层出不穷，这都需要我们中小学教师勇于面对，辨别真伪，积极学习。我们可以不为课题研究工作专门学习一些教育理论，但我们应该通过教育理论或专著的学习，积极推动我们的教育教学工作，积极促进我们自身的专业素养提升。

课题研究中遇到新问题怎么办?

一、案例呈现

【案例1】

课题《学习小组建设与评价的研究》研究过程中遇到的困惑与问题：

1. 小组合作，是一个学科进行还是其他学科同时进行?

2. 各组的评价尺度不一致怎么办?

3. 学生总是调整座位，小组不固定怎么办?

4. 部分小组成员参与积极性不高怎么办?

5. 调查显示，三分之一的学生认为合作不必要，怎么办?

6. 教师对学生的评价不及时怎么办?

7. 一个小组中，只有好学生发言怎么办?

8. 小组合作中，部分学生不积极怎么办?

9. 研究过程中注意收集哪些课题资料?

……

【案例2】

课题《幼儿绿色环保出行意识的培养研究》研究过程中遇到的困惑与问题：

1. 幼儿及其家长虽有绿色出行的环保意识，但执行力不强。

2. 如何跟踪调查幼儿绿色出行意识培养对其环保行为习惯的作用?

3. 绿色出行意识的培养和研究还可以采取哪些形式和活动?

4. 除了调查研究法，还可以使用什么研究方法?

【案例3】

课题《核心素养导向下书香校园建设的实践研究》研究过程中遇到的困惑与问题：

1. 如何更加清晰准确地界定具有我校特色的新时代“书香墨韵校园”的建设目标?

2. 学校书香墨韵校园的建设应聚焦于核心素养中的哪些方面进行重点培育?

3. 在进行阅读课程和书法课程的推进过程中，如何加强对学生进行阅读方法和书写技巧的指导，而不仅仅停留在浅层次的规范要求上?

4. 如何对学生的阅读情况进行科学有效的评价?

【案例4】

课题《以人为本的三生教育实践研究》研究过程中遇到的困惑与问题：

1. 学校人数多，活动的涉及范围小，如：请了一名知名专家，可能一次活动只能针对一个年级。

2. 初中学生有升学压力，学业负担比较重，很多活动的开展似有蜻蜓点水之嫌，开展得不够深入和彻底。

3. 有些有问题的孩子和家长不愿意承认自己和孩子在教育方面的问题，更不愿意敞开心扉，从而使问题越来越严重。

二、案例评析

上述的困惑与问题，都是课题组的老师们在研究过程中遇到的一些实际问题。每当遇到这样的困惑或者问题时，部分老师总是显得“惊慌失措”或不知所措，以至于影响到课题研究工作的正常进行甚至把课题搁置一边。

事实上，在课题研究过程中，遇到一些具体问题是正常的。相反，如果课题研究过程中没有遇到什么问题是不正常的。一般而言，课题研究过程中遇到的问题主要包括两个方面。一是课题研究方法的问题，如案例1中“研究过程中注意收集哪些课题资料？”，案例2中“除了调查研究法，还可以使用什么研究方法？”，等等。对于这些有关课题研究方法的问题，课题组的老师们往往比较迷茫，因此就需要相关部门科研人员给予及时指导。二是课题研究中出现的具体问题，即课题组成员随着研究的深入而发现的新问题，这些新问题往往是课题组下一步需要解决的问题。在上述的四个案例中，绝大部分的问题都属于这一类问题。如课题《幼儿绿色环保出行意识的培养研究》

中的前三个问题。

三、如何面对课题研究过程中遇到的新问题？

课题研究过程中出现新问题时，我们该如何面对？事实上，回答这个问题，我们要明确课题研究是什么。简而言之，课题研究就是问题解决的过程。那么，如何面对新问题？显然，这些新的问题也是我们需要解决的问题，其实这也是课题研究的重要组成部分。

事实上，我们所进行的任何一项课题中的问题，都往往只是问题串中的其中一个问题而已，由此问题而衍生出来的新问题是一项课题深入开展的具体体现。我们在选题时，最早发现的问题往往都是比较浅显的问题，当然也是课题最原始的问题，这也是我们最初的选题依据。但是，随着课题研究工作的深入开展，我们会发现一些新的问题陆续“浮出水面”。如课题《小学语文中高学段习作教学实施策略的实践探究》最初发现的问题：一是很多学生提到习作就心生胆怯，不会写、不愿写，无从下笔、无话可说；二是多数学生写出来的文章语句不通、标点乱用、词不达意、言不由衷。而在研究过程中，课题组老师又发现了一些新的问题：虽然在实践的过程中，将中高年级各单元的单元习作和课文对应的积累点、仿说练习点进行了整理归纳、总结提炼，但是简单地将习作知识转移到教学中，是远远不够的。在具体的操作中，关于每个单元习作目标的定位，针对文本的习作训练点的设置，还需要在实践中进一步验证，还需要进行更加有针对性的调整。我们不难看出，最初的原始问题相对比较浅显，显然与新生成的问题是有区别的，或者说新生成的问题是在原始问题基础之上产生的问题，具有层次性和递进性。而这些新生成的问题，恰恰就是课题组成员下一步需要继续深入研究的课题。

四、课题研究只有结题，没有结束

我们经常说，课题研究“只有结题，没有结束”。课题研究中生成的新问题，既是课题研究工作深入的体现，同时又是需要继续研究的动力源泉。对于一项课题而言，研究三至五年是正常现象，但每一年的研究都是在前一年研究基础上的深入，而不是简单的重复研究。那么，如何做到不重复研究？这就要求我们课题组成员在课题研究过程中善于发现问题、捕捉问题、梳理问题。这些新的问题，其实是一项项新的课题，都是值得研究和探索的。我们许多教师的课题研究成果之所以价值不大，其主要因素就在于“浅尝辄止”，即每年都频繁地更换课题，以至于每一项课题都没有深入地研究和探索。一项课题没有持续性的、深入的研究，以及时间上的保障，其价值和意义很难凸显出来。

不言而喻，对于每一项研究课题而言，每一次的课题结题，其实都是阶段性的结题，都只是课题某一个方面的研究成果。我们持续性地进行课题研究的过程，事实上就是持续性地解决一个个具体教育教学问题的过程。在一个个的问题“堡垒”被“攻破”时，我们收获的不仅仅是“胜利”后的快乐与欣喜，还有自身的专业素养的逐步提升。

“研究，您也一样可以成为专家”。我们的大学或者科研院所的专家教授们，他们之所以成为专家，往往都是在某一个领域或者主题长期坚持研究的结果。同理，我们的中小学教师如果能够在某一个主题或教育教学领域持续性地进行课题研究工作，当然也一样可以成为某一领域的专家。如作业建设研究、课程开发研究、作文写作研究、班级建设研究、小组合作学习研究等，就某一个主题深入进行三至五年甚至十年的研究，成为专家也就“水到渠成”了。

没时间开展研究怎么办?

一、问题呈现

1. 老师既要顾全平时的教学，又要能够静下心来搞研究，时间上达不到怎么办?

2. 一部分老师认为工作忙，虽然很想但是没有时间开展课题研究。

3. 很多教师忙于日常事务和工作，缺乏科研意识，没时间研究。

4. 高中教师一般工作量都很大，如何处理常规工作与科研的时间关系?

5. 升学压力大，教学任务重，没有时间和精力搞科研。

二、问题分析

上述的五个问题反映的一个共性问题就是教师没时间开展课题研究工作，要么工作忙，要么日常事务性事情多，要么工作量大，要么升学压力大，要么教学任务重，要么缺乏精力，等等。不可否认的是，老师们的反映都是事实情况，都是客观存在的。我们都曾经在学校的教育教学一线待过，都经历过“焦头烂额”或者“披星戴月”的场景，也曾经被各种各样的教育教学工作或者检查弄得疲惫不堪。如果再有科研的任务，那么似乎本就已经繁忙的工作又增加了一个新的负担，因此日常教育教学工作和科研也就成了一对“欢喜冤家”。

不难看出，由于不能科学地处理日常工作和科研之间的关系，科研或课题研究成了中小学教师的负担或者压力，以至于影响到正常的教育教学工作。显然，这是我们不愿意看到的结果，看来科研似乎真要背这个“黑锅”了。

三、工作与问题的辩证关系

作为一名中小学教师，工作忙是不争的事实，“压力山大”也是工作常态；但与此同时，教育教学过程中经常遇到一些问题也是事实。只要进行教育教学工作，出现问题或纰漏是难免的，没有不存在问题的工作，教育教学工作中也不会不出现问题。也就是说，工作和问题是并存的，是相生相伴的，就像一对“孪生姐妹”一样形影不离，我们不能因为工作忙而忽略了问题的存在。如果说你在工作中没有发现问题，那只能说明你缺少一双善于发现问题的“慧眼”。相反，由于问题的“叠加”而不能及时处理出现的问题，可能会影响到日常教育教学工作的顺利开展，也降低了工作效率。

我们看一名小学英语教师的课题案例：

课题为《小学高年级学生英语写作能力的提升研究》，该老师遇到的问题是：长期承担高年级学段的英语教学工作，在实际教学中发现，相对于听、说、读的技能，部分孩子们的写作能力是最弱的，写作方面也出现了各种各样的问题。

首先，孩子们对英语写作兴趣不高，每次的练笔作业上交拖沓，全班有40%左右的孩子都未按时上交，经过多次催促才能基本交齐，但仍会出现有5%未上交的现象。

其次，孩子们的练笔作业质量不高，问题百出，各类英语测试中的写作部分，得分率也都是最低的。下面以金水区2017～2018学年第二学期六年级英语试卷中的写作部分为例，总结写作部分存在的问题：(1) 学生写作时主题把握不当。(2) 学生作文语言错误较多，尤其涉及句型时态、标点，单词单复数、大小写及整个句子结构时，错误率较高。

案例中，部分学生的写作能力比较差，这是该教师在英语教学过程中遇到的实际问题，其中最突出的问题是：(1) 孩子们对英语写作兴趣不高；(2) 学生写作时主题把握不当；(3) 学生作文语言错误较多等。这些具体问题如果不能及时解决的话，那么学生的写作能力就不会得到提高，英语学习成绩也就难以提高。因此，如果解决了学生英语写作中的这三个问题，实际上对该教师英语教学质量的提高有一定的效果。

显然，该教师在英语教学中遇到的问题和英语教学工作是紧密相连的，也是其不可分割的组成部分。如果该教师脱离了英语教育教学工作，也就不可能有什么问题发现，即工作是问题的载体。与此同时，如果该教师缺少一双发现问题的慧眼，那么关于学生“写作能力比较差”的问题也就不会被发现。如果没有发现“写作能力比较差”的具体问题并将要积极解决的话，那么学生的英语写作能力也就很难提高。那么该教师在英语教育教学工作中，可能就要付出双倍或者多倍的时间和精力去提高学生的英语写作能力，结果也不一定好。如果该教师通过课题研究，找到一些有效的问题解决办法，那么提高学生的英语写作能力就可能达到事半功倍的效果。这就是研究和没有研究的本质区别。

一名优秀的教师，一定拥有一双善于发现问题的慧眼，一定是善于解决问题的能手。换一句话说，优秀教师之所以优秀，就是比别人多发现一些教育教学实际问题，多解决一些教育教学过程中的实际问题。

四、没时间研究的症结在哪里？

科研或课题研究为什么成了广大中小学教师的负担或压力？为什么广大中小学教师没有时间开展课题研究工作？问题的症结在哪里？回答这个问题，我们必须回到这个问题的原点，即什么是课题研究？对于中小学教师而言，课题研究就是问题解决的过程。因此，教师教育教学过程中的问题是课题研究工作的起点和原点。也就是说，中小学教师之所以要开展课题研究工作，是由于教育教学过程中遇到了实际的问题，需要我们以课题研究的方式进行解决。反之，通过课题研究工作解决实际问题，有助于推动日常教育教学工作的开展，有助于提高教育教学质量。这就是课题研究的本质所在。

不言而喻，如果说没有时间进行课题研究工作，那么我首先怀疑的是课题选题是有问题的，即我们没有从自己教育教学过程中的问题进行课题选题，或者就没有问题，或者是想出来的问题。如课题《小学低段数学利用“游戏”提高学生学习兴趣的实践研究》的研究背景：“对于低学段的学生来说，学习较为被动，数学是一门较为理性和枯燥的学科，如何让学生主动投入到学习中去，是我们需要关注的一个问题。兴趣是最好的老师，教师要注意结合儿童的心理和生理特点，根据他们好动、善模仿、爱说、爱唱、爱表演的特点进行教学。教学方法要灵活、简便，强调学生的主体性，要求学生共同参与，而不是教师唱独角戏，体现教师主导与学生主体作用的共同发挥。游戏教学法符合小学生的生理、心理特点，他们活泼好动、爱表演，很少有害羞心理，乐于接受新奇、趣味性强的事物，教师的教法可以直接影响学生对功课的兴趣。利用无意注意规律的教学游戏，不仅能帮助学生形成正确的学习方法和良好的学习习惯，还能将知识点化难为易减轻学生负担，符合素质教育的要求。为此，我们组确定了小学低段数学利用‘游戏’提高学生学习兴趣的实践研究课题。”像这样的研究课题，问题在哪里呢？这又能解决什么问题呢？这样的课题研究就是假研究，因为没有问题的课题就是假课题，就是不存在的课题。这样的课题研究是我们教师的负担，这等于是在日常繁忙的教育教学工作之外又增加了一个新的“工作”，使得本已经紧张的工作时间又“雪上加霜”了。

之前，某校进行市级课题的推荐工作，邀请我们当评委。其中，我们提出一个课题入选并推荐市级课题的底线，即没有问题的课题一律淘汰，不予推荐申报。结果，令人吃惊的是，30多项课题中有教师自己教育教学问题的只有个位数。也就是说，该校大部分的课题都是假课题，几乎都是粘贴复制的课题。这样的假课题，还有研究的价值吗？还有必要进行研究吗？实际上，这样的课题研究和日常教育教学工作没有任何关系，完全是“两张皮”现象，这就是典型的“为研究而研究”行为。

由此可见，广大中小学教师没时间进行课题研究工作，不是科研或者研究本身的错，而是我们的课题选题有问题了。也就是说，我们相当多教师的研究不是真研究，而是假研究，这样的研究当然要花费一定的时间，因为他需要“炮制”虚假的过程性材料，需要“炮制”虚假的课题结项报告，需要在相关部门的研究管理平台提交各种各样的虚假资料，甚至还需要参加课题的开题会、中期研讨会等活动。而且这所有的“造假”行为，可能仅仅就是为了获取一张荣誉证书和评职称，其他也就没有什么意义和价值了。

五、如何处理科研与工作的关系？

我们不妨再次引用著名教育家李镇西一句关于科研的话：“什么叫‘教育科研’？我给老师们经常是这样说的：‘带着一颗思考的大脑从事每一天平凡的工作，就是教育科研。’我还说：‘把难题当课题，是最真实也最有价值的教育科研！’教育科研不是做给谁看的，而是我们教育本身的需要，或者它就是教育本身。”[1]

这句浅显易懂的话揭示了科研的本质，也揭示了科研与教育教学工作的关系。事实上，多年来我们相当多教师的科研或课题研究工作，已经脱离了科研的本来面目，功利性太强，目的性太强，以至于科研也被妖魔化。

没时间开展研究，这显然是一种谬论，也是对科研和工作关系的曲解。“在研究中工作，在工作中研究”，这是一种理想和现实相结合的工作状态。科研和工作是相辅相成的，是相互依存的。工作为科研提供了载体或“沃土”，离开工作谈科研，就是伪科研；而科研为工作的顺利开展提供了保障，提供了方法和思路，有助于工作效率的提高。因此，从某种意义上来说，越是工作忙的教师，越是任务重的教师，就越应该搞科研，因为科研可以提高工作效率，科研可以让人从繁忙的工作中解脱出来。

当然，我们每天的工作内容都是新的，每天的研究对象都会有一些变化，因此当我们在教育教学过程中遇到问题时，并不一定都要以课题研究的方式进行科研工作，这样反而无助于解决问题，而应该是以多种科研方式的有机结合来解决问题。教育教学工作是一个非常复杂的系统，我们毕生发现并解决的所有问题也只是教育教学工作的“沧海一粟”，尤其是当前的信息化时代，各种各样的教育热点、难点问题层出不穷，只要是和我们教育教学工作相关的问题，都可以成为我们研究的内容。科研不是脱离工作的存在，而是教育教学工作的需要，是教育教学工作的一部分，是教育教学工作本身。

---

[1] 李镇西：《要搞真科研》，李镇西的新浪博客，2012年10月12日。

如何看待课题的“重复性”研究？

一、问题呈现

1. 一部分老师认为自己研究出来的东西好像都是别人研究过的，不知道自己研究的创新点和价值在哪里。

2. 选好题后，网上一搜发现课题已经有大量研究成果了，还能研究吗？

3. 选题方面存在的主要问题是重复研究，咋办？

4. 如何避免课题研究内容雷同？

5. 不知道如何选题，总觉得我们发现的问题人家都立过了，咋办？

6. 打开中国知网，发现我的课题咋这么多啊，还要研究吗？

二、问题分析

课题是否属于重复研究或者雷同研究，这是老师们共同关注的话题。于是，有相当多的老师提出了“如何避免课题研究内容雷同？”“不知道如何选题，总觉得我们发现的问题人家都立过了，咋办？”“打开中国知网，发现我的课题咋这么多啊，还要研究吗？”这些疑惑，显然不利于中小学教师的课题研究工作开展。

我们以《小学生语文阅读能力的培养研究》为例，来看看究竟该课题研究成果的“重复率”有多少。我们搜索课题题目“小学生语文阅读能力的培养研究”，“百度为您找到相关结果约33, 900, 000个”。不搜不知道，一搜吓一跳：居然有千万篇相似的研究论文。当然，这其中可能有相当多的重复论文或者其他的素材，但这也不能否认相似论文的惊人数量。我们再打开中国知网，搜索课题题目“小学生语文阅读能力的培养研究”，“找到199条结果”，也就是说中国知网收录了199篇和该课题相似的论文成果。

这些大量的相似论文，事实上就是他人的研究成果，都是关于“小学生语文阅读能力的培养”的论文。在海量的论文或成果面前，我们的中小学教师担心重复性研究是正常的。因为他们想当然地认为，既然有这么多的有形成果了，那我们还有必要继续研究吗？研究还有价值吗？因此，这个顾虑不打消，课题研究工作的开展就不会顺利进行。那么，我们究竟该如何看待课题的重复性研究呢？

三、如何看待课题的重复性研究？

“问题即课题，过程即研究，成果即成长”，这就是中小学教师的科研特性，这也注定了我们中小学教师开展的科研属于“草根”研究。由于中小学教师大都是基于自己教育教学过程中问题的研究，因此其研究基本上都是实践性的研究。那么，这种实践性研究是以教育教学过程中问题的解决为目的的，因此也就很难有独到的创新点。尽管每一名教师的工作都是个性化的，其遇到的教育教学工作问题也都是个性化的，但如果从纵向或历史来看，我们选出来的大多数课题基本上都已经有较为丰富的研究成果了。我经常对老师们说，你们选出来的课题我基本上不用看，就知道别人已经研究过了或者已经有类似的成果了，不信可以自己“百度”一下，或者去中国知网查一下。也就是说，我们即将进行的课题研究很可能就是“重复性”的研究。

那么，我们中小学教师的课题研究是重复研究吗？事实上，我们在教育教学过程中遇到的问题可能对于别人已经不是问题，甚至已经有大量的研究成果了，但对于我们自己而言，只要还存在这个问题，就具有研究的价值和意义。比如关于学困生的教育研究、关于小组合作学习的研究、关于课堂提问有效性的研究、关于数学学习兴趣的研究、关于语文阅读的指导方法研究、关于课堂情境创设的研究、关于学科作业建设的研究、关于学案设计的研究……这些看似“老生常谈”的课题，难道就不可以研究了吗？显然不是。虽然别人已经有了一些研究的成果，但只能证明别人的问题解决了，并不代表我们自己的问题也得以解决，因此还需要继续研究。由于每一名教师的研究对象、实践场所、可利用资源、教学情境等有许多不同之处，因此都属于个性化的研究。从这个意义上来说，我们对“老生常谈”课题的研究并不是重复性的研究。

反过来想，这些海量的优秀科研成果，不是刚好为我们即将研究的课题提供了大量的素材吗？我们中小学教师的研究，基本上都属于实践性研究，因此反复实践是我们课题研究工作的基本特征。比如，之所以要进行课题《小学生语文阅读能力的培养研究》的研究工作，说明该教师所教的学生语文阅读能力比较差，因此要通过课题研究来解决“小学生阅读能力差”的问题。在中国知网上，我们找到了广东省肇庆市实验小学的老师张健红等人的一篇论文《培养学生阅读能力的研究》，其培养小学生阅读学习能力的路径是：

通过日常积累培养语感。语感的培养需要长期的积累，要通过大量的阅读来实现。我们从三个方面来加强对学生语感的培养。(1) 扩大学生的阅读面。扩大阅读面，可以从鼓励小学生养成每天读书看报的习惯、同学之间相互交流阅读资料、尝试阅读不同类型的书籍等方面着手，只要不影响学生家庭作业时间，其余时间都可以让他们多阅读。(2) 通过多种阅读方式来训练语感。教师要在朗读、默读、精读、浏览等阅读方法中渗透语感训练。在阅读中咬文嚼字、体味文章语言是语感训练的关键环节，所以应注意让学生在读中推敲、揣摩、细细品味文本语言，增强对语言文字的了解与感悟。(3) 规定学生的课外阅读量。按照《语文课程标准》每个阶段对学生不同阅读量要求的规定，规定学生的课外阅读量。例如，小学1～6 年级累计阅读不少于145 万字，背诵优秀诗文1460 篇。通过课外阅读，让小学生积累自己喜欢的成语和格言警句，以及优美词语和精彩句段，这些都可以为培养语感奠定基础……

张老师提出的“通过日常积累培养语感”的做法和经验，很值得学习和借鉴。而且这些做法和经验，可以在我们的课堂上实践、再实践，以解决我们自己学生“语文阅读能力差”的问题。

中小学教师的特殊身份和角色，决定了研究课题必须来自于自己教育教学过程中的实际问题，没有问题的课题就是假课题，这是最主要也是最根本的一点。我们判断课题是否值得研究或者具有研究的价值，不是以“新”和“旧”来甄别的，而是以课题是否有“真问题”为准绳的。因此，只要是“真问题”的研究，就不是重复性研究，就是有价值、有意义的研究。我们经常说，实践是检验真理的唯一标准，那么我们不妨借用这句话来套一下：真问题是检验课题价值的唯一标准。

如何避免重复性的课题研究？

在某学校的一次课题开题会上，我打开开题报告的研究内容，有一种“似曾相识”的感觉。原来，该课题去年被立项为市级课题，而且我也曾经指导过。尽管这一次申报为省级课题，但我发现该课题的研究内容几乎没有什么变化。该课题研究内容具体如下：

1. 新时代小学高段少先队活动课主题选择的策略研究；
2. 新时代小学高段少先队活动课活动形式多样化的策略研究；
3. 新时代小学高段少先队活动课队员主体性凸显的策略研究；
4. 新时代小学高段少先队活动课队员参与度的策略研究。

据了解，该课题已经通过结项，并被评审为市级课题一等奖。既然被评审为一等奖，那么说明该课题在去年的研究工作已经非常深入和扎实，而且也具有相当丰富的研究成果了。如果该课题今年的研究内容与去年没有什么变化，那么这样的课题研究实质上就是重复性研究。这样的重复性研究，对于该课题组成员来说，是没有任何意义的，也是不必要的。有人说，这次申报的是省级课题，而去年是市级课题。但我们认为，这和什么级别的课题没有太大的关系，因为课题主持人和研究内容都没有变化。事实上，我们不建议中小学教师重复性开展课题研究工作，这样做是徒劳无益的。当然，这并不排除获得更高级别奖次的可能性。

我们曾经实行过市级“滚动课题”的研究工作，但我们发现部分课题就是典型的重复性研究，因此近几年也就取消了“滚动课题”的研究工作。因为部分教师的重复性课题研究，是没有任何现实意义和实践价值的，而且也浪费了我们科研部门的课题资源。

事实上，上述课题去年已经取得的研究成果，可以在今后的少先队活动课堂上继续实施和完善。作为一项课题研究的成果，能够在教育教学工作中不断推广和应用，就充分体现了课题研究的意义。这些做法，都得益于课题组老师去年的研究和探索。显然，这些研究成果的应用，有助于激发少先队活动课堂的活力，也极大地提高了少先队活动课堂的效率。这就是我们中小学教师科研价值的具体体现。

那么，像这种已经取得比较丰富研究成果的课题，怎样做到不再是重复性研究呢？其实，这个问题是很好解决的。我们不妨以该课题《新时代小学高段少先队活动课有效开展的策略研究》为例。该课题在去年围绕少先队活动课的四个主要内容开展了深入的研究工作，而且已经取得了不错的效果，这是值得肯定的。我们认为，少先队活动课的内容包罗万象，就像我们平时千变万化的学科课堂教学一样，需要研究的内容远远不止这四个方面，其他方面还应该存在一些具体的问题。那么，该课题组老师就应该把过去一年课题研究过程中遇到的其他相关的问题进行梳理，作为今年课题研究的主要内容。显然，经过课题组成员梳理的研究内容，已经不再是去年的研究内容了，而是少先队活动课中存在的其他方面的问题。这些问题，是在去年研究过程中出现的新问题，即新发现的问题，因此这样的研究也就不再是重复性研究了。

我们经常这样说，课题研究“只有结题，没有结束”。结题是因为课题都是有一定研究周期的，一般每一年都需要结题。但往往随着课题研究的深入，我们发现会遇到一系列的问题与困惑，这显然不可能在一个研究周期内完全解决，那么我们就要在下一个研究周期内去解决，这就是所谓的课题研究“没有结束”。而事实上，一项课题研究三至五年是一种正常现象，因为课题研究越深入就会遇到更多的问题，因此我们建议中小学教师的每一项课题都可以多研究几年。但是，每一年的研究都是在上一年课题研究基础之上的深入研究，是新的问题解决过程，这显然就不再是重复性研究了。比如，上述课题《新时代小学高段少先队活动课有效开展的策略研究》，如果经过三至五年的不重复性的深入研究，那么大家可以想象一下该课题将会有多少成果啊！也将会对少先队活动课堂的改善，具有多么大的促进作用啊！

再者来说，如果该课题组通过三至五年持续性、深入性的研究工作，那么该课题组的成员就可能成为“少先队活动课”领域的专家。所谓专家，就是在某一领域多年深入性、持续性研究，将该领域的大部分问题都解决了，并且形成了丰富的研究成果，那么他就是该领域的权威和专家。因此，我们希望更多的中小学教师都能够通过开展持续性、深入性的课题研究工作，成为教育教学某个领域的专家。事实上，我们的身边已经不乏这样的“专家型”教师存在。

李镇西说：“不要做别人，做自己；不要重复自己，要创新。”[1] 那么，这句话如果用在课题研究工作上，就是不要重复性进行课题研究，而是要不断思考、不断解决新的问题，这就是课题研究的创新。唯有如此，“专家型”教师的出现才能为期不远。

[1] 李镇西：《做最好的老师》，漓江出版社，2008年版。

您找到专业成长的“抓手”了吗？

从初登讲台到获得各种优质课证书，从初出茅庐到成为名师，每一名教师的个人专业成长途径显然是大不相同的。从相当多的名师成长经历来看，我们发现这样一条规律，即课题研究是中小学教师专业成长的一个重要途径，当然也是一个捷径。显然，课题研究就是教师专业成长的“抓手”。这个“抓手”，您找到了吗？

在一些相关部门领导的科研总结讲话或文章中，我们发现“抓手”一词经常被使用。如，“以课题研究为抓手，提高学科教师育德能力”“以课题研究为抓手，提升职教内涵发展”“以课题为抓手，推动教科研工作”“以课题研究为抓手，切实提高教师专业水平”“以课题为抓手，提升教研水平”……那么，频繁出现的“抓手”一词，其具体内涵是什么呢？而作为教师来说，该怎样使用课题研究这个“抓手”呢？

“抓手”，百度百科认为其原义是指人手可以抓握的部位，只要把手“抓”在上面，人便有了依托，有了凭借。如，买电视机，纸箱上有“抓手”；乘公共汽车，车厢里有“抓手”；包装后的商品和礼品，都有“抓手”；等等。各种机械和工具，没有“抓手”，人就无法操控。

那么，在科研论文或者领导总结讲话中，“抓手”显然表达的是该词的引申意义。在这里，我们认为其包含着这样两层意思：一是指课题研究是开展日常教育教学工作的重要途径、突破口或者切入点，二是指课题研究是解决日常教育教学工作中问题的重要载体。

根据上述“抓手”这个词语所表达的内涵，那么“以课题研究为抓手，提升职教内涵发展”，其所要表达的意思就是“学校工作以课题为载体，以研究为切入点或者突破口，来提升职业教育内涵的发展”。显然，学校是希望以某一项课题为载体，组织部分教师进行专项课题研究工作，以此为突破口来真正提升该校的职业教育内涵。可见，“抓手”就是学校工作的一个重要途径或者切入点。学校发展以一项课题作为抓手是必要的，也是切实可行的。但问题是，我们学校教师能否利用好课题研究这个“抓手”，能否充分发挥课题研究的“抓手”作用，这才是最值得我们思考的。

学校发展可以以课题研究为“抓手”，那么教师自身的专业能力提高当然也可以以课题研究为“抓手”。在当前第三次课改的大背景下，面对日常教育教学过程中遇到的一些具体问题与困惑，课题研究显然是教师的一种切实可行的重要工作方式。“在研究中工作，在工作中研究”，是教师开展教育教学工作的一种理想状态，而事实上很多教师难以做到。之所以工作和研究不能合二为一，往往就是因为教师缺少课题研究这样一个最有效的载体，因此工作中往往缺乏研究的成分，更多的是简单的、枯燥的和重复性的劳动过程。

众所周知，我们中小学教师每天都生活在教育教学第一现场，每天几乎都是教育现场的“直播”，因此每天都会或多或少地遇到一些实际的教育教学工作问题。这些问题与困惑，是我们无法回避也不可能回避的，也是任何人无法替代解决的，这就需要我们中小学教师勇敢地面对和解决。尽管不是每一个问题都必须通过课题研究的方式来解决，但一些难题还是需要我们去持续性地思考与改进，这就需要我们学会使用课题研究这个“抓手”来解决问题。

近年来，我们的部分中小学教师意识到了课题研究的重要性，逐步学会了发挥课题研究这个“抓手”的积极作用，这显然是一个可喜的现象。比如，某教师任教高中二年级数学学科，发现课堂上越来越多的学生回答问题积极性不高，因此多次试图想办法解决这个问题，但收效甚微。后来，该教师立项一个课题《数学课堂学生回答问题积极性的调动研究》。通过调查分析，并采取一系列措施和办法，一段时间后，该班课堂上学生回答问题的局面果然发生了很大的变化。那么，该教师的“抓手”就是课题《数学课堂学生回答问题积极性的调动研究》，通过对“如何调动学生回答问题积极性”的研究，有效解决了课堂上遇到的实际问题。此外，通过这样的课题研究行为，该教师的问题意识、思考能力和解决问题的能力等也得到了相应的提高。这就是我们经常所说的“教学相长”。

在日常的教育教学过程中，我们中小学教师学会了使用课题研究这样的一个“抓手”，其实也就等于找到了一种有效解决问题与困惑的途径。从这个意义上来说，“抓手”其实就是一种思考方式、工作方式和解决问题的方式。

第二章　研究课题就在你我身边

著名教育家李镇西认为："课题研究应该目光向下，对准课堂，对准心灵。"只要我们中小学一线教师立足于课堂教学、班级管理、作业建设、课程开发、社团活动等实践，就一定能找到问题，真正开展课题研究工作。不言而喻，课题就在我们的日常教育教学工作中，就在你我身边。这样的科研才是真正的、有价值的科研，也才是属于我们中小学一线教师自己的科研。

本章内容，将带您了解课题的起源，探寻有价值的科研。希望您用敏锐的双眼去发现课题，用细腻的心灵去感受科研，在科研中快速成长！

中小学教师的科研在哪里？

一、案例呈现

先讲一件真实发生的事情：

有一天，一个朋友突然给我打电话，声音很急促地说："给我说一个课题呗！"应该说，我平时也接到不少关于科研方面的咨询电话或者微信，大多都是问问课题名称的表述是否规范或者申报书填写是否合格或者选题是大还是小等，而像这么直白的"要求"还是第一次遇到。因此，当听到"给我说一个课题呗"这句话时，我一时没有反应过来。

不过，我缓了一下神，然后反问该老师："今天上课了吗？"她说："上了！"回答得很干脆。我接着说："你在今天的课堂上，是否有遇到什么瑕疵或者困惑的地方呢？"她可倒好，回答说："呵，我的课上得可好了，学生都喜欢我的课堂，没有啥问题的。"居然没有问出什么来。于是，我又转移话题，问道："你们班有学困生吗？"我的话还没有落音，电话那头就传来几乎爆破的声音："哎呀，胡老师，你可不知道啊，我们班有十来个学生，天天不学习，还调皮捣蛋，把我们班的分都扣完了，政教处都找我好几次了，我都快烦死了……"我耐心听完她一阵子"数盐豆子"似的抱怨之后，平静地告诉她："你的课题找到了，课题题目就是'初一学困生的个案研究'。作为研究对象，也不用那么多学生，选择有代表性的三四个学生即可。然后根据你刚才的问题和课题的相关要求，填写立项申报书并提交就可以了。"果然，后来根据我的建议，该老师的课题顺利通过立项。

二、案例分析

这是一件真实发生的事情，也真实地反映了目前确实有部分教师不知道如何选课题，不知道课题从哪里来，不知道科研在哪里，不知道……也就是说，科研对他们来说，就是一片“荒漠之地”，就是神秘的“处女地”。而且，我认为这也不是个别中小学教师身上的个别现象，应该是中小学教师课题研究中的共性问题。

我们还是以刚才的事情为例：在该老师没有告诉我她的问题之前，我不能回答她的问题，也回答不了她的问题；但当该老师告诉我班级里“学困生”的相关问题后，我非常明确而具体地告诉她课题题目是“初一学困生的个案研究”。为什么？其实，我能够告诉她课题题目的关键点就在于我知道了她的问题是什么。也就是说，她只有告诉我她的问题，我才能告诉她课题题目。这件事情告诉我们一个事实，即问题是中小学教师开展课题研究的起点。

三、中小学教师的科研在哪里？

关于科研，我们先来看看专家学者们对科研和科研能力两个概念的解读。科研即科学研究，一般是指利用科研手段和装备，为了认识客观事物的内在本质和运动规律而进行的调查研究、实验、试制等一系列的活动，为创造发明新产品和新技术提供理论依据。科学研究的基本任务就是探索、认识未知。科研能力是指一个人在其所从事的专业中，以科学的思维和适当的方法，对未知领域进行科学探索的能力。从科研和科研能力两个概念的解读来看，科研的核心要素就是科学创新，是对未知领域的探索。

这里的科研，显然是属于专家、教授、学者们的科研。也正是有这样的专家、教授、学者们的存在和默默无闻的科研工作，原子弹爆炸了，航天卫星上天了，“嫦娥四号”成功登月了，港珠澳跨海大桥正式通车了，全球首例人类肺脏再生实现了，第43颗北斗导航卫星成功发射了，我国第一艘国产航母首次海上试验任务完成了……这些专家学者们的科研成就，令人瞩目，令人钦佩，他们的科研奉献，推动了社会的进步与文明程度，改变了我们的生活方式，也提高了我们的幸福指数。

然而，对于一线的中小学老师们来说，他们是一个特殊的教育群体，他们的教育教学和科研现状具体体现是：(1) 他们没有先进的实验设备和仪器可供使用；(2) 他们平时事务性工作繁重，没有大量的空闲时间、空间和精力；(3) 他们的工作大多是实践性工作，面对的是学生、家长、老师甚至社区人员，他们的实践场所大多是教室、办公室、功能室、操场和实验室；(4) 他们对科研方法一知半解甚至完全不知；(5) 他们难以得到高层次科研人员的专业指导和引领；等等。显然，让这样的一个特殊教育群体——中小学教师去搞专家学者们的科研，简直无异于缘木求鱼、水中捞月，因此这样的科研注定是与广大的中小学教师无缘的。

既然这种“高大上”的科研方式不适合中小学教师，那么中小学教师的科研在哪里？中小学教师能否找到适合于自己的科研方式？答案是肯定的。基于中小学教师这个特殊教育群体的工作和科研现状，我们认为中小学广大教师的科研就是基于自己教育教学过程中问题解决的研究，就是立足于自己的课堂教学、立足于自己的班级管理、立足于自己的作业建设、立足于自己的户外基地活动、立足于自己的课程开发和社团活动等的实践性研究，这才是真正属于中小学教师的科研。对于中小学的一线教师而言，具有丰富的教育教学实践能力，具有稳定的教育教学实践场所，具有特殊的教育教学实践对象，是他们最大的优势，也是他们最值得骄傲的资本，因此实践性研究才是中小学教师的根本所在、立足之本。如果我们中小学教师抛开自己的优势，而像大学教授或科研院所的研究员们那样搞科研，其做法无疑是舍本逐末、南辕北辙，当然不会也不可能有什么科研成果或研究价值。

著名教育家李镇西说得好：“课题从何而来？我认为，教育科研应该目光向下，对准课堂，对准心灵。‘目光向下’，就是不要从文件中找课题，不要从领导人的讲话中找课题，而应该从我们的教育实践中找课题。”[1] 作为教育名家，这样朴素无华的话语道出了科研的真谛。“教育科研应该目光向下，对准课堂，对准心灵”，实际上就是说中小学教师要将日常教育教学过程中的问题作为课题，将学生作为研究对象，将课堂作为研究场所，将教学作为研究内容……这才是真正的科研工作，才是属于我们自己的科研工作。

---

[1] 李镇西：《要搞真科研》，李镇西的新浪博客，2012年10月12日。

课题就在你我身边

我们曾经去过一所学校，当时正好是早上的上学时间。

在校门口，我们发现相当多的学生书包非常沉重，有的甚至还使用了拉杆箱。于是，我们随机拍了几组照片，并发到了朋友圈，引起了大家对这个问题的思考并展开了积极的讨论。

我们发到朋友圈的内容是：

小学生书包里面应该带什么？我们发现，相当多的孩子书包非常沉重，背着很吃力，有的还使用拉杆箱。打开书包，发现里面有牛奶、梳子、课外书以及课本和作业本等。那么，小学生究竟每天书包里面应该带什么东西？这是一个问题，也是一个值得研究的课题。

部分教师的聊天发言：

李老师：所谓“大书包”问题，小学一年级语文、数学教材第一单元都有“整理学习用品”的学习内容。开学两周后，还有“大书包”存在，是不是可以判定“教学基本任务”未完成啊?

李老师：大书包问题，实际上是一个良好习惯养成的问题，这需要老师和家长的配合，想办法解决大书包，减轻孩子的负担，促进孩子健康成长!

刘老师：学生习惯没养好。每天晚上按照课表准备自己的书包用具，并按次序放好。这是我2004年做过的省级课题。

宋老师：你做的这些，对孩子一生都会产生良性的影响。

范老师：善于发现，处处都是课题。

刘老师：这个问题很接地气，是个好课题!

……

【老胡观点】课题在哪里?

李镇西认为，课题研究应该目光向下，对准课堂，对准心灵。“目光向下”，就是不要从文件中找课题，不要从领导人的讲话中找课题，而应该从我们的课堂教学实践中找课题。

中小学教师在日常教育教学过程中，遇到问题尤其是一些难题，这是很正常的现象。那么，这些难题就是我们要解决的问题，也就是我们需要研究的课题。因此选题要“对准课堂，对准心灵”，而不是从文件或领导的讲话中找课题，更不是从网上搜索课题。

不言而喻，也只有这样的课题，才是真实的课题，才是有价值且有意义的课题，才能真正促进我们的教育教学工作改进。

其实，课题就在你我身边。

什么样的选题有研究价值?

一、问题呈现

1. 如何选题？不知道什么样的选题是有价值的。

2. 如何立足我校共生课堂理念选择真正有价值的历史课题研究？（历史教研组）

3. 如何发挥课题选题的实用性？（政治教研组）

4. 如何从新的教育资讯中捕捉新颖、有价值的科研课题，与学科教学紧密联系、体现学科价值和核心素养的课题?

5. 课题选题的研究价值不知道如何把握。

二、问题评析

在与部分中小学教师的交流中，他们提出了一些关于课题选题价值的问题。如，不知道什么样的选题是有价值的，如何选择真正有价值的课题研究，如何从新的教育资讯中捕捉有价值的科研课题，课题选题的价值不知道如何把握，如何发挥课题选题的实用性，等等。

中小学教师的这些有关课题选题价值的追问，实际上是说课题选题的标准或依据是什么。其实，这也是关系到课题选题的导向性问题。中小学教师为什么会问选题的研究价值？一方面说明他们对课题研究工作本身的认识还比较迷茫，对课题研究对教育教学工作的意义也不太了解；另一方面也说明他们不知道从哪里选题、选什么样的题以及选题的思路是什么。因此，有必要对中小学教师的选题工作进行一些必要的引导。

三、如何理解选题的研究价值？

一般而言，课题研究包括三个阶段，即选题阶段、研究阶段和结项阶段，这三个阶段构成了一项课题研究的完整过程。其中，选题阶段最为关键，也最为重要。一项课题研究的成功与否，选题具有决定性的作用。相当多的中小学教师课题研究工作半途而废或者不了了之，都是选题不当造成的结果。

课题研究的价值是衡量一项课题成功与否的重要体现。那么，什么是价值？我们看看《国语辞典》对“价值”一词的概念界定：(1) 泛称物品的价格；(2) 以各种等值标准或交换标准所表示的价值，如成本、重置成本、市价等；(3) 凡有助于促进道德上的善，便是价值，如以真、善、美为追求的理想，且持此以为衡量的准绳，则视为价值；(4) 积极作用或正面作用。显然，课题的研究价值内涵与《国语辞典》中第四个概念契合度比较高，即积极作用或正面作用。

就一项研究课题而言，我们认为具有研究价值，其依据和标准就是要达到和实现研究的三个目标或目标之一，这也是课题研究的最终目标，即能够改进自己的教育教学工作、促进学生的健康成长和提高自身的专业素养。只要达到了研究的三个目标或目标之一，那么该研究课题就是有价值的。

选题作为课题研究的一个阶段，其价值体现最终指向的是达到和实现研究的三个目标或目标之一。但如何保证选题能够达到和实现研究这个目标，是需要我们探讨的问题。我们认为，一项课题选题是否具有研究价值，主要影响因素包括研究背景、研究内容、研究方法、研究计划、课题组成员分工、研究条件和保障等。其中，最为核心的影响因素是研究背景。为了达到或实现课题研究的最终目标，选题时要做到以下几点：(1) 选题要来自于自己的教育教学工作，必须与教育教学工作实际相结合；(2) 选题应具有问题性，要求问题必须明确、具体；(3) 选题要具有可操作性，即研究对象、研究范围和研究内容要可控制。我们认为，这三点就是中小学教师课题选题的价值评价标准，同时也是中小学教师课题选题的方向。

四、怎样能做到选题有研究价值？

我们看几则课题的选题案例：

【案例1】

课题《初中历史课堂小结有效性的行动研究》：

课堂小结是历史课堂教学活动的重要环节，是学生认知过程的重要阶段。课堂小结的成功与否直接关系到整堂课的连贯性，关系到学生的学习状态。好的课堂小结不仅可以突出一节课的教学目标和重点知识，使知识得以概括、深化，主题升华，使整个课堂教学结构完整、紧凑，起到“画龙点睛”的作用；而且可以再次激发学生学习兴趣，引发学生思考，启迪学生智慧，为学生后续的学习提供动力。可以说良好的课堂小结不是课堂的结束，而是高效历史课堂教学可持续发展的开始。

在历史课堂教学过程中，我发现课堂小结有一些不足：

(1) 课堂小结意识比较淡薄。在历史课上，很多时候我认为课堂小结是一节课可有可无的部分，因此，在教学中，往往更注重在新课的导入、教学过程的优化、练习的强化等环节上的创新求变，却对结尾部分的课堂小结很少讲究。有时虽然也注意到了课堂小结，但是纯粹是为了小结而小结，有的虽然小结了却没有充分发挥它应有的作用，失去了课堂小结的教学效果。(2) 小结的形式单一呆板，主要集中于传统的小结形式。如小结的主体主要是老师本人，没有学生的互动和参与；又如在小结时更多地注重教材内容的归纳总结，而忽视了所学内容主题的情感升华；再如小结的形式主要是传统的构建知识体系式小结、表格式小结、语言文字式小结等，形式不够丰富。这些情况使得目前课堂小结的形式多样化不足、针对性不强，没有充分发挥出课堂小结的应有作用。(3) 课堂小结的时间不能保证。课堂小结一般是教学的最后环节，这也使它必然成了课堂教学各环节中的“弱势群体”，时间够用则总结一下，时间不够干脆就去掉这个“累赘”，以免拖堂起到反作用。

【案例2】

课题《核心素养下小学英语阅读教学策略研究》：

英语核心素养是学生立足社会、提升自我价值的重要保障。新课程改革以来，英语学科中的核心素养的培养成为课程标准的新目标，其中包括文化品格和学习能力以及思维品质等。而在阅读教学中，学生的语言能力没有不断地提升，思维能力和文化品格没有相应地发展，核心素养也没有获得全面的培养和锻炼，因此，必须高度重视阅读教学，采用有效的教学策略。

基于此，为了更好地在英语教学中落实英语学科核心素养，为学生奠定终身发展所需的关键能力和必备品格，我们选择了英语教学中非常重要的一个阵地——阅读教学，以核心素养为指导，进行了此项研究。

【案例3】

课题《区域民办幼儿园党支部建设的研究》：

宏观政策方面：党的十八大以来，以习近平同志为核心的党中央高度重视党支部建设。

学期教育方面：作为我国教育体系重要组成部分的学前教育，其发展离不开党和国家的领导与关怀。

民办教育方面：新的《中华人民共和国民办教育促进法》颁布以来，民办教育的规模伴随着我国经济的发展而壮大，民办教育是公立教育的补充，不断发展为以特色教育、精英教育为主要特点的教育事业重要组成部分。

【案例4】

课题《小学低年级学生说话能力培养的研究》：

在人际交往中，说话能力是人所必须具备的基本要素。现代社会，人际交往频繁，这对人的说话能力提出了更高的要求。《语文课程标准》明确指出："要使学生具有口语交际的基本能力，在各种交际活动中，学会倾听、表达与交流，初步学会文明地进行人际沟通的社会交往，发展合作精神。"这个目标体现了现代社会对学生语言能力的新要求，是我们当前进行课改的行动准则。同时，说话能力的训练可以有效提高学生的书面表达能力，为学生日后的作文水平打下扎实的基础。

根据选题的三个价值评判标准，对上述四个案例分析如下：

案例1，无论是从选题与自己教育教学工作的结合情况，还是从问题的明确性情况以及可控性来看，都符合课题的选题评价标准，因此该课题选题是具有研究价值的。

案例2，选题结合了自己的教育教学工作，但没有明确的问题，可控性也比较差，因此该选题研究价值不大。

案例3，既没有结合区域民办幼儿园党支部建设的实际工作，也没有问题性，更没有可控性，因此该选题不具有研究价值。

案例4，与案例3的情况相同，因此该选题也不具有研究价值。

上述四个选题案例，都是我们一线中小学教师的选题，其中有三个选题价值不大或者没有研究价值，可见中小学教师的整体课题选题能力还有待于进一步提高。

事实上，尽管选题的研究价值影响因素比较多，但实际上我们只需要看一点基本上就可以做出判断了，即课题的研究背景。在课题的研究背景中，课题负责人需要对课题选题的缘由进行阐述，其中包括选题是否与自己的教育教学工作有密切关系，是否有真实、明确而具体的问题，是否有研究对象和范围具有可控性等。如果选题能够翔实地结合这三个方面说真话、讲明白、写清楚，那么这个选题就是有研究价值的，否则选题研究价值不大或者没有研究价值。

老师们，我们不妨自己对照一下选题的这三个评价标准，看看自己的选题是否具有研究价值。

如何看待课题选题的新颖性?

一、问题呈现

1. 选课题时的困惑：好的课题要小，要来自平时的教学，但怎样又不显得过于普通?

2. 不知道如何确立具有“探究”意义的“新”课题。

3. 如何让课题的选题更富时代性？（政治教研组）

4. 如何在选题时把握课题的创新点?

5. 如何找到新颖的选题，便于成功立项?

6. 课题项目的创新点、创新程度怎样制定?

7. 如何选题能让题目有创新，使人眼前一亮?

8. 对自己原有成果和经验的特点提炼不够，难以形成有创意的特色研究。

9. 课题研究的创新点不突出或不是创新点怎么办?

10. 如何在选题时把握课题的创新点?

二、问题评析

上述的10个问题，都是一线老师们提出的科研困惑，其主要包括这样几个方面的内容：(1) 如何让课题的选题更富时代性？(2) 如何让课题题目有创新？(3) 难以形成有创意的特色研究。(4) 课题研究的创新点不突出或不是创新点怎么办？上述看似从不同角度提出的不同问题，事实上都指向和聚焦于一个问题，即如何找到一个新颖的选题?

广大中小学教师之所以如此关心课题选题的新颖性，无非有这样几个方面的担心：一是担心选题没有创新点，课题研究就没有研究价值；二是担心课题选题不新，没有新意，课题申报立项难以通过；三是担心课题不具有时代性，时效性不强；等等。显然，老师们的担心也是有一定道理的。对于他们来说，在繁忙的工作中还要做一项课题研究工作，是十分难得的事情，也是值得肯定的事情。如果“千辛万苦”选出来的课题立项没有通过或者没有研究价值，那么在他们看来课题研究工作也就没有什么意义了。

老师们关注甚至渴望选题的新颖性，但又找不到新颖的选题途径或方法，这让相当多的老师在选题时都比较迷茫与困惑。老师们的这种迷茫、复杂的心情我们不必苛责，可以理解。这一方面说明老师们比较重视选题，想进行一些研究工作，但没有选题思路；另一方面也说明老师们希望申报成功率高一些，担心课题立项不能通过，前功尽弃。

三、面对新理论，您选题时“赶时髦”了吗？

核心素养、教学评一致性、创客教育、大数据时代、互联网+、增值性评价、深度学习、道德课堂、有灵魂的教育、有未来的教育等教育新理论、新名词层出不穷，对我们的教育教学工作产生了巨大的冲击。于是乎，近年来各级各类的申报课题中，课题题目满眼都是“基于核心素养的……研究”“互联网+时代的……研究”“基于增值性评价的……研究”“深度学习下的……研究”“道德课堂下的……研究”……各种类似带着“新理论”大帽子的课题题目令人眼花缭乱、目不暇接。

著名教育家李镇西曾经说过这样一段话：“教育科研需要理论指导，但千万不要追逐理论时髦，不要追逐时尚。有一个真实的笑话，二十多年前，中央提出要重视德育，于是便有人研究‘学科教学与德育’的课题，我看到其中有一个子课题是‘生物教学与德育’，还编了一本书，标题有‘生殖系统与德育’，当时就把我笑翻了！前些年，有一段时间‘建构主义’被炒作，于是有人便研究‘建构主义与课堂教学’；过段时间‘多元智能’又吃香了，有人便转而研究‘多元智能与素质教育’；领导人说‘成都市要搞城乡统筹’，于是便纷纷研究‘素质教育与城乡统筹’……如此等等，就是‘眼睛向上’。”[1]

[1] 李镇西：《要搞真科研》，李镇西的新浪博客，2012年10月12日。

李镇西对部分教师选题时“追逐理论时髦，追逐时尚”提出了批判，这实际上是对部分教师选题“赶时髦”的警醒和鞭策。这也是对部分教师课题研究过于“功利化”的一个批评。看似耳目一新的课题名称 ：“基于核心素养的……研究”“互联网 + 时代的……研究”“基于增值性评价的……研究”……当我们打开课题的内容一看，相当多的课题基本上只是对新理论的简单解读甚至复制粘贴，至于新理论和我们的教育教学工作中的问题有什么关系，为什么要进行这样的课题研究，根本就没有说清楚，似乎只要和“新理论”沾上边选题就新了。这就是部分教师选题时的一味求新，没有找到新理论与实践的结合点，造成生搬硬套、假大空等现象，忘记选题的本意了。这样的选题，显然属于“赶时髦”和“跟风”现象。选题时，您也“赶时髦”了吗？

四、如何正确看待选题的新颖性？

从课题本身来说，无所谓新和旧的问题，只要是自己教育教学过程中的实际问题和难题，都可以作为选题的方向。尤其是在当前教科研功利化倾向比较严重的情况下，如何看待选题的新颖性呢？如何在选题时结合新理论或教育热点、难点呢？

（一）选题的新颖性是相对的

如果我们的研究过程是以自己教育教学过程中的问题为出发点，是以问题的解决为目的，那么这个研究过程显然是一个对未知领域即自己的教育教学工作中问题的探索过程。由未知到已知的过程，对我们自己来说就是新发现、新探索的过程。这就是一个新颖的选题，不过这个新颖是相对自己而言的。这是第一种选题的相对新颖性。此外，由于我们中小学教师的教育教学工作都是个性化的工作，即使教育教学过程中多名教师遇到的是同一个问题，如学困生的问题、小组合作学习的问题、学生阅读的问题等，但事实上由于他们研究对象的不同、研究场所的不同、课题组成员的不同、研究方法的不同、研究思路的不同等，因此选题也是相对新颖的。这是第二种选题的相对新颖性。

对于绝大多数的中小学教师而言，选题绝对的创新点是很难找到的，我们也没有必要绞尽脑汁地寻求所谓的“创新点”。估计等你找到了所谓的“新颖”选题，“黄花菜”早就凉了，即便如此也不一定就是新颖的选题。然而，我们中小学教师能够做到的，是选题的相对新颖性，是可以属于我们自己的研究课题。我们认为，这是我们中小学教师选题的一个主要方向。

（二）教育新理论要“落地生根”

面对层出不穷的新理论，我们选题时可以与时俱进，把日常教育教学过程中的“老问题”与新理论结合起来，找到二者的“契合点”。我们的课题名称体现了新理论，而内容也要和题目保持一致，这就有一个问题：如何让新理论能够“落地生根”呢？我认为选题时要做好三个方面的工作：一是要找到教育教学过程中的真问题，二是要深入了解和认识新理论的内涵，三是要找到二者的结合点。

我们以课题《核心素养下初中生责任担当意识的培养研究》为例。这个选题中，“责任担当”是一个老生常谈的“老问题”，而“核心素养”是一个新理论，其选题的具体思路如下：第一步，要通过观察或调研，了解目前初中生责任担当方面存在的主要问题有哪些，具体体现是什么，这是该课题研究的起点；第二步，要了解和认真学习《中国学生发展核心素养》的内容，尤其是关于“责任担当”方面的具体内容、标准和要求；第三步，要找到二者的结合点，即我们的初中生在责任担当方面与《中国学生发展核心素养》中关于“责任担当”的差距是什么。事实上，《中国学生发展核心素养》中关于“责任担当”的标准和要求，就是我们的初中生责任担当意识培养的方向，这也是课题要解决的问题。当然，我们可以把研究对象再聚焦一点，如果是校长承担的课题，就可以把学校的学生作为研究对象；如果是普通老师的研究课题，那么就以所教的年级或者班级学生为研究对象。

新理论之下，我们的选题可以结合新理论，但务必要“落地生根”，选题最核心的依据还是我们教育教学过程中的实际问题。只有这样的选题，才具有研究的价值和现实意义，也才具有一定的新颖性。否则，选题谈不上新颖，还很可能是假课题。

（三）选题适度关注当前的教育热点、难点

时代在发展，社会在进步，教育的各种热点、难点问题也会层出不穷，如中小学校外培训机构管理问题、学前教育普及普惠发展问题、减轻师生负担问题、普通高中特色化发展问题、中小学生劳动教育问题、大班额问题、新优质初中建设问题、提高义务教育城乡一体化发展水平问题、加强中小学师德师风建设问题、加强中小学教师待遇保障问题……这些问题都是近两年的教育热点、难点问题，都应该引起我们的关注和重视。这些问题之所以成为教育热点、难点，主要原因是这些问题比较突出和顽固，社会影响大、群众关注度高，因此这些"顽疾"需要下大力气才能解决。以现实的教育热点、难点问题为选题的突破口，显然具有一定的新颖性。

那么，我们中小学教师在选题时，可以结合这些教育热点、难点问题，并根据自身的教育教学工作实际需要，把二者有机结合起来。选题时，宜小不宜大，宜具体不宜抽象，包括研究对象、研究目标、研究内容等都要在自己可控的范围之内，既为自己的教育教学工作扫清"障碍"，又能够为相关教育主管部门排忧解难。这样的研究，才具有真正的现实意义。

如何确定课题的选题方向和思路？
——以课题《初中生物智慧课堂中Pad的应用策略研究》为例

一

部分学校教师咨询选题相关问题，我们摘录部分内容让大家看看：

1. XX好，您帮忙看看下面两个课题立项名称哪个更合适呢？

“借助绘本阅读提升智障儿童语言能力的干预研究”“绘本阅读对智力障碍儿童语言干预的研究”。

2.XX好！我想了一个题目“小学教育多元化评价体系的实践研究”，重点来做搭建活动评价平台，来检测实现学生学科素养落地与提升。您看可以吗？谢谢您。

3. XX，您好，我是XX中学的老师，我们定了一个课题，但不确定是否正确，您帮看一下吧？感谢。课题名称是“初中英语阅读课课堂有效提问的研究”。

4.XX，请教您，“深度学习视角下初中数学单元整体教学的策略探究——以‘从方程到函数’为例”，上述标题中，“以……为例”这个副标题要不要写呢？

5.XX，您好，我能请教您几个问题吗？“基于学科核心素养的高中生物专题复习备考研究”，这是我们课题组拟定的一个课题名称，但是我觉得不合适，又不知道该怎么修改。

6.XX，您好！这么晚打扰您！我是XX小学的老师，今年的课题立项我想针对最近的线上学习来展开研究，但是因为初次接触这个空中课堂，具体到研究的问题我觉得有很多，想听听您的建议，大概帮我指明研究的方向，万分感谢。

7. XX您好，很抱歉冒昧打扰您，我是XX市XX学校的XX。之前听您讲有关教育科研的讲座，受益匪浅。今日有一个问题想请教您，您要有空的话还请您看一下。我是想做一个课题，然后有两个选题，想请您帮忙看一看我这样的思路有没有什么问题。我是担心选题都有点大，但这又是我想研究的问题。

第一个选题是《小学心理健康课程教学与辅导实施的策略研究》。

问题：现在学校的现状是小学生心理健康课程并不受到重视，并且教学资源极度缺乏，而随着时代的发展，小学生的心理健康问题日益突出。作为一名小学心理健康老师，怎样才能发挥学校“心理健康课程”的最大作用？怎样才能更多地提升学生的心理素养？这是本课题要研究的问题。

研究目标：(1) 通过开发小学生心理健康校本课程，提升心理课程实施的有效性；(2) 通过开发实施多元化的心理健康辅导活动，提升学生的心理健康水平。

研究内容：(1) 我校四、五、六年级学生的心理健康素养调查研究；(2) 心理健康校本课程的开发研究；(3) 心理健康辅导活动多元化的开发与实施研究。

第二个选题是《促进教师专业成长的策略研究》。

问题：我校刚刚建立三年多的时间，年轻教师众多，有经验的教龄长的老师稀缺，而随着学校的发展，促进教师的专业成长也是学校的一个重点发展项目。作为学校一个科研小负责人，在以前的基础上可以再实施哪些方法能够尽可能地促进教师的专业成长，以更好的专业水平来指导教育教学实践？面对刚入校的新教师以及已经有三年教龄的“老教师”，应怎样进行分层指导和发展？

研究目标：(1) 通过开发实施更适切的措施和方法，促进学校教师的专业成长；(2) 通过分层指导，更高效地促进不同层次教师的不同发展。

研究内容：(1) 我校教师基本专业能力现状调查；(2) 促进我校教师专业发展的有效项目或措施；(3) 依据教师能力或者教龄进行分层，针对不同层次的教师开发出不同的指导策略。

二

上述七个案例，就是部分学校教师有关选题的咨询问题，具有一定的代表性，因此我们摘录出来与大家分享。从上述问题来看，老师们重点关注的还是课题名称，如前五个都是有关课题名称的咨询，而后两个咨询内容有关课题的选题方向，并且最后一名教师还把课题名称、问题、研究目标和研究内容等也都一并发给我看看。

上述教师的选题咨询，实际上涉及课题的选题方向和基本操作思路，当然也包括一些选题技巧。也就是说，一线老师们选题方向和具体操作思路应该是什么？即课题的起点在哪里？这是我们相当多教师关心的问题，也是教师选题首先需要搞明白的事情。对于部分教师来说，课题选题时如同无头苍蝇一样，到处乱撞，到处打听，到处咨询，不知道从哪里下手。

就一线教师来说，我们相信课前的备课工作大家并不陌生，也比较熟悉备课的相关要求，如首先要搞清楚备课从哪里入手，备课基本思路是什么，重难点是什么。显然，只有备课充分了，课堂教学活动才可能更加有效和顺利开展。

同理，选题就相当于备课。选题从哪里入手？选题的基本思路是什么？重难点在哪里？这些都是一线教师选题时需要考虑的问题。也只有如此，选题才能具有有效性，才能保证课题研究工作的顺利进行。

不难看出，上述前五名教师的选题，我们基本上判断是从课题名称入手的（当然也不排除不是从课题名称入手，我们只能根据其提供的素材判断）。事实上，选题从课题名称入手并没有抓住课题的源头，即选题思路不清晰。那么，课题的源头在哪里？我们认为，课题的源头应该是问题，即自己或课题组成员在教育教学过程中遇到的实际问题，这也是课题研究的起点。因此，直接咨询课题名称，我们只能从技术层面判断课题名称表述是否标准，而不能判断课题名称是否正确、合理。

不言而喻，课题选题的基本操作思路应该是先提出问题，再提炼出课题名称。也就是说，课题名称来自于问题，是对问题的高度提炼或概括，就像我们语文课本中的课文与课文题目一样。一看到课文题目，就知道课文讲什么内容，课文题目和课文内容是一致的。同理，课题名称也是与问题一致的，看到课题名称就知道该课题要解决什么问题。因此，我们不能仅仅看课题名称，就判断是否正确或者合理；而是要先看看问题是什么，然后再判断课题名称是否合适或正确。不难看出，第七名教师的咨询方式才是正确的，当然我们也能给她一个比较正确的答复。因此，回复课题名称是否正确，我们一般要追问在教育教学过程中遇到的具体问题是什么，然后才可能给予比较准确的答复（当然，由于时间关系，也不排除对个别教师的答复比较草率或简单）。

我们再总结一下，课题的选题方向没有对错，也没有新旧，而自身教育教学过程中遇到的突出问题，就是选题的方向。这个选题的方向，每一名教师是不一样的，因为每一名教师教育教学工作性质的个性化决定了其遇到的教育教学实际问题也不一样。有些相关科研部门过去还提供给大家课题选题《指南》，近几年已经不再提供了。我们认为这是对的，因为有相当多的教师认为只有《指南》上给出的选题才是研究的方向，因此把《指南》上的选题直接照抄照搬作为自己的选题，这显然是理解错误。废除《指南》，目的就是尊重广大一线教师的教育教学工作，教师可以自行选题，自由开展研究，做真正的科研。

此外，有部分教师认为自己的问题是“老话题”，是别人做过的课题，不适合作为课题研究了，因此总是想着怎样找一个新颖的课题，以至于选题出现了“难产”现象。其实，对于广大一线教师而言，“老话题”并不“老”，也不“旧”，并非重复性研究，只要是自己教育教学过程中遇到的突出问题，就能作为课题进行研究。

就一项课题而言，问题是课题的起点和源头，如果没有问题或者问题表达不清楚、不具体，那么课题名称也就不会正确，课题的研究内容、研究目标、现状综述、研究意义和研究价值、研究方法以及研究计划等都会成为“空中楼阁”。因此，课题选题的第一要素就是问题，没有问题的课题就是假课题。我们评判一项课题，首先就要看看课题有没有问题，问题是否具体、清晰，这也是评判一项课题质量的最核心因素。

三

某学校教师申报课题《初中生物智慧课堂中 Pad 的应用策略研究》，反复修改了四稿，才基本上达到了相关的选题要求。下面，我们就以该课题为例，具体说明课题选题的方向和基本操作思路。

第一稿：

初中生物 Pad 课堂教学中有效互动的案例研究

本课题相关研究背景：伴随着大数据时代的到来，Pad 这种便捷式交互终端走入课堂，成为信息技术与学科教学深度融合的必然趋势。在基于 Pad 教学的智慧课堂中，学生的学习效果是否达成，取决于 Pad 课的有效互动。

郑州市高新区教育局正逐步开展建设智慧化校园，我校是其中首批建设成为试点的学校之一。我校已经在 Pad 课堂教学中探索了一个学期，在实施中出现了许多常规课堂没有的问题。基于我校校情，我校是住宿制学校，翻转课堂的形式只能是课内翻转。问题一：课前预习中学生与老师的互动如何高效达成？问题二：课中如何真正高效地进行师生互动、生生互动，它与传统的课堂互动相比又有哪些优势？问题三：生物学是一门自然科学课，涉及许多实验，如何通过 Pad 课堂实现自主探究实验？简化实验操作步骤？

在实践中，我们发现 Pad 课并不像我们想象的那么高效，交互时并不能随心而动，有时候因为各种原因还不如平常的课堂。那么，如何提高 Pad 课堂教学的互动有效性，是我们一线教师迫切需要探索和解决的问题，以期带动本组乃至全校师生一起走进基于 Pad 的智慧课堂。

这是该课题的第一稿。

研究背景的第二段内容中提到几个问题：课前预习中学生与老师的互动如何高效达成？课中如何真正高效地进行师生互动、生生互动，它与传统的课堂互动相比又有哪些优势？生物学是一门自然科学课，涉及许多实验，如何通过 Pad 课堂实现自主探究实验？简化实验操作步骤？我们分析发现，这几个问题并非是该教师教育教学过程中遇到的实际问题，而是疑问句。那么，什么是课题的问题？我们认为，课题的问题是指在教育教学过程中遇到的具体的实际问题，存在已经发生的事情之中，表述时不能使用疑问句，而应该使用陈述句。

显然，该课题的问题表达是不正确的，或者说课题就没有问题，因此我们建议该教师先搞清楚课题的具体问题是什么。最好的办法就是征求课题组成员的意见，让每名教师提出一两个与Pad相关的具体问题，然后再进行汇总和整理。

此外，在与该教师的交流过程中，我们发现该课题的突出问题并不是Pad“互动”，而是Pad应用过程中遇到的具体问题，因此该教师选题的方向有点偏移。根据与该教师的交流，我们建议该课题可以研究Pad在教学中的应用，而这恰恰也是生物老师们目前迫切需要解决的难题。此外，我们认为就一项课题而言，不可能解决遇到的所有问题，但我们需要解决遇到的最突出的问题或难题。

第二稿：

Pad在初中生物教学中的应用研究

一、研究背景：

伴随着大数据时代的到来，Pad这种便捷式交互终端走入课堂，成为信息技术与学科教学深度融合的必然趋势。在基于Pad教学的智慧课堂中，学生的学习效果是否达成，课堂是否高效，与教师对Pad相关软件的使用的熟练程度、相关的配套设施与软件以及学生对Pad的熟练操作等都有关系。

郑州市高新区社会事业局正逐步开展建设智慧化校园，我校是其中首批建设成为试点的学校之一。我校已经在Pad课堂教学中探索了一个学期。在生物课堂实践中，尽管Pad给我们的课堂注入了活力，但是我们发现Pad课进行得并不像我们想象的那么高效，师生互动和教学反馈往往没有不用Pad时得心应手，有的时候还不如常规课。

1.课前准备与Pad的收发：Pad课堂上发放Pad和收Pad浪费了很多时间，尤其是第一次上课时，5分钟还没有发完，直接影响了课堂的时间。

2.课前预习中出现的问题：课堂上教师提前把预习视频发给学生，学生观看视频并完成预习任务。出现了一个班级不同同学先后播放不同进度的视频现象，班级顿时乱哄哄，相互干扰。

3. 实验课中进行虚拟实验操作中的问题：一些无法在短时间内完成的实验，通过虚拟仿真让学生在Pad上进行实验操作，以期获得真实情境下的体验，如种子的萌发实验。在课堂上出现了学生的Pad不能进行操作，老师的Pad可以，多媒体的屏幕也可以进行实验操作的现象。

4. 成果展示：小组合作后，需要展示本组的成果。由于每个学生都有Pad，每个人都展示时，教师不能照顾到所有的组别，而且一次展示只出现4张图片，不能进行全班各组的对比。

5. 作业反馈的统计：作业检查方面，学生完成作业，尤其是选择题，老师马上就有这道题的正确率。老师想看到的是这一题谁错了，或者点一个学生，知道他错的是哪几题，这样就能有针对性地讲解，提升反馈效率。基于我校校情，我校是住宿制学校，翻转课堂的形式只能是课内翻转。课堂上提高Pad课堂教学的高效性，是我们一线教师迫切需要探索和解决的问题，以期带动本组乃至全校师生一起真正走进基于Pad的智慧课堂。

……

三、研究目标和主要内容

（一）研究目标

1. 借助于Pad课堂教学及课堂观察，针对课堂中影响课堂高效的问题，分析其背后的原因，并且针对不同的原因进行改进，再实践。

2. 在不断的课堂实践中，找出不同生物课型下Pad授课的最佳方式。

3. 结合教学案例分析，总结经验，形成相应的校本教研材料，带动一组或一校上好Pad课的课堂模式。

（二）主要内容

1. 结合师生反馈，找出七年级生物学Pad课堂教学实施过程中师生反映效果不理想的问题（如预习视频声音太吵等），逐一进行分析，找出导致这种结果的根本原因。提出改进措施，进行课堂实践，提升Pad课堂教学效率。

2. 通过行动研究、反馈与研讨，找出适用于七年级学生Pad学习生物学，针对不同知识点、不同课型、不同情境下师生互动和生生互动的最佳方式。

3. 结合几个月积累的教学案例分析、总结经验，形成适应我校生物学Pad教学的校本教研材料，探索出生物教学对应的Pad课堂模式。

这是该课题修改后的第二稿。

不难看出，经过课题组成员研讨之后，Pad教学中遇到的问题相对比较明确了。在研究背景中，他们提出了五个比较突出的问题，主要体现是Pad收发浪费时间、预习时Pad视频播放互相干扰、Pad不能模拟实验体现个性化操作、成果展示不能兼顾所有组别以及作业反馈个性化不足等。这五个问题，显然都是使用Pad后，课堂上出现的一些具体问题，这显然也是亟待课题组成员解决的问题。问题明确了，那么课题名称也就可以提炼出来了，即课题名称可以修改为“Pad在初中生物教学中的应用研究”。不难看出，课题名称来自于课题的问题，是对课题研究背景的概括和提炼。

我们发现，课题虽然提出了问题，但问题的表述不是很准确，也不够具体，因此，我们建议该教师看一篇文章《课题问题应具有的四个特征》（“老胡聊科研”微信公众号，2019年3月7日），看看研究背景中的问题怎样表述更合理、更准确。

此外，如果课题的问题已经明确，那么课题的研究目标和研究内容也就可以进一步完善了。也就是说，课题的研究目标和研究内容也是来自于研究背景中的问题。没有问题，也就没有课题的研究目标和研究内容。而且，我们认为课题名称、问题、研究目标和研究内容要保持一致。显然，我们发现该教师第二稿课题中的研究目标和研究内容没有与问题保持一致，因此我们建议该教师参考文章《课题名称、研究背景、目标和内容的一致性》（“老胡聊科研”微信公众号，2019年5月30日），进行再修改和再完善。

第三稿：

Pad在初中生物教学中的应用研究

一、本课题相关研究背景

伴随着大数据时代的到来，Pad这种便捷式交互终端走入课堂，成为信息技术与学科教学深度融合的必然趋势。在基于Pad教学的智慧课堂中，学生的学习效果是否达成，课堂是否高效，与教师对Pad相关软件的使用的熟练程度、相关的配套设施与软件以及学生对Pad的熟练操作等都有关系。

郑州市高新区社会事业局正逐步开展建设智慧化校园，郑州市第五十八中学是其中首批建设成为试点的学校之一。我校已经在Pad课堂教学中探索了一个学期。在生物课堂实践中，尽管Pad给我们的课堂注入了活力，但是我们发现Pad课进行得并不像我们想象的那么高效，师生互动和教学反馈往往没有不用Pad时得心应手，有的时候还不如常规课。存在的问题有如下几个方面：

1. 课前准备中Pad的收发浪费时间问题。进行Pad教学时，课前Pad的发放和课后Pad的收取会导致大量时间的浪费，尤其是第一次上课时，在班主任的帮助下，用时6分钟还没有完全把Pad发放给每一个学生，加上开机等待的时间，正式上课的时间得不到保障。

2. 有声视频播放中学生与学生之间互相干扰的问题。教师课前把预习视频发给学生，要求学生观看视频后完成预习任务。在此过程中出现了全班几十个同学同时播放视频、声音互相干扰的现象，班级顿时乱哄哄。在播放音乐的时候也会出现这样的问题。由于我校是住宿制学校，学生不是在各自家中完成视频观看，因此出现了这种意想之外的问题。

3. 实验课中虚拟实验不能体现个性操作的问题。生物课是科学课，有许多实验，有些无法在短时间内观察到结果的实验（如种子的萌发），通过虚拟仿真让学生体验实验操作也是比较好的一种替代方法。在实际课堂上出现的问题是：学生可以在大屏幕上进行实验操作，也可以在老师的Pad上进行操作，但是在学生个人的Pad上却不能进行实验操作，这样学生个体的差异性就无法展现，教师不能看到每一个同学自己的操作。

4. 成果展示中不能展示所有组别的问题。课堂中，小组合作后，需要提交并展示本组的成果。出现两个小问题：一是当学生提交后，教师端每次展示只出现4张图片，教师不能针对所有小组的成果进行对比，需要一个一个挑选放大看；二是全班60个学生，有16个组，只需要上传16个典型成果即可，而同学们都拍照上传，结果导致重复图片上交的现象，增加无效挑选。

5. 关于作业反馈不能显示每个人的错题情况。在堂检测过程中，当学生完成作业后，老师的电脑上马上显示这道题的正确率，但是不显示错这道题的学生名字，也不能点一个同学就知道他在这个测试中错的是哪几题，对教师掌握具体学情进行后续指导有影响。

……

三、研究目标和主要内容

（一）研究目标

1. 通过指定班级 Pad 管理人，将 Pad 以组为单位进行编号，合理化分工管理，节约课前和课后收发 Pad 的时间。

2. 通过研讨课堂中有声视频播放干扰其他同学的问题，寻找解决措施，或者更换视频播放方式或时间，使课堂效果更好。

3. 通过和威科姆公司科研人员沟通，期待进行软件升级，实现生物实验课中虚拟实验的个性化操作，为每一个学生进行虚拟实验的差异化教学奠定基础。

4. 解决成果展示一次只出现4张图片，而不能针对所有小组的成果进行对比的问题，提升成果展示的清晰透明与对比性。

5. 智慧课堂中突显作业反馈的高效性，完成堂检后除了要这道题的正确率，还需要显示错误的学生，以及每个学生错了哪些题，形成学生档案，使学习更加个性化，针对性更强。

（二）主要内容

1. 课前准备中 Pad 收发时间的合理化安排研究。

2. 课堂中有声视频播放时不干扰其他同学的有效措施探讨。

3. 解决生物实验课中虚拟实验在 Pad 上不能操作的问题。

4. 研究改进在成果展示中最大化展示各小组的成果图片，以期更好地对比分析各组的差异。

5. 改进 Pad 教学中作业反馈不能显示每个人的错题情况，让大家对自己的错题更一目了然，提升知识和能力更有针对性。

这是该课题修改后的第三稿。

显然，第三稿要比第二稿完善很多，主要体现在：一是研究背景中的问题表述相对清晰多了，也相对比较具体，但表述还不够完整；二是课题名称、问题、研究目标和研究内容基本上一致了，也就是说，研究目标和研究内容能够根据问题来表述了，但表述还不够严谨和明确。因此，我们建议课题组要把问题、研究目标和研究内容表述得更严谨、完善一点。

第四稿：

初中生物智慧课堂中 Pad 的应用策略研究

一、本课题相关研究背景

伴随着大数据时代的到来，Pad 这种便捷式交互终端走入课堂，成为信息技术与学科教学深度融合的必然趋势。在基于 Pad 教学的智慧课堂中，学生的学习效果是否达成，课堂是否高效，与教师对 Pad 相关软件的使用的熟练程度、相关的配套设施与软件以及学生对 Pad 的熟练操作等都有关系。郑州市高新区社会事业局正逐步开展建设智慧化校园，我校是其中首批建设成为试点的学校之一。我校已经在 Pad 课堂教学中探索了一个学期。在生物课堂实践中，尽管 Pad 给我们的课堂注入了活力，但是我们发现 Pad 课进行得并不像我们想象的那么高效，师生互动和教学反馈往往没有不用 Pad 时得心应手，有的时候还不如常规课。存在的问题有如下几个方面：

1. 课前准备中 Pad 的收发比较浪费时间。进行 Pad 教学时，课前 Pad 的发放和课后 Pad 的收取会导致大量时间的浪费，尤其是第一次上课时，在班主任的帮助下，用时6分钟还没有完全把 Pad 发放给每一个学生，加上开机等待的时间，正式上课的时间得不到保障。

2. 有声视频播放中学生与学生之间互相干扰。教师课前把预习视频发给学生，要求学生观看视频后完成预习任务。在此过程中出现了全班几十个同学同时播放视频、声音互相干扰的现象，班级顿时乱哄哄。在播放音乐的时候也会出现这样的问题。由于我校是住宿制学校，学生不是在各自家中完成视频观看，因此出现了这种意想之外的问题。

3. 实验课中 Pad 虚拟实验不能体现个性化操作。生物课是科学课，有许多实验，有些无法在短时间内观察到结果的实验（如种子的萌发），通过虚拟仿真让学生体验实验操作也是比较好的一种替代方法。在实际课堂上出现的问题是：学生可以在大屏幕上进行实验操作，也可以在老师的 Pad 上进行操作，但是在学生个人的 Pad 上却不能进行实验操作，这样学生个体的差异性就无法展现，教师不能看到每一个同学自己的操作。

4. 成果展示环节不能展示所有组别成果。课堂中，小组合作后，需要提交并展示本组的成果。出现两个小问题：一是当学生提交后，教师端每次展示只出现4张图片，教师不能针对所有小组的成果进行对比，需要一个一个挑选放大看；二是全班60个学生，有16个组，只需要上传16个典型成果即可，而同学们都拍照上传，结果导致重复图片上交的现象，增加无效挑选。

5. 作业反馈不能显示每个人的错题情况。在堂检测过程中，当学生完成作业后，老师的电脑上马上显示这道题的正确率，但是不显示错这道题的学生名字，也不能点一个同学就知道他在这个测试中错的是哪几题，对教师掌握具体学情进行后续指导有影响。基于我校校情，我校是住宿制学校，翻转课堂的形式只能是课内翻转。课堂上提高 Pad 课堂教学的高效性，是我们一线教师迫切需要探索和解决的问题，以期带动本组乃至全校师生一起真正走进基于 Pad 的智慧课堂。

……

三、研究目标和主要内容

（一）研究目标

1. 通过课前 Pad 收发时间的合理安排研究，减少收发浪费时间现象，提升时间管理效率，从而保证课堂的有效时间。

2. 通过解决课堂教学中 Pad 有声视频互相干扰现象，保证 Pad 有声视频播放的有序性和规范性，提高 Pad 有声视频的使用效率。

3. 通过满足学生在生物实验课中虚拟实验的个性化操作，提高生物模拟实验效率，提升每一个学生的动手动脑能力。

4. 通过提高生物课堂小组成果展示有效性，让更多小组都有成果展示的机会，提高小组成果的展示效率。

5. 通过生物课堂学生个人作业反馈有效性研究，及时收集学生掌握的精细化反馈情况，从而对学生的学习状态进行跟踪，有利于课后指导。

（二）主要内容

1. 生物课堂课前 Pad 收发时间的合理安排研究。

2. 生物课堂教学中 Pad 有声视频互相干扰解决策略研究。

3. 生物实验课中 Pad 虚拟实验个性化操作的策略研究。

4. 生物课堂小组成果展示有效性的策略研究。

5. 生物课堂学生个人作业反馈有效性的策略研究。

这是该课题修改后的第四稿。

显然，该课题的第四稿相对完善、具体和明确多了，主要体现在：一是课题名称由“Pad在初中生物教学中的应用研究”改为“初中生物智慧课堂中Pad的应用策略研究”，更加切合题意；二是课题名称、问题、研究目标和研究内容保持一致，而且表述更加具体、明确和完整了；三是整个课题的选题纲举目张、思路清晰、目标明确，这显然有利于课题下一步的研究工作。

四

通过课题《初中生物智慧课堂中Pad的应用策略研究》的四稿修改过程和分析，课题组成员基本上清楚了课题选题的方向和基本操作思路。我们相信，这对部分一线教师今后的课题选题会有所启示和帮助。

我们不妨再回过头来，对照该课题四次修改和完善过程，就会发现课题选题方向和基本操作思路具有一定的规律性。我们总结如下：

1. 选题首要考虑的是，在自己的教育教学过程中遇到哪些问题，哪些或者哪一个是最为突出的问题。那么，这个突出的问题就是课题选题的方向。没有问题就没有课题，没有问题的课题就是假课题，因此问题是课题研究的重要依据，也是课题存在的必要条件。

2. 课题的选题方向确定后，要进一步明确问题，即问题的表述必须要具体、清晰，当然也可以通过观察、访谈或者调查等方式进一步明确问题。

3. 根据问题，可以确定课题名称了，课题名称要简洁、具体，概括性强。

4. 问题、课题名称确定后，可以续写研究目标和研究内容了。我们建议先续写研究内容，再续写研究目标，这样研究目标就会更加具体化（我们有些教师的研究目标大而空，估计就是没有结合研究内容来续写）。

5. 需要强调的是，课题名称、问题、研究目标和研究内容要保持一致。

应该说，对于一项课题而言，课题名称、问题、研究目标和研究内容是最核心的四个论证内容。如果这四个内容都搞清楚了，那么其他的论证内容也就迎刃而解了，比如概念界定（参见文章《如何进行课题的概念界定？》，微信公众号“老胡聊科研”,2019年6月29日）、本课题相关的研究现状综述（参见文章《“本课题相关的研究现状综述”怎么写？》，微信公众号“老胡聊科研”，2019年3月8日）、研究方法（参见文章《如何使用课题研究方法？》，微信公众号“老胡聊科研”，2019年3月7日）和研究计划等。不是说这些内容不重要，而是相对而言这些内容简单一点，当然这些也是选题的重要组成部分。（部分内容参见文章《如何撰写课题的开题报告？》，微信公众号“老胡聊科研”，2019年5月15日）

问题是课题研究的出发点和原点，没有问题也就没有课题研究了。而课题立项申报书中的所有其他内容，基本上都是围绕着问题展开的。因此，我们选题时务必要抓住课题的“牛鼻子”（参见文章《抓住开题报告的“牛鼻子”》，微信公众号“老胡聊科研”，2019年6月16日），才能真正选好题，也才能真正做好课题研究工作。

结 束 语

李镇西在《要搞真科研》一文中说：“课题从何而来？我认为，教育科研应该目光向下，对准课堂，对准心灵。‘目光向下’，就是不要从文件中找课题，不要从领导人的讲话中找课题，而应该从我们的教育实践中找课题。”[1]

对于我们中小学教师而言，在日常的教育教学过程中遇到问题尤其是一些难题，是一种正常的现象。那么，遇到的这些难题就是我们要解决的问题，也就是我们需要研究的课题。因此选题要“对准课堂，对准心灵”，而不是从文件或领导的讲话中找课题，更不是从网上搜索课题。

不言而喻，基于教育教学过程中实际问题的研究课题，才是真实的课题，才是有价值且有意义的课题，也才能真正促进我们的教育教学工作改进。

课题就在你我身边。

（本文案例来自于黄想安，郑州第五十八中学）

[1] 李镇西：《要搞真科研》，李镇西的新浪博客，2012年10月12日。

透过现象　提炼问题　找准课题切入点

——基于中小学教师选题的点滴思考

一

我们先看两项课题案例：

【案例1】

课题《小学高年级校园欺凌行为的预防及对策研究》的研究背景：

近几年，国内校园欺凌事件频繁发生，已逐渐成为社会关注的焦点，欺凌事件伴随着媒体与网络传播给社会带来了很多负面影响。校园欺凌事件，不仅严重影响学生的身心健康和人格发展，也影响学生的学习和校园的安全，甚至影响着家庭和社会的和谐稳定。我国在2015年由中国青少年研究中心组织进行了中小学校园欺凌的调查，结果显示，32.5%的中小学生表示“偶尔会被欺负”，6.1%的中小学生则表示“经常被欺负”，比例之大令人瞠目。面对校园欺凌的时候，一部分小学生选择报告老师，而有的小学生由于胆小害怕而选择沉默、息事宁人，不愿意向老师或家长求助，长期压力下，受欺凌的小学生的心理受到伤害，产生厌学情绪，严重者甚至抑郁或性格扭曲。受欺凌者的胆小和忍耐在一定程度上反而助长了欺凌者的气焰，使其变本加厉，在欺负同学的道路上越走越远，如不加干预，将来很有可能走上犯罪的道路。学校作为学生学习和成长的场所，本应充满安宁、和谐、活泼、积极向上的气氛，但校园欺凌事件对学生的健康成长会造成极坏的影响，不论是从维护学校正常办学秩序的角度看，还是从保证青少年健康成长的角度看，关注研究校园欺凌问题并提出可行性对策，都是一个刻不容缓的课题。

笔者长期担任一线班主任工作，在实际班级管理中也遇到了校园欺凌事件，虽然性质不像中学生恶劣，但也不容小觑。小学生心智发育不成熟，对自己的所作所为缺乏一定的认知，通常由着自己的性格和脾气，不管不顾他人的感受。小学当中常见的欺凌行为有：侵占他人财产（零花钱、学习用具）、强迫弱势学生给自己买零食、给其他同学起辱骂性的绰号、小团体孤立个别同学、网上发同学的照片并配辱骂性文字、隐蔽空间内（卫生间）围堵同学、午托部聚众挑衅等。小学生正处于身心发展的关键时期，校园欺凌无论对欺凌者、受欺凌者还是旁观者的心理都会产生极坏的影响，作为一名教育工作者，一线的班主任老师，关注、思考和研究预防和应对校园欺凌现象的策略是义不容辞的责任。

本课题旨在通过对本校校园欺凌现象进行调查研究，了解当前校园欺凌行为的现状和特征，分析总结产生校园欺凌的具体原因，制定预防和应对校园欺凌行为的有效方法和措施，探索建立社会、家庭和学校三位一体的预防和应对校园欺凌的机制，这将有助于学生树立正确的人生观和价值观，为学生创造安全、和谐的学习和成长环境。

综上所述，小学校园欺凌现状堪忧，所带来的负能量严重影响学校和学生的健康发展，对小学高年级校园欺凌行为的预防和对策研究迫在眉睫。

【案例2】

课题《依托绘本提升小学低段学生阅读能力的探究》的研究背景：

《义务教育语文课程标准》指出："九年义务教育的学生课外阅读总量应达到405万字；要培养学生广泛的阅读兴趣，扩大阅读面，增加阅读量，提倡少做题，多读书，好读书，读整本的书。"[1]阅读的重要性越来越被认可。

通过绘本与一般儿童读物的比较，我们发现：第一，绘本善于通过浅显的故事来阐述幼儿平时难以理解的、较为深邃的内涵，包括哲理、生命的主题；第二，从美学的角度来讲，绘本以美轮美奂的绘图，给孩子带来视觉的享受，具有较高的文学审美价值；第三，图与文相辅共存的平衡关系，营造整个绘本的内在感觉。

绘本不仅能提高小学低段学生的阅读水平，还能促使学生自学能力的发展。通过对学生绘本阅读的指导，鼓励学生多看书、爱看书，让学生大量阅

---

[1] 中华人民共和国教育部：《义务教育语文课程标准》（2011年版），北京师范大学出版社，2012年版。

读课外书籍，既学到新的汉字、新的知识，又复习巩固了已学的汉字，积累了知识。

在低段教学中，我们发现学生的阅读能力比较差，主要体现在：

1. 学生不会选择合适的书目进行阅读。低年级孩子的自主意识还没有形成，在平时的教学中，我们发现，孩子喜欢模仿别人，也就是说别人在做什么，自己也跟着做，推广到阅读上也是如此。大多数孩子在阅读时也喜欢模仿别人，其他人看什么书，自己也去看，别人不看的，自己也不看；家长选择什么书就阅读什么书。总之，孩子不会根据自身情况选择适合自己的书目阅读。

2. 学生识字量少，对阅读不感兴趣。我校学生大多是外来务工随迁子女，家长忙于生计，忽略了孩子学前的识字阅读。因此，上了小学之后，发现孩子的识字量比较少，导致孩子对文字图书不感兴趣。孩子的阅读还停留在低幼儿童的层面，也就是只喜欢看图画书。

3. 没有养成良好的阅读习惯。对阅读不感兴趣间接导致孩子没有养成良好的阅读习惯。有些孩子阅读时没有固定的时间，每天只关注写作业或者玩耍，对阅读不够重视。因为孩子年龄较小，注意力不够集中，因此在阅读时也不够专心，难以养成良好的阅读习惯。

4. 学生阅读理解能力较差。在平时教学中发现，孩子们阅读只停留在看懂图画或者走马观花式阅读，当询问孩子阅读内容时，大多数孩子说不出自己所看书目的内容，思考较浅层，所阅读的内容没有内化于心。

二

上述两项课题的研究背景，分别是两名教师课题开题报告中的一项内容，即课题的问题提出部分。一般而言，研究背景分为宏观背景和微观背景两部分，但对于我们中小学一线教师而言，研究重心一般是微观背景部分，宏观背景部分往往不需要我们进行研究。

下面，我们来具体分析这两项课题的微观背景。

第一项课题的微观背景是：小学当中常见的欺凌行为有侵占他人财产（零花钱、学习用具）、强迫弱势学生给自己买零食、给其他同学起辱骂性的绰号、小团体孤立个别同学、网上发同学的照片并配辱骂性文字、隐蔽空间内（卫生间）围堵同学、午托部聚众挑衅等。

第二项课题的微观背景是：

在低段教学中，发现学生的阅读能力比较差，主要体现在四个方面。

1. 学生不会选择合适的书目进行阅读。低年级孩子的自主意识还没有形成，在平时的教学中，我们发现，孩子喜欢模仿别人，也就是说别人在做什么，自己也跟着做，推广到阅读上也是如此。大多数孩子在阅读时也喜欢模仿别人，其他人看什么书，自己也去看，别人不看的，自己也不看；家长选择什么书就阅读什么书。

2. 学生识字量少，对阅读不感兴趣。我校学生大多是外来务工随迁子女，家长忙于生计，忽略了孩子学前的识字阅读。因此，上了小学之后，发现孩子的识字量比较少，导致孩子对文字图书不感兴趣。孩子的阅读还停留在低幼儿童的层面，也就是只喜欢看图画书。

3. 没有养成良好的阅读习惯。对阅读不感兴趣间接导致孩子没有养成良好的阅读习惯。有些孩子阅读时没有固定的时间，每天只关注写作业或者玩耍，对阅读不够重视。因为孩子年龄较小，注意力不够集中，因此在阅读时也不够专心，难以养成良好的阅读习惯。

4. 学生阅读理解能力较差。在平时教学中发现，孩子们阅读只停留在看懂图画或者走马观花式阅读，当询问孩子阅读内容时，大多数孩子说不出自己所看书目的内容，思考较浅层，所阅读的内容没有内化于心。

不难看出，这两项课题的微观背景表述上是有所区别的。第一项课题的微观背景，不可否认是这两个课题组成员遇到的实际问题。但我们分析发现，这项课题提出的问题并非是真实问题，而是教育教学过程中遇到的一种教育现象。也就是说，是课题组成员日常教育教学中发现的具体、零碎、可感知的教育教学行为描述，而没有提炼或者归纳出这些具体而零碎现象背后规律性或共性的问题。而第二项课题，不仅提炼或归纳出了具体而零碎现象背后的真实和共性问题，而且也对日常教育教学中遇到的现象进行了比较详尽的描述和归类，给人一种层次清晰、具体明确的感受。

三

事实上，就我们课题组成员而言，可能最初遇到或者发现的问题，都是一个个具体的、零碎的教育教学现象，这是正常的，也是客观存在的。那么，如果作为一项课题研究工作开展的话，我们课题组成员就需要对这些纷繁复杂的教育教学具体而零碎的现象进行梳理和归类，找出这些现象背后的共性问题，进而找到课题的切入点。

如，在上述第二项课题中，课题组成员遇到的一些现象是：

低年级孩子的自主意识还没有形成，在平时的教学中，发现孩子喜欢模仿别人，也就是说别人在做什么，自己也跟着做，推广到阅读上也是如此。大多数孩子在阅读时也喜欢模仿别人，其他人看什么书，自己也去看，别人不看的，自己也不看；家长选择什么书就阅读什么书。

那么，这些现象背后的问题是什么呢？课题组成员把这些现象进行梳理和归类之后，提炼和总结出这样一个共性问题：学生不会选择合适的书目进行阅读。

显然，“学生不会选择合适的书目进行阅读”就是课题组成员要解决的一个真实的、共性的问题。而这个问题，其实就是对课题组成员遇到的具体而零碎教育教学现象的提炼和归纳。我们认为，部分中小学教师的课题选题之所以经常性“卡壳”，关键问题就出在这个地方，即不能从纷繁复杂的、具体而零碎的教育教学现象中提炼或者归纳出现象背后的真实和共性问题，这样也就很难找到课题的切入点。

我们再来分析第一项课题，看看在教育教学工作现象背后真实的共性问题是什么。

第一项课题的微观背景是：小学当中常见的欺凌行为有侵占他人财产（零花钱、学习用具）、强迫弱势学生给自己买零食、给其他同学起辱骂性的绰号、小团体孤立个别同学、网上发同学的照片并配辱骂性文字、隐蔽空间内（卫生间）围堵同学、午托部聚众挑衅等。

经过分析和梳理，我们认为“侵占他人财产（零花钱、学习用具）、强迫弱势学生给自己买零食、隐蔽空间内（卫生间）围堵同学”这三个现象大致可以归纳为小学生的“倚强凌弱”行为，即问题是“小学生倚强凌弱行为比较突出”；“给其他同学起辱骂性的绰号、网上发同学的照片并配辱骂性文字”这两个现象可以归纳为小学生的“侮辱人格”行为，即问题是“小学生存在着侮辱人格的行为”；“小团体孤立个别同学、午托部聚众挑衅”这两个现象可以归纳为小学生的“不良小团体”，即“小学生有不良小团体的存在”；等等。

显然，从该课题组成员遇到的诸多具体而零碎的现象中，我们经过分析后提炼和梳理了三个具体而真实的共性问题，即小学生倚强凌弱行为比较突出、小学生存在着侮辱人格的行为、小学生有不良小团体的存在。显然，这三个问题不是空穴来风，更不是想象和杜撰出来的，而是来自于课题组成员在教育教学过程中发现的具体而零碎的现象，因此问题是真实的、具体的和明确的。也就是说，问题是对现象的提炼和归纳，而现象是问题的具体表现形式，问题和现象具有内在的一致性。

我们再把该课题的现象和问题进行归类和总结如下：

1. 小学生倚强凌弱行为比较突出。主要表现为：侵占他人财产（零花钱、学习用具）、强迫弱势学生给自己买零食、隐蔽空间内（卫生间）围堵同学。

2. 小学生存在着侮辱人格的行为。主要表现为：给其他同学起辱骂性的绰号、网上发同学的照片并配辱骂性文字。

3. 小学生有不良小团体的存在。主要表现为：小团体孤立个别同学、午托部聚众挑衅。

不言而喻，经过认真的分析和梳理之后，该课题的问题就相对比较聚焦、明确、清晰了，这些问题就是我们课题组成员要解决的问题。一般而言，表述课题研究背景（主要是指微观背景）时，我们建议最好是以这种方式表述，即问题 + 现象的基本结构。当然，上述课题每一个问题之后的教育教学工作现象，可以再具体一点、聚焦一点和明确一点。

我们经常说，问题即课题，过程即研究，成长即结果。只有课题的问题清楚了、明白了、具体了，“基于问题的研究”才能够真正“落地生根”，课题研究工作才有可能“开花结果”。

四

透过日常教育教学过程中司空见惯的现象，梳理和提炼这些现象背后的真实和共性问题，既是我们中小学教师专业能力的一种体现，也是我们中小学教师专业成长的内在需要。

由此，我们想到了一个教育哲学问题，即现象和本质的辩证关系。

百度百科认为，现象是事物的外部联系，是本质在各方面的外部表现。本质是事物的内部联系，是决定事物性质和发展趋向的东西。本质和现象是对立统一关系，任何事物包括本质和现象两个方面。人们认识事物，就是要透过现象认识本质，把握事物的发展规律，这是一个艰苦、反复的过程。只有在实践中通过对多方面现象的分析研究，去伪存真、由表及里，才能认识事物的本质。因此，马克思认为："如果事物的表现形式和事物的本质会直接合而为一，一切科学就都成为多余的了。"[1]

那么，现象与本质的区别在哪里呢？我们认为其主要表现在：一是现象往往外露于事物的表面，人们通过自己的感官可直接感知，而本质则深藏不露，往往不可知、不可见；二是现象是具体的、个别的、零散的，而本质则具有共性的、普遍的规律；三是现象往往变化多端、容易消失和具有不确定性，而本质则具有相对稳定性和牢固性。

西班牙哲学家巴尔塔沙·葛拉西安说："尘世间的事物，真相与表象总是有很大的区别。只有一小部分人能透过现象看到本质，绝大多数人还停留在表象上。如果你面露狰狞，即使手握真理也会处境艰难。"[2]

英国戏剧家莎士比亚说："闪光的东西并不都是金子，动听的语言并不都是好话。"[3]

---

[1] 马克思、恩格斯：《马克思恩格斯全集》，中共中央马克思恩格斯列宁斯大林著作编译局译，人民出版社，2000年版。

[2] 巴尔塔沙·葛拉西安：《智慧书》，中央编译出版社，2009年版。

[3] 威廉·莎士比亚：《威尼斯商人》，人民文学出版社，2012年版。

我国也有这样一句民间谚语："莫看江面平如镜，要看水底万丈深。"

我们日常生活中，也有一些屡见不鲜的现象：

色彩鲜艳、靓丽的各种花菇，吃了很有可能会中毒；皑皑白雪晶莹剔透，但融化后可能就是一片脏兮兮的污水；漂亮、惊艳的各色玫瑰，恰恰长在了满是尖刺的荆条上；有些人表面上对你甜言蜜语、巧言令色，而实际上暗藏杀机、包藏祸心；有些家长表面上对孩子非常严苛，而其本意恰恰是爱孩子的一种体现；苹果成熟了，没有飞到天上而落到了地下；江河里的水，不往山上流而往地下淌；天上的星星看起来虚无缥缈，而实际上却庞大无比……

这些生活中的日常现象，有的表面看似耀眼夺目、光彩照人，但与其本质往往迥然不同甚至天渊之别；有的看上去风轻云淡、月朗星稀，但其潜藏的可能是电闪雷鸣、风雨交加；有的我们已经习以为常，甚至熟视无睹，但事实上其有着内在的规律和联系。

因此，能够透过外表看到内部、透过现象看到本质、透过偶然看到必然，我们才能抓住事物的关键，才能认清事物的本质，才能不被事物的表面现象所迷惑和困扰，当然也才能够生活得更加美好和惬意。

结 束 语

我们再分享两则寓言故事：

杨布打狗[1]

杨朱的弟弟叫杨布，他穿着件白色的衣服出门去了。遇到了大雨，杨布便脱下白衣，换了黑衣服回家。他家的狗没认出来是杨布，就迎上前冲他叫。杨布十分生气，正准备打狗。这时杨朱说："你不要打狗，如果换作是你，你也会像它这样做的。假如刚才你的狗离开时是白色的而回来就变成了黑色的，你怎能不以此而感到奇怪呢？"

[1] 列御寇：《列子》，叶蓓卿译注，中华书局，2018年版。

路边苦李[1]

王戎七岁的时候，曾和许多小朋友一起玩耍，看见路边上李树结了很多李子，把树枝都压弯了。很多小朋友都争着跑过去摘李子，只有王戎没动。别人问他（为什么），他说："树长在路边却有很多李子，那一定是苦的（李子）。"大家摘下来（一尝），才相信的确是苦的。

这两则寓言故事，其实都揭示了一个十分浅显的道理：我们只有学会留心观察，认真分析和思考，才能根据事物的表面现象，看到事物的本质，推断出事物的内在规律和联系。也只有看到了事物的本质所在，才不会被事物的表象所蒙蔽和迷惑。

显然，"现象与本质"的哲学辩证关系，与我们中小学教师的课题研究工作有异曲同工之妙。事实上，我们中小学教师在日常教育教学过程中看到的大多也都是纷繁复杂的、具体而零碎的现象，那么我们就要认真分析、思考和梳理，透过现象看到其背后的真实问题。这些真实的问题，往往具有一定的规律性、联系性，是阻碍或影响我们教育教学工作顺利开展的"绊脚石"，因此我们需要通过研究"搬掉"它们。

由现象能够看到本质，由现象能够提炼出问题，是中小学教师专业成长的重要标志，也是个人能力的一种体现。事实上，这种能力对教育教学其他方面的工作也具有触类旁通、以微知著的迁移作用。因此，从某种意义上来说，科研就是我们中小学教师专业成长的一条"捷径"。

[1] 刘义庆：《世说新语》，商务印书馆，2018年版。

三易其稿，课题问题终于水落石出
——以课题《小学英语科研成果转化应用的策略研究》为例

第一稿

一、研究背景（问题和原因分析）

只有让优秀成果在更多学校落地，惠及广大师生，才是教育科研的真正价值所在。教育科研从教育决策到教育实践、从教师成长到学校发展都扮演着极其重要的角色。它应当是教育教学工作的源头活水，因此，应当保有一份本真。中小学教师不但要是教学的能手，要在某一方面有着完整的理论思想和实践经验，还需在某一学科某一领域拥有研究成果并能将成果进行实践转化才有意义。群星璀璨的教学能手，加之卓有成效的科研成果及其有效的成果转化，对造就与提升一所学校的文化底蕴、一方教育质量都是功不可没的。

基层教育行政管理部门肩负着为国家培养合格人才的使命，在新的形势下，需要在优秀科研成果向教学应用的实践转化方面加强管理、整合资源，充分利用各种优势资源并将其有效地转化为教学实践的优势，创新教学模式，使课堂教学体现实践性、综合性、创新性的特色。当前，XM 市正处于教育质量持续提升的关键期，面对人才培养这一根本任务，XM 市教体局提出了“优势转化”的指导思想，致力于将我市的科研优势转化为人才质量培养的优势，其中包括将教师教学方面的优势转化为学生学习方面的优势等。

多年来，纵观 XM 市各级各类科研成果申报，每年都有500项之多，很多教师都担负着教育科研课题研究的工作。但是，在教科研迅猛发展的道路上，不少人产生了急功近利的思想，相当一部分教师是冲着职称评定才捏着鼻子搞课题研究的，他们把获得课题研究的结项证书或者奖励证书作为研究的最终目的，职称评定目的一旦达到，便将其研究成果束之高阁，画上个句号。这是多么大的教育资源的浪费！

对于县市级科研管理部门来说，高水平的科研工作永远是提高教学水平的助推器，将科研和教学紧密结合是提高教学水平的有效途径之一。教师的科研成果蕴含着创新的思想和内容，将之进行课堂教学的实践转化，将会极大提高课堂教学效率，让学生体会创新思维，将会极大提高学生的创新能力，这是培养创新型人才的必要手段。

对于第一稿，我的回复是："问题不明确。"

第二稿

一、研究背景（问题和原因分析）

农村小学英语课程的开设也已经有很多年了，但是师资力量的严重不足、现有小学英语教师水平的参差不齐、学生缺乏学习英语的语境创设等因素，造成目前广大农村小学英语学科的严重薄弱，这已经成了制约我们广大农村小学教学质量提高的一个瓶颈。聚焦我们XM市小学英语学科教育科研优秀成果，几年来多达66项，但是，在教科研迅猛发展的道路上，不少人产生了急功近利的思想，相当一部分教师是冲着职称评定才捏着鼻子搞课题研究的，他们把获得课题研究的结项证书或者奖励证书作为研究的最终目的，职称评定目的一旦达到，便将其研究成果束之高阁，画上个句号。这是多么大的教育资源的浪费！另外，有的成果仅仅限于研究者本人或者在他所在的学校进行了极小范围的实际应用。

课题组通过组织有关的教研员、名师、骨干教师、相关教学校长等30多人进行长达一个月的初步探讨与论证，从中筛选出了三个比较有代表性的应用型优秀科研成果，并准备在全XM市小学予以推广实验：(1) 小学英语课堂自然拼读法教学的成果推广实验；(2) 小学英语任务型语言教学的成果推广实验；(3)"游戏"在小学英语教学中的成果应用推广实验。

对于第二稿，我的回复是："不用说这些内容，这是你们课题的具体策略。"（是指研究背景的第二段内容）"你的问题还是不聚焦啊！你只是说了一个问题：教师做课题研究普遍急功近利，没有科研成果转化的意识。还有呢？比如，成果不会转化；比如成果质量比较差，难以转化；等等。问题要具体、聚焦。"

第三稿

一、研究背景（问题和原因分析）

只有让优秀成果在更多学校落地，惠及广大师生，才是教育科研的真正价值所在。教育科研从教育决策到教育实践、从教师成长到学校发展都扮演着极其重要的角色。它应当是教育教学工作的源头活水，因此，应当保有一份本真。基层教育行政管理部门肩负着为国家培养合格人才的使命，在新的形势下，需要在优秀科研成果向教学应用的实践转化方面加强管理、整合资源，充分利用各种优势资源并将其有效地转化为教学实践的优势，创新教学模式，使课堂教学体现实践性、综合性、创新性的特色。当前，XM市正处于教育质量持续提升的关键期，面对人才培养这一根本任务，XM市教体局提出了“优势转化”的指导思想，致力于将本市的科研优势转化为人才质量培养的优势。作为教体局层面的我们这一课题组，决定以制约我市教学质量提高的瓶颈——小学英语学科为抓手进行一个小小的突破。

多年来，纵观XM市各级各类科研成果申报，每年都有500项之多，很多教师都担负着课题研究的工作，聚焦全市小学英语学科各级教育科研成果，从2016年以来统计多达66项。但是这些科研成果在向实践转化方面还存在着一系列的问题：(1) 农村小学英语课程的开设也已经很多年了，但是相当一部分教师做课题研究完全是冲着“职称评定”来的，功利思想严重，为研究而研究，为拿到职称评定需要的课题结项证书而研究，一旦职评结束，便将其束之高阁，造成教育资源的极大浪费；(2) 农村小学英语学科的师资力量非常薄弱，还存在不少兼职教师，成果转化的能力严重不足；(3) 不少小学英语教师根本没有成果转化的思想意识，把教研和教学二者完全对立起来，“两张皮”现象严重；(4) 现有小学英语教师水平参差不齐，导致成果质量比较差，以至于成果难以转化；(5) 基层教育行政主管部门很少有人进行成果转化方面的思考与引领，“望天收”，不能集思广益，即便有几项优秀的科研成果，也因缺乏成果推广的制度与平台，最终致其夭折；(6) 有个别科研成果仅仅限于研究者本人或在研究者所在的学校进行了极小范围的实际应用的转化；等等。

课题的研究背景三易其稿之后，关于目前XM市小学英语学科科研成果转化应用存在着六个方面的问题，基本上说清楚了课题研究的问题所在。当然，这些问题还可以再具体、再聚焦，也只有这样把课题问题具体化，课题研究工作才会顺利进行。

事实上，能够把教育教学工作中的问题说清楚、讲明白，对许多教师而言是一件比较困难的事情。他们在平时的教育教学工作中，往往看到的都是司空见惯的教育教学现象，久而久之也就习以为常了。而这些习以为常的教育困惑或者问题，恰恰影响甚至阻碍了广大教师教育教学工作的正常进行，教师甚至产生了倦怠或者烦躁的情绪。反之，这些烦躁的情绪又影响到教育教学工作的开展。对一名教师而言，在其成长的过程中，教育教学中出现困惑或者问题是正常的现象，这也是个人成长的一部分，关键是如何面对这些问题，是积极主动地面对还是躲避呢？显然，躲避无益于事情的解决，只有勇敢地去面对问题，才是促进个人专业成长的唯一途径。

聚焦课题问题的过程，实际上也是对教育教学工作再认识、再思考和再挖掘的过程，这样的一个过程是必需的，也是必要的。因为我们往往在聚焦问题之前，对问题的认识是比较模糊的、抽象的，也是浅层次的，因此我们要多思考，课题组要多研讨，把教育教学工作中存在的真正问题搞明白、理清楚。我们要透过司空见惯的教育教学现象，找到其背后的真实问题。

对于中小学教师而言，问题就是课题研究的起点和原点，课题的问题明晰、具体、深刻了，研究目标、研究内容、研究计划以及研究方法也就比较简单了。可见，对于一项课题来说，课题问题是核心要素，其他的内容都是围绕课题问题展开的。因此，没有问题就没有课题研究，也没有必要做课题研究工作。

（本文案例来自于司冬梅，新密市教科室）

问题=研究课题吗？

我们在金水区第二实验小学听了两节课。一节语文课，课题是《江南》；一节数学课，课题是《一共多少天？》。课后，各学科组分头进行了集体教研活动，气氛非常活跃，老师们发言积极性也很高。在教研活动过程中，大家纷纷肯定了课堂教学活动的亮点，同时也指出了一些不足之处。大家畅所欲言，知无不言，言无不尽，对两节课的课堂教学活动展开了充分的讨论，也充分展示了该校教师良好的专业素养和精神风貌。显然，这样的教研方式，有利于两名授课教师课堂教学质量的改进，也是老师们最需要的教研活动。

我们以语文课为例，在语文课的研讨过程中，我们对老师们提出的问题进行了聚焦和汇总，具体如下：(1) 本节课教师忘记板书了；(2) 认识方位词东南西北时，有学生说“冬瓜”一词，教师没有及时纠正；(3) 课前的导入视频有点长了；(4) 书写生字“可”时，没有抓住关键笔画；(5) 学生在黑板上的贴画环节，可以再丰富一点；(6) 要结合拼音书写生字，并口头组词；(7) 朗读的感情不够丰富；(8) 朗读的层次性不够清晰；(9) 朗读的节奏感和美感不足；(10) 没有通过文字的表述展开想象；(11) 没有借助语用的训练；(12) 评价语的层次性不够；(13) 学生的发散性思维不够；(14) 课堂的部分环节流程设计不好；(15) 学生识字方法应用比较单一；(16) 写生字“可”时，板书“竖弯”不完整；等等。

上述的这16个问题，是老师们听完本节课之后提出来的具体问题，是课堂上真实存在的问题，也得到了授课的杨老师认可。我们经常说：“课题即问题……课题研究是基于问题的研究。”那么，本节课堂上出现的这16个问题，都可以作为研究课题吗？即问题等于研究课题吗？我们认为，答案是否定的。那么，什么样的问题可以作为研究课题呢？著名教育家李镇西说得好：“把难题当课题，是最真实也最有价值的教育科研。”[1] 由此可见，难题才是研究课题，即课堂教学活动中遇到的难题可以作为研究的课题，而不是难题不宜作为研究的课题。

根据这样的判断标准，我们再重新对这16个问题进行认真梳理，并征求授课的杨老师意见，认为以下这几个问题是难题：(1) 没有借助语用的训练；(2) 学生的朗读能力欠缺（上述 (7)、(8)、(9) 三个问题合并成一个问题)；(3) 识字方法的应用比较单一；(4) 教学活动中学生深度思维不够（上述 (10)、(13) 两个问题合并成一个问题)。也就是说，这四个在课堂教学活动中出现的问题，是杨老师的难题，是短时间内不能有效解决的问题。至于其他的问题，经过大家的讨论和建议，杨老师认为相对比较简单，下节课就可以解决了，而且完全有信心、有能力解决好。

不难看出，虽然都是本节课堂教学活动中出现的问题，但难易程度显然不一样。有一些问题，可能是课堂上紧张、疏忽、认识不够等原因造成的，这样的问题一般经过提醒或建议，是比较容易解决的。但也有一些问题，不是紧张、疏忽或认识不够造成的，而是原来就存在的问题，而且还是比较困难的问题，只是在本节课堂上再一次暴露出来罢了。如果该难题不能够得到及时解决，那么在以后的课堂教学活动中仍然会出现，而且会成为制约课堂教学活动的“障碍”。因此，这些难题就需要授课教师花费更多时间和精力去解决。

通过教研活动，本节语文课堂上出现的这四个问题，我们认为就是课题，就是杨老师下一步需要解决的问题和难题。“问题即课题……课题研究就是基于问题的研究”，这种说法本身并没有错，但要依具体问题的难易程度而决定。事实上，我们对数学课《一共有多少天？》进行教研活动时，也整理出来这样几个难题，如：(1) 小组合作的要求不明确；(2) 课堂教学活动时不够机智；(3) 教师的小结不精准；(4) 课堂教学活动设计不够优化；(5) 学生汇报思路不清晰，表述不准确。这几个难题显然也是授课老师的研究课题，也是需要解决的问题。

---

[1] 李镇西：《要搞真科研》，李镇西的新浪博客，2012年10月12日。

在我们的中小学校中，教研活动已经成为学校的常态化工作方式，似乎学校各学科组每周都会进行一次集体教研活动，当然也有不定时的课后研讨活动。但是，我们也发现相当多的学校教研活动出现了“教而不研”的现象。我们认为，教研活动不仅仅是研讨和交流活动，还应该包括研究。当然了，我们的教研活动本身也有研究的成分。但我们认为这是远远不够的，对于一些难题，我们需要开展课题研究工作，唯有如此，才能真正称得上是教研活动。也只有这样的教研活动，才是我们中小学教师真正需要的。教研活动与课题研究，就是我们中小学教师专业成长的“双翼”，因此我们要把二者有机结合起来。

在每年的课题立项申报时，我们的部分教师总是认为找不到合适的课题，现在看来这就是无稽之谈了。事实上，我们每天行走在校园内、课堂上、课程里、班级中……时时处处都会遇到问题与困惑，都会碰到难题，那么有难题的地方就会有课题。难题时时处处都会存在，教育教学过程中没有问题是不可能的，也是不存在的。或者换一句话说，没有问题就没有教育教学工作，教育教学工作与问题是相伴而生的，问题也是教育教学工作的组成部分。

不言而喻，课题就在我们身边，就在我们日常的教育教学工作中。我们只要时时处处“拥有一双善于发现的眼睛和一颗敏锐的心”，就能找到我们的研究课题，就能在研究中快速成长。

课题问题应具有的四个基本特征

一、案例呈现

我们先看几名教师在研究背景中的问题提出：

【案例1】

课题《关于高中化学课堂教学中即时反馈策略的研究》：

时代要求学生向什么方向发展，教师就应该努力创设什么样的课堂教学。社会希望学生变成什么样的人，教师就应该利用课堂这块阵地，按照希望教育引导学生，强化他们的记忆，规范他们的行为，训练他们的习惯，陶冶他们的心灵，培养他们的品质。当学生在这样的长期熏陶中，不知不觉转化为自己内在的品质和自觉行动时，我们的教学便得到了一种“质”的升华。

课堂提问是一门艺术，如何让“课堂提问”变得有效，让其真正地成为课堂检测反馈的重要途径，如何关注每位学生的发展，让每位学生都有所收获，带着这样的问题与疑惑，我确立了本课题的研究。

【案例2】

课题《充分发挥体育骨干在课堂教学中的作用》：

体育教学有其特殊性，不同于其他文化课学科，它是在室外以学习体育技能、提高身体素质由师生双边共同活动的过程，和文化课教学相比其课堂组织更显得重要。因此，在体育课堂教学中，要上好一节课单靠体育教师一人去组织安排很难完成，所以，体育骨干在课堂教学中的作用是一个亟待重视的问题。

【案例3】

课题《平板教学条件下的英语作业前置研究》：

近年来，人们越来越关注平板在课堂教学中的应用，因为平板教学与传统课堂相比较更加生动、直观，也可以和学生有更好的互动。把信息技术应用于教育教学也顺应了国家战略。信息技术和教育相结合可以满足教学过程中的个性化需求，可以针对不同程度的学生定制个性化的学习模式和内容，量体裁衣营造不同的学习情境，这些都是平板教学对比传统课堂的优势。在这个背景下，越来越多的学校也把平板作为教学工具应用在教学中。

在当前很多英语教学实践活动当中，教师们往往忽视了作业前置的重要性，只是简单地对学生提出课前预习或复习的要求，并没有对作业设置的科学性和合理性进行充分的思考。学生们往往自觉性不高，对课前预习及课后复习不能充分重视，大多只是按照自己的习惯简单读读单词、看看课文，往往抓不住学习的重点，因而学习的效果并不能达到预期。

【案例4】

课题《小学低段识字方法对孩子识字能力提升的研究》：

在传统识字方法的基础上，老师们又创新性地开发了一些新的识字方法，那么这些新的识字方法对学生的识字能力有什么作用呢?

二、案例评析

案例1中，题目和内容显然不一致，因为反馈不仅仅指课堂提问，课堂提问只是反馈的一种方式。此外，该教师也没有从自己的课堂提问方面存在的问题入手进行具体的调查。

案例2中，该教师只是谈到体育课的特殊性和体育骨干的重要性，而没有具体分析为什么要发挥体育骨干的作用，或者是体育骨干在课堂教学作用的发挥上还存在哪些问题。

案例3中，泛泛而谈老师们忽视作业前置，感觉不是自己的问题，而是在谈他人的问题。

案例4中，这是问题吗？显然这不是问题，应该是一个疑问句!

从上述的四个案例来看，我们发现部分老师对课题的问题描述比较含糊，泛泛而谈，或者就不是自己的问题，甚至没有问题。所谓课题研究，简而言之就是基于问题的解决过程。对于中小学教师而言，课题的问题是起点，也是终点，因为没有问题就不存在课题研究工作。因此，就一项课题而言，问题是关键，是核心，是必备要素。

三、课题问题的四个基本特征

进行课题研究，首先必须要有问题，这是一种共识或者常识。那么，一项课题的问题要具有哪些特征呢？我认为，课题的问题要具备四个基本特征。一是真问题。问题要真实，这是课题研究的底线，否则课题研究将无从谈起。要做到问题真实，就必须透过日常司空见惯的教育教学现象捕捉到现象背后的问题。从现象到问题，是一名教师智慧的体现，也是一种个人能力的体现。部分教师之所以感到课题研究比较困难，最关键的问题就是不能从日常教育教学现象中提炼出真实问题来。二是小问题。就一线中小学教师而言，每天面对的大多数都是细节问题或者琐碎的问题，那么这些细节问题就是课题研究的起点。小问题并不代表课题没有价值和意义，小问题也不能说明我们没有能力，教师正是通过一个个小问题的研究，来不断提升自己的专业素养的。三是自己的问题。我们之所以要做课题研究工作，正是基于我们自己在教育教学过程中遇到了问题或者困惑。显然，课题研究工作是为了自己能够有效开展工作，而不是为了别人而研究课题。当然，如果我们有余力，也可以适当地帮助他人进行课题研究工作。四是具体问题。我们有相当多的教师，在表述问题时总是含含糊糊、模棱两可，表达不准确、不清晰，这显然是对问题的认识不够。问题应该是具体的、清晰的，而不是抽象的或者模糊的。我们建议对问题进行表述时，尽量使用1、2、3等数字分条进行陈述，每一条表达一个方面的具体问题，每一条都使用几句浅显易懂的话进行陈述，这样的表述相对就比较清晰和具体了。

申报课题时，我们可以对照看看自己的课题问题是否具有这四个基本特征，否则就要进行完善了。事实上，一项课题能否顺利实施，关键要看课题问题是否真实、具体、恰当。只有把握好了课题研究的“源头”——问题，课题研究才会达到预期的效果。

当然，对于区域教育部门领导或者校长等的研究课题，课题问题可以相对宏观一些，可以结合区域内或者校级层面选择课题。像这样比较宏观的课题，我们建议分解成多个子课题进行研究，这样才能保证课题研究工作顺利开展。

一线教师的10个选题“雷区”，您踩中了吗？

一般而言，一项课题的研究过程大致可以分为三个主要阶段，即选题阶段、研究阶段和结项阶段。显然，选题阶段是课题研究工作的开始阶段，我们认为也是最为重要的一个阶段。

俗话说，良好的开端是成功的一半。因此，选题合适与否，将会直接决定课题研究工作的成败。我们对部分学校一线教师的课题选题情况进行了了解，发现广大一线教师的选题能力都有了长足进步，尤其是大多数教师能够立足课堂、能够结合自己的教育教学实际工作进行选题，这是令人欣喜的良好现象。但与此同时，我们发现部分一线教师的选题工作比较盲目和茫然，并存在着一些具体问题，这将会直接影响选题工作的开展。

在课题申报书中，我们认为其最为关键的部分是“研究背景”，尤其是微观背景，即课题组成员或老师自己在教育教学过程中遇到的实际问题。事实上，由这部分内容基本上能够看出该课题的问题是否明确、聚焦，也能够看出课题的方向、大小与思路等。也就是说，“微观背景”这部分内容是选题的核心，当然也决定了选题的质量。

我们对前期部分一线教师在选题过程中暴露的一些问题进行了梳理，总结了中小学一线教师选题过程中的常见10个“雷区”，希望对我们今后的选题工作有所启示。

“雷区”之一：无病呻吟

课题《视频资源在初中地理教学中的应用》：

1. 研究背景（问题和原因分析）

随着科学技术的不断更新和发展，课堂教学方式正在发生着深刻的变化，多媒体在教学课堂中得到广泛应用。特别在疫情期间网络直播课堂使得信息化、多媒体化的教学被更多地应用到教学当中，视频资源在教学中的必要性与重要意义尤为突出。地理课堂在网络多媒体的辅助下，在解答抽象理论、贴近学生生活、多角度增加课堂体验、提高课堂趣味性等方面受到广大师生的欢迎与好评！

而在网络信息化时代，视频资源的来源和选择尤其广泛，各种媒体视频和视频媒介层出不穷，如专业课程、科普纪录片、时事新闻、影视娱乐等纷繁复杂，其往往具有很强的社会性与非教育性，如何选择、整合和使用视频资源，使视频资源与地理教学有效融合，在地理课堂中发挥高效的作用，成为本次课题研究的一个重要方面。

【老胡观点】我们经常说“课题即问题”，也就是说，对于中小学一线教师而言，课题一般都来自于教育教学过程中遇到的实际问题。这也是课题研究的起点或原点。但我们发现，该课题研究背景中，课题负责人并没有提出自己或课题组成员遇到的实际问题，这就是典型的“无病呻吟”。这样的课题，我们一般认为是假课题。

“雷区”之二：问题难产

XX 老师：“基于学科核心素养的高中生物专题复习备考研究”，这是我们课题组拟定的一个课题名称，我觉得不合适，但是又不知道该怎么修改。

我：遇到的问题是什么？

XX 老师：我个人认为这个课题指向不明。我们想要研究的是怎样在专题复习中培养学生的科学思维和科学探究这两个核心素养。

我：你们课题组成员在教学过程中，发现的具体问题是什么？

XX 老师：我们现在感觉专题复习以后，学生的探究能力并没有提升，很迷茫，感觉问题一大堆。

我：问题一大堆，说不清楚吗？

XX 老师：没有头绪。

我：连问题都说不清楚，做啥课题研究啊？

……

【老胡观点】这是我与一名一线中小学教师的选题对话。在对话中，我们明显看出该教师感觉“问题一大堆”“没有头绪”。也就是说，该教师在教育教学过程中是实实在在地遇到了问题与困惑，但问题究竟是什么，自己却说不清、道不明。

显然，这也是我们部分一线教师在选题工作中遇到的共性问题，即我们部分教师也看到了一些教育教学的问题现象，但如何从这些现象中总结和提炼出问题来，却存在着一定的难度。显然，问题难以总结和表达出来，“问题难产”势必会影响到选题工作。

“雷区”之三：臆想课题

我是XX区XX，我在做一个项目，也可以说是一个课题，初步定的题目是“中医药文化融入小学中高段项目化学习的实践研究”。这个题目重点是中医药和项目化学习。其实最早想做的是以美术（香包）为主线，融入其他学科，以中草药为载体的校本课程。那这样目标似乎就不一样了。现在想请您指导指导，课题的目标应该怎样界定更适合传承？传统文化？课程？能力？素养？怎样的点去研究将来才有可能推广？求指导。

【老胡观点】这是一名教师在选题过程中的困惑，想“求指导”。我们从咨询的内容中不难看出，这是该教师臆想或者想象的课题。也就是说，该教师自己在“臆想”课题，这就是我们部分一线教师选题时经常出现的“奇思妙想”现象。

我们认为，中小学一线教师的选题应该立足于教育教学工作实际，是基于教育教学过程中遇到的实际问题的研究。显然，这个问题是已经发生的事实，而且已经影响或者制约了一线教师的教育教学工作，因此需要我们教师去研究和解决，而不是臆想出来的“子虚乌有”的课题。

“雷区”之四：贪大求全

课题《新冠疫情下初中学校落实立德树人的创新策略研究》：

……

在新冠疫情的影响下，落实立德树人的根本任务变得尤为重要。但是，在具体的实施上也面临着诸多的困难和挑战。在学校时，国家课程、地方课程、校本课程相结合，社团活动与班级活动相结合，主题班会课程与家校协同共育课程相结合，通过各种形式对学生进行爱国主义教育、生命教育、科学教育、健康教育、艺术教育，引导学生自主学习、自主阅读、自主锻炼、自主劳动、自主探究，实现学生疫情防控期间快乐学习、健康成长。受疫情的影响，老师和学生现都在家中，在学校的部分方法无法实施。目前，全国各个学校都在进行着立德树人的探索。

基于以上原因和现状的分析，结合我校现在的实际情况，我们提出了“新冠疫情下初中学校落实立德树人的创新策略研究”，努力探索学科课程与德育课程，线上与线下、学校与家庭、学校与社会的新途径，通过研究找到适合本学校的具体实施方案，对学生进行积极的引导，在疫情期间切实落实好立德树人的根本任务，保障广大师生身体健康和生命安全，打赢新冠防疫战。

【老胡观点】该课题是对初中学校“立德树人”的途径进行研究，显然这是一个非常宏大的研究课题。这也是我们部分一线教师选题时经常出现的“贪大求全”现象。也就是说，我们部分教师的选题总是喜欢倾向于“大课题”，希望课题具有代表性、普遍性和推广性。但事实上我们发现，这样的“大课题”教师往往难以驾驭，也解决不了什么问题，研究结果最终也往往不了了之。我们认为，就一线教师而言，选题要尽量小一点，这样的课题才具有可操作性和解决问题的可能性。

“雷区”之五：背离政策

课题《小学英语“线上＋线下”混合作业设计的调查研究》：

研究背景：

……

目前在我们英语的教学过程中，作业布置分为“线上”和“线下”这两部分。经过半学期的实践发现：(1) 有反映说学生写作业太被动，提不起来兴趣；(2) 有反馈书面作业有点“老套”，过于死板陈旧；(3) 还有部分家长不懂英语根本辅导不了；(4) 或者要求应该多布置点线上作业，少一点线下书面作业；(5) 也有反映说线上作业做久了会对孩子视力不好；(6) 线上作业多了学生就容易“着急”，错误率就会高；(7) 学生为了好玩而去做线上作业；(8) 老师通过什么样的标准去衡量学生的作业情况呢……

因此，如何高效地设计线上＋线下作业成了关键，基于此，我想带着这个问题在实践教学中做进一步的探索和研究。

【老胡观点】这是一名小学二年级英语教师主持的课题，是希望通过“线上＋线下”混合作业的设计提高英语教学质量。该教师提到了这样两个问题，即“有反馈书面作业有点‘老套’”和“少一点线下书面作业”。在这两个问题中，提到了一个关键词“书面作业”。

据了解，在2018年8月教育部、国家卫生健康委员会等八部门联合印发的《综合防控儿童青少年近视实施方案》中，明确指出“小学一二年级不布置书面家庭作业”。显然，给二年级的学生留书面作业是违背国家相关政策的。违背国家政策的选题，显然是不合适的。

“雷区”之六：不知所云

课题《斯土斯民　立德树人——融合河南乡土历史与“中外历史纲要”的一种探索》：

一、研究背景

立德树人，核心在德。什么是德？受宋明理学带来的儒学心性化的影响，“德”由外在认可转而强调内在圆满。近代中国西力东侵与西学东渐交织，在五四新文化运动影响下，启蒙思想与马克思主义的传入与传播，也极大地丰富了中国人对“德”的理解——个体化与群体化缺一不可。所以，“德”不仅是外在认可与内在圆满的统一，更是个体化与群体化的统一。“德”的培育，不外乎家庭、学校、社会三个场景，学校的作用毋庸置疑。党的十八大报告首次提出“把立德树人作为教育的根本任务”；十九大报告又进一步明确“要全面贯彻党的教育方针，落实立德树人根本任务”，并指出教育的真谛就是要回答“培养什么样的人，怎样培养人”的问题。

正因为此，2018年习近平总书记才会在与北京大学师生座谈会上强调，“要把立德树人的成效作为检验学校一切工作的根本标准”。对照当下的历史教学，囿于种种原因，如升学的压力、课时的紧张等，历史学科的人文教育功能并没有得到很好的彰显，反而成了大而空洞的骨感性总结，缺乏了历史的丰满的细节和张力。课程论专家张华教授甚至认为，过去60多年来我国的教育和社会领域伤害最大的学科就是历史学科。所以在这样的时代背景下，如何通过对历史教学的调整来实现新形势新课改下的立德树人的目标成为一个亟待解决的问题。尤其河南省作为实施新课改较晚的省份，完全有优势和条件在借鉴其他省份优秀的经验基础上把工作做得更扎实。

【老胡观点】该课题的“研究背景”，我不知道大家是否看懂了是什么意思，或者要解决一个什么样的问题。反正，我是看了几遍也没有看明白，表述得“云山雾罩”，完全是“不知所云”。

“雷区”之七：依据偏离

课题《基于学科核心素养的教与学改进策略实践研究》：

一、研究背景（问题和原因分析）

（一）问题

学科核心素养是学生发展核心素养在学科中的具体化，是学科育人价值的集中体现，是学生学习该门学科后的期望成就。各学科核心素养既体现本学科能够落实的学生发展核心素养，也包括各学科独特的一些核心素养要求，这些素养是通过长时间的专业训练所形成的专业思维，通过这种思维促成基础知识的积累，增加基本专业技能，形成专业基本经验，从而达到各学科所要前进的基本目标。目前，虽重视核心素养，但对核心素养的落实尤其是各学科核心素养的落实还不够扎实、深入，导致教与学无法更有深度地开展。

（二）原因分析

综上，学生发展核心素养落实于课程的前提是确立各学科的学科核心素养，在教学实践中，各学科核心素养起着决定性的重要作用。我校年轻教师居多，虽朝气蓬勃但经验不足，为更好、更快地提升教师队伍素养，提高教学质量，我校进行了详细的规划和部署。我们深刻认识到学科核心素养对促进教师的教与学生的学产生的巨大作用，以落实学科核心素养为主旨，开展基于学科核心素养的教与学相关实践研究，明确各学科的学科核心素养名称、内涵与表现水平，并引领、指导教学工作的方方面面，提升教学质量。

【老胡观点】这是一名小学教师的课题。在该课题中，提到了“学科核心素养”的概念。就目前而言，我们知道关于学科核心素养，只有高中各学科的核心素养已经颁布了，而初中和小学的并没有正式颁布。据了解，目前部分学校的小学各学科核心素养多是依据已经出台的高中学科核心素养及北京师范大学2016年9月公布的《中国学生发展核心素养》的框架体系。显然，这个“依据”难以令人信服。因此，课题中提到的“学科核心素养”从哪里来？而且还把“学科核心素养”作为学校“教与学”的依据，这样的“依据”靠谱吗？显然，依据偏离，那么课题还怎么开展啊？

“雷区”之七：据为己有

课题《小学语文中年级文言文教学有效性的研究》：

（一）研究背景

……

在教学改革过程中，许多教师尝试去改革自己的教学思想与方法，但文言文教学仍然面临难题。(1) 教学过程固定刻板。传统的文言文教学基本上都套用这样一个程序：课前要求学生预习课文，标出生字词，课堂上介绍与课文有关的背景材料和作者生平，然后逐段分析并翻译课文。这样的套路长此下去，学生便会觉得枯燥无味，课堂上昏昏欲睡，产生对上文言文课的厌恶和抗拒的心理。(2) 教学观念落后陈旧。传统的教学观念认为，文言文课教学的目的就在于让学生理解文义，即完成从文言到白话的转换。因此在教学过程中，教师常常对字、词、句的讲解细致入微，但对文言文独有的语言魅力，文言文中强烈的文学因素、文化因素和人文因素等却没有加以重视。(3) 教学方法机械单一。传统的教学方法大都采用灌输式或讲析式，即串讲的模式。串讲式的教学模式，基本上是教师包办、独霸课堂，将学生当作接受知识的容器，这样的教学方法，课文不是学生看懂的，而是教师讲懂的。(4) 教师过分依赖教学参考书，并且只为教文言文而教文言文。教师在教学过程中过多地依赖参考书，没有对文本做深入的研读，完全依照参考书上的内容来上课，没有自己的见解。很可能会出现这样的情况：你不说还清楚的，你说了反而就不懂了。而且教师在上文言文课的时候，很少会联系以前的知识，而完全只是为了教文言文。(5) 学生平时接触到的文言文也不多。中年级学生在学习语文的过程中虽然积累了一定的古诗学习经验，但是在文言文的学习领域却几乎没有任何经验。三年级学生学习文言文朗读磕绊、不流畅，理解不深刻，学习效果不好。可以说小学中年级学生学习文言文是一片新的教学领域。

针对以上现象，怎样让我们的文言文教学贴近中年级学生的实际、激发他们学习文言文的兴趣、教给他们正确的学习方法、引导他们感受文言文的魅力、增强他们学好文言文的信心，如何让中年级语文的文言文教学更有效，就成了目前急需解决的问题。

【老胡观点】该课题的研究背景中，课题负责人列出了文言文教学中的五大问题，而这些问题似乎包含了所有的文言文教学中存在的问题。也就是说，这些问题不仅仅是他自己遇到的问题，也有其他教师在文言文教学中遇到的问题，显然这是把其他教师的问题也都“据为己有”了。

事实上，我们教师的研究都是个性化研究，都是基于自己或课题组成员遇到的实际问题的研究，不需要也不必要解决他人的问题。换一句话说，他人遇到的问题，也并非就是自己遇到的问题，即使是同样的问题也不尽相同。

“雷区”之八：概念模糊

课题《农村问题学生生成原因及改变策略的研究》：

(一) 研究问题

1. 宏观意义

21世纪以来，随着我国城市建设的进程加快，城市涌入了大量的农民工，农民工子女留在家乡学习生活，形成农村留守儿童群体，出现了很多问题学生。农村问题学生的诸多问题已经很大程度地影响了他们的学习和生活，更影响着他们的健康成长。孩子是祖国的未来，而孩子的健康更是能够影响到孩子的一生，因此，关注农村问题学生的健康教育，是每位教师都应该努力做到的。

2. 现实问题

我校在校学生有256人，其中80%的学生属于“隔代教养”，35%的学生属于离异家庭。由于学生长期没有受到父母的管教，爷爷奶奶文化水平低，对孩子过于溺爱，因此，出现了很多问题学生，他们对学习的热情和积极性较差，教师的劝导往往成效不大，师生间甚至出现一些矛盾。我校大多是青年教师，管理思路不够新颖，管理方法欠缺创新，面对频出同样问题的学生感到束手无策，即使老师发现个别孩子出现了异常，家长也因为缺乏相关知识认为老师是小题大做，教师也没有专业人士指导，致使问题学生的教育工作停滞不前。

【老胡观点】在该课题中，提到了一个概念“问题学生”。那么，什么是问题学生呢？百度百科认为：“问题学生是指那些与同年龄段学生相比，由于受到家庭、社会、学校等方面的不良因素的影响及自身存在的有待改进的因素，从而导致在思想、认识、心理、行为、学习等方面偏离常态，需要在他人帮助下才能解决问题的学生。首要表现在品德方面，主要表现在学习、行为、心理方面。”在课题中，提到的仅仅是学生“学习热情和积极性较差”。

我们认为，学习成绩不好的孩子不能认为是问题学生，我们一般称之为“学困生”“潜力生”或者“待优生”。因为问题学生这个概念夸大了学生问题的严重性，属于概念模糊。

“雷区”之九：自作主张

课题《中职装饰画教学中项目教学法应用的初探》：

……

1. 研究背景

中职美术教育在实际的教学过程中存在着种种不足，而项目教学法的出现，使得美术教学的教学质量得到显著提升，改善了传统中职美术教育存在的不足，学生的文化素养得到了明显提高。

2. 研究现状

针对美术基础课的教学中还是一直使用传统的教师讲解学生绘画的方式，我觉得可以使用项目教学法来尝试进行改变，那么我所选择的课程就是中职美术基础课程中的装饰画这一门。本课题的研究有利于开辟中职教育课程建设的新视角。中职课程体系尤为强调项目课程体系以及课程体系的实施，这开启了中职课程建设的新视角。

3. 实践意义

通过美术教育可以帮助学生树立正确的审美观，挖掘学生发现美、感受美、鉴赏美的能力，培养出适合时代发展需要的美术设计人员和专业美术制作人员。在中职装饰画课程中通过引进“项目教学法”，使得美术教学的教学质量和水平得到了显著提高，增强了学生学习基础绘画的积极性，为培养出更多美术人才奠定了基础，而在使用项目教学法的实际应用过程中的内涵，以及项目教学法在中职美术教育的实践和探索等方面进行具体阐述，为中职美术教育提出科学合理的建议。

4. 主要研究方法

本研究主要采用文献分析法、调查访谈法等教育研究方法。文献分析法即对文献（如论文专著，网页资料等）进行检索查阅、分析整理，力图找出事物本质属性的一种研究方法。在本研究的资料收集过程中将大量采用文献分析法，以此来了解其他专家对此类问题的研究成果，包括项目课程开发、平面设计课程开发、企业项目开发、高等职业教育课程开发等相关文献资料，从中得到启发，为基于企业项目的中职平面设计课程开发研究提供理论依据。

【老胡观点】我们发现，该教师的课题论证设计内容包括这样几个方面：研究背景、研究现状、实践意义和主要研究方法。而相关科研部门的课题论证设计内容是这样的：（1）研究背景（问题和原因分析）；（2）本课题相关的研究现状综述；（3）研究目标和主要内容；（4）主要研究方法；（5）研究详细计划。

显然，该教师没有按照某科研部门的要求和规定填写内容，而是自作主张填写了其他的内容，这显然是不太合适的。一般而言，每一个科研部门的课题论证，都体现了该部门的科研导向和价值取向。因此，每一个科研部门的课题论证设计内容都有所不同。那么，我们一线教师申报某科研部门课题时，就需要按照该科研部门的要求和规定填写课题论证的设计内容。

“雷区”之十：缺乏土壤

课题《小学线上课堂提升学生专注力的策略研究》：

（一）研究问题

1. 宏观意义

当今时代，随着社会的进步和科技的发展，互联网技术融入了我们生活的方方面面。它在教育方面则主要体现为远程教育事业的兴起与发展。这种课程模式消除了时间与空间所带来的教育资源不均等差异，让各个地区的人“足不出户”就可以时时享受到同等的教育资源，是实现教育公平、教育现代化的一种重要手段。结合当前“新冠”疫情的背景，为了实现“停课不停学”，线上课程模式更是成为最主要的教学组织形式。但这种教学组织形式下的课堂是虚拟的，教与学产生了时空分离，没有了传统课堂老师的时时监督，学生自身的自制力成为影响课堂的重要因素。对于小学生来说，他们自身的自制力较低，如何提升他们在线上教学中的参与度也成了我们需要关注和解决的重要问题。

2. 现实问题

“新冠”疫情发生后，所有学生居家进行线上课程学习。以我所任教的郑州某小学语文学科为例，学生周一至周五每天至少听一节讲解课本内容的线上视频课程，然后完成相应的线上、线下作业。我们班主要使用线上的“一起作业”平台，在批改作业的过程中，我发现学生对知识的吸收度并不高，许多讲过的内容依然做错，作业达到合格以上的学生仅占70%左右。再结合每周一节由我进行的线上语文课程直播，我发现进入直播平台的学生总数仅占85%左右。在连麦互动的过程中，我点名的学生不能及时连麦的现象时有发生。这些现象都表明了学生在线上课程的学习过程中专注力不高，注意力不集中。

（二）研究内容

1. 提升小学线上课堂教师了解和把握学情的策略研究。

2. 提升小学线上课堂学生参与度的策略研究。

3. 提升小学线上课堂监督的策略研究。

【老胡观点】这是一项关于线上教学的课题，也是一项“应景式”的课题。由于疫情的影响，我们的中小学都进行了线上教学活动，这是一次被动的教育改革，显然也是一次暂时性的教学变革。那么，疫情结束后，该课题还有研究的价值和意义吗？疫情结束后，线上教学方式充其量也就是学校教学的一个补充或者延伸，不可能再进行长时间、大规模的线上教学活动了。那么，该课题可能也就失去了研究的土壤和基础。我们认为，课题研究应该植根于肥沃的教学实践土壤中，否则也就无法开展研究。

结束语

我们以课题案例的形式，列举了一线中小学教师选题中常见的10个“雷区”。当然还有一些“雷区”，如问题和原因分不清、把疑问句当作问题、研究内容等同于策略、问题不聚焦和不具体等。显然，这些“雷区”都是我们在选题过程中应该避免的现象。

对于中小学教师而言，选题将会直接决定课题的成败，因此选题时应端正态度，足够重视。其实，只要我们放平心态，认真对待，选题并不是一件困难的事情。李镇西认为：“把难题当课题，是最真实也最有价值的教育科研！”[1] 事实上，李镇西的这句话，我们认为就是我们中小学一线教师的选题重要依据和原则。

只要用心，课题就在你我身边。

[1] 李镇西：《要搞真科研》，李镇西的新浪博客，2012年10月12日。

什么样的课题才是好课题？

各学校对本单位教师的课题进行初评，其评审依据和标准各不相同。据我们初步了解，部分学校在初评时，对课题的认识和理解也出现了一些不同的声音，尤其对优秀课题的评分分歧比较大。正是由于课题评审要求和标准的不一致，致使部分教师选题时莫衷一是、踟蹰不前，因此在选题的过程中也就比较迷茫和无助。

这是我们听到的一些有关课题的真实声音：部分教师反映说，尽管其课题也来自于教育教学过程中的实际问题，但得分比较低，是因为认为其选题太“俗套”，不够新颖，因此不是优秀课题；部分学校认为课题需要和当前的教育教学新理念，如核心素养、深度学习、翻转课堂、互联网＋等“挂钩”，否则就不是优秀课题；部分学校认为，优秀的课题要具有普遍性、代表性，不能只局限于自己教育教学工作的研究，而是要有更广泛的研究对象和丰富内容；也有部分学校认为，课题即问题，就是教育教学过程中的实际问题，因此优秀的课题就是要立足实际工作和解决实际问题……

那么，对于中小学一线教师来说，优秀的课题是什么样子呢？当然，这个问题很难回答。我们认为，优秀的课题不会有一个标准答案，也不应该有一个固定的标准答案。但是，我们认为，对于从事一线教育教学工作的中小学教师而言，其工作性质和特点决定了优秀课题应该具有一些共同的特征或者标准。

我们来看两所学校（单位）的课题评审要求和评分标准。

学校之一：

评分原则：(1) 基于问题的研究，问题要小、实际和具体，并且要结合具体的教育教学工作实际；(2) 课题名称、问题、研究目标和内容一致性；(3) 部分线上教学课题没有入选，主要原因是疫情即将结束，缺乏教学实践的基础。

评分标准：

70分：问题缺失或者不具体、不聚焦，泛泛而谈；80分：有问题，比较具体、明确，比较小，且结合教育教学工作实际；90分：问题小、实、明确，课题名称、问题、目标和内容一致性。

学校之二：

评审要求：(1) 按照立项申报书的各项内容要求填写，不得任意增加或减少论证内容，更不能使用错误的立项申报书。(2) 重点评审依据是课题的研究背景是否具有问题性，即问题是否是具体、明确、小的问题。这是能否通过立项的重要标准，没有问题的课题一律作为假课题淘汰。(3) 课题名称、问题、研究目标和研究内容尽量要保持一致性。(4) 提高与兼顾相结合，即质量是第一位的，但也要适当兼顾，即个别学校整体质量差但又申报数量较多，可以适当照顾一两项。

评分区间60～98，标准解读如下：

优秀：85～98分。标准：研究问题具体、明确、小，且与课题名称、研究目标和研究内容保持一致性。合格：70～84分。标准：研究问题比较具体和明确，且与课题名称、研究目标和研究内容基本保持一致性。不合格：60～69分。标准：研究问题不具体、不明确、大而空洞，且问题与课题名称、研究目标和研究内容不太一致。

这是两个学校（单位）课题初选的评分要求和标准。

我们简单比较了一下，发现这两个学校（单位）的优秀课题评分要求和标准有一些共同特征：

1. 课题是基于问题的研究。问题要小、表述具体而明确，而且是自己或课题组成员遇到的实际问题。这是优秀课题的首要因素，也是课题存在的必要条件。也就是说，问题是优秀课题的前提和基础。

2. 课题的问题、课题名称、研究目标和研究内容尽量保持一致性。这实际上是明确课题的研究思路。只有四项内容保持了一致性，才能有明确的研究思路和方向，才有助于课题研究工作的顺利开展。

3. 课题要立足于教育教学工作实际，要有教育教学实践的土壤和条件。我们的课题不是“空穴来风”，更不是“高高在上”，而是立足于日常教育教学工作实际的研究行为。因此，课题研究不能脱离教学实践，必须拥有教学实践的土壤。

我们认为，这两所学校的评分要求和标准是符合中小学一线教师的科研需要的，是立足于中小学一线教师的教育教学工作实际的。因此，其评分要求和标准具有十分重要的现实意义和指导价值。

事实上，这不仅仅是一个普通的评分要求和标准那么简单的事情，而是一种科研的导向和价值引领。我们课题的导向在哪里，我们一线教师的科研就会走向哪里。因此，我们希望学校能够引导中小学一线教师都走上正确的科研之路、专业成长之路。

我们认为，就中小学一线教师而言，科研定位就是要立足于日常的教育教学工作实际问题，以问题解决为导向，不断在问题解决中提升自己的专业素养和促进教育教学工作的改进。当然，我们教师也可以有获奖或者著书立说的追求和权利。但我们认为，只要课题过程扎实而有效，那么获奖也就是一个小小的“副产品”了。

至于上述的一些有关课题的声音，如课题太“俗套”而不够新颖、课题必须与新理念“挂钩”、课题应具有代表性、研究对象要有广泛性等，我们在此不再赘述，请参考之前的部分文章。（文章1：《老胡观点：如何看待选题的新颖性？》，微信公众号“老胡聊科研”，2019年3月24日。文章2：《科研指导：课题研究对象宜少不宜多》，微信公众号“老胡聊科研”，2019年11月7日）

最后，我们引用著名教育家魏书生的一段话，或许对我们中小学一线教师的科研工作有所启示：

“谈到科研，老师们常常以为那是教研所的专家学者的事。仔细分析，其实是我们每位教师分内的事，是每位教师心灵深处的需要。今天和昨天有什么不一样呢？上班、下班，备课、上课、批改作业，学生还是那些学生，同事还是那些同事，领导还是那些领导，校园没变，办公室没变，教室也没变。近乎呆板枯燥的生活，使人兴味索然，甚至使人厌烦。于是有人说，教育工作时间性强，计划性强，规章制度烦琐具体，容易扼杀人的创造性。如果只当一名教书匠，用因循守旧的眼光看问题，教师工作真是又苦又累，又呆板枯燥。我引导老师们思考，为什么同样是教书，斯霞、于漪、钱梦龙、欧阳代娜等许多优秀教师却感觉幸福、快乐，充满了新奇感，工作充满了创造性？重要原因之一在于他们不是教书匠，而是教育科研工作者，是教育艺术家。他们总是从科学研究的角度看待教育教学工作。分析研究许多优秀教师的经历和他们的成果，人们不难发现，他们成功的一个重要原因就是能够从教育科研的角度看待自己的工作。”[1]

[1] 魏书生：《教育改革与素质教育》，沈阳出版社，2000年版。

第三章　课题开题助力研究起航

课题开题会标志着课题研究工作的正式开始。课题开题报告包括研究背景、现状综述、研究目标和内容、研究方法、研究计划、研究分工以及成果形式等主要内容。就中小学教师而言，开题报告可以不像专家教授们要求的那样严谨规范，但也不能过于随意或空泛。

本章内容，将带您了解开题会相关事宜、开题报告的撰写以及概念界定、现状综述、研究方法、成员具体分工等方面具体内容，希望能帮助您顺利开启课题研究之旅。

一线教师需要什么样的课题开题会?

课题开题会的召开，目的是让课题组老师们知道自己课题中存在的问题，同时及时明确课题下一步研究思路，为课题研究工作指明方向。

课题开题会，顾名思义就是对课题进行论证和研讨的会议，这也标志着一项课题研究工作的正式开始。课题开题会的效果，直接决定了研究课题的进程和质量，因此有必要将课题组成员和相关科研专家召集在一起，对课题进行重新审视和再论证。课题组成员要充分汲取专家的点评意见，进一步找准课题要解决的具体问题，明确课题要研究的内容，完善课题研究计划，以保证课题研究工作的顺利实施。

我们发现，大多数学校的课题开题会形式如下：学校领导致辞或发言，教科室主任或学校领导宣读相关的课题立项通知，课题负责人汇报课题开题报告，专家点评，领导总结讲话，等等。如果仅仅从课题开题会的形式上而言，这样的课题开题会是没有问题的，也很“好看”，仪式感很强。因此，大多数学校都比较习惯于这种形式的课题开题会，而课题组成员也都有不同程度的收获。

然而，我们越来越发现，这种形式的课题开题会虽然形式上比较规范，也很“好看”，但效果似乎并不明显，尤其是开题会上课题组老师们没有充分、自由发言和提问的机会，更多的只是“被动”接受专家的观点。也就是说，从课题组成员来说，缺少与专家平等对话的机会，也很少有提问甚至质疑的机会；从专家来说，他们作为课题组的“局外人”，点评未必都是正确的，只能代表一家之言，难免会有疏漏或错误的观点。因此，课题组成员和专家之间缺少一个平等、充分和自由的交流机会。

鉴于这种现状，我们在部分学校进行课题开题会时，在开题会的形式上做出了一些调整，使其尽量简洁、简单，突出重点和难点。形式如下：学校领导致辞，专家进行课题开题报告的指导，课题负责人汇报开题报告，课题交流研讨活动，学校领导总结。这种形式的课题开题会，凸显了平等和自由的对话机会，突出了课题的重点和难点内容。

在课题负责人汇报之前，专家先进行课题开题报告的指导，目的是让课题组成员了解课题开题报告每一部分的内容是什么，怎么表述。一般而言，专家讲完之后，课题组成员基本上就知道了自己的开题报告问题所在，知道了怎么去修改和完善。在课题负责人汇报开题报告的环节，我们要求课题负责人只汇报个性化的内容，即研究背景、研究目标和内容，而其他方面共性的内容不再汇报。这样一方面可以对开题报告的重难点内容展开充分汇报，另一方面也节省了大量的时间。在课题交流研讨环节，我们打破了以往专家点评的统一范式：课题好的地方一二三等等，课题不足的地方一二三等等。我们以谈话式导入，首先与课题组成员共同梳理为什么要研究这个课题，即梳理该项课题的具体"问题"是什么。因为这是课题研究的起点，因此"问题"必须要真实、明确、具体。然后我们再讨论课题的研究内容和研究目标等，尽量做到课题名称、研究背景、研究目标和研究内容的一致性。就一项课题而言，最核心、最重要的部分是研究背景，只要把研究背景中的问题搞清楚、弄明白了，至于课题其他方面的问题，如课题名称的表述不规范、研究方法使用不合理、研究分工不明确、研究条件和保障不充分、研究计划不科学等，课题负责人只要结合研究背景、研究内容和研究目标以及专家对开题报告的指导意见进行修改和完善即可。

我们认为，课题开题会能否达到预期效果，最关键的是课题研讨是否充分、是否自由、是否平等。我们不希望科研专家们"高高在上"，"端着架子"对课题组成员"指手画脚"，甚至于指责或说一些难听话，让人觉得很不舒服。我们也不希望课题组成员唯唯诺诺，把专家的点评意见视若"灵丹妙药"而"照单全收"，没有质疑，没有追问。很显然，这样的课题开题会很可能是一次课题"批斗会"，也可能是一次课题"形式"会，因此也就很难达到课题开题会的预期效果。

爱尔兰剧作家萧伯纳认为，如果你有一个苹果，我有一个苹果，彼此交换，我们每个人仍然只有一个苹果；如果你有一种思想，我有一种思想，彼此交换，我们每个人就有了两种思想，甚至多于两种思想。从某种意义上来说，课题开题会就是课题研讨会。既然是课题研讨会，那么就应该让课题组成员和科研专家们进行平等对话、自由交流、充分研讨，这样才能真正让课题组成员“心服口服”，才能让其及时理清课题研究的思路。只有让思想积极甚至激烈地碰撞，才会产生出智慧的火花，才能让课题研究工作更加顺畅。

课题开题会，我们希望是一个双方思想碰撞的分享平台，是一场双方心灵对话的饕餮盛宴，是一次对科研认识和理念的全面更新——打开思维之窗，开启智慧之门。

如何撰写课题开题报告?

随着课题研究的日益普及化以及要求的越来越规范化，中小学教师对开题报告、中期报告和结项报告的撰写比较迷茫，甚至一筹莫展，不知道如何下手。

因此，向广大教师普及相关的科研知识是十分有必要的。我们认为，就中小学教师而言，开题报告、中期报告和结项报告的撰写不可能像大学教师或科研院所的专家教授们要求的那样严谨规范，但也不能过于随意或空泛。因此，中小学教师撰写的开题报告、中期报告和结项报告既要保证课题本身的一定规范性和严谨性，同时也要适合中小学教师特定的工作特点和教育教学规律。

一般而言，一项完整的课题研究过程包括三个主要阶段，即选题阶段、研究阶段和结项阶段。只有这三个阶段都具备了，才能构成一项完整的研究课题。否则，课题研究过程是不完整的，课题研究也就失之空泛，那么课题研究也就没有意义或价值了。选题阶段，是一项课题研究工作的开始，因此往往要求课题负责人撰写课题开题报告；研究阶段，是课题研究的实践过程，这个阶段一般比较长，因此往往在研究的中途阶段要求课题负责人撰写课题中期报告；结项阶段，标志着一项课题工作的结束，是对课题研究过程的系统梳理与总结，因此需要课题负责人撰写课题结项报告。开题报告、中期报告和结项报告尽管出现在课题研究过程的不同阶段，内容或要求也不尽相同，但都是课题研究工作的有机组成部分，因此需要我们中小学教师认真对待。

一、课题开题报告的主要内容

俗话说，良好的开端是成功的一半。课题开题报告，也就是我们通常所说的课题研究方案，是一项课题研究工作的开端，因此开题报告的质量也就决定了课题研究的质量。课题开题报告就是对科研课题的论证和设计，是课题研究工作有条不紊开展的有效保障。

那么，如何撰写课题开题报告呢？事实上，尽管开题报告的内容没有固定的格式和要求，但我们也要说清楚课题研究的选题缘由、研究思路、研究方法、研究计划等基本内容。课题开题报告标志着一项课题研究工作正式开始了。

一般而言，课题开题报告的主要内容包括：

1. 课题题目；

2. 研究背景和意义；

3. 概念界定；

4. 本课题相关的国内外研究现状综述；

5. 课题研究目标；

6. 课题研究内容；

7. 课题研究方法；

8. 课题创新点及其研究价值；

9. 课题研究条件与保障；

10. 课题组成员组成及其分工；

11. 课题研究计划；

12. 预期成果。

温馨提示：课题开题报告的主要内容构成和顺序，具有一定的内在联系和规律，比较符合课题研究的科学性和严谨性，因此不建议颠倒顺序。中小学教师在撰写课题开题报告时，可以根据课题研究的实际情况，省略其中的一部分内容，如课题创新点及其研究价值、课题研究条件与保障等。

二、课题开题报告部分内容的解读

1. 课题题目，也叫课题名称，即课题的名字。课题题目一般包括三部分内容，即研究对象、研究内容和研究方法。如“小学生语文早读有效性的调查研究”，其中研究对象是小学生，研究内容是早读有效性的调查，研究方法是调查研究法。

课题题目使用陈述句，不使用疑问句、祈使句和比喻句，应尽量简洁、具体、明确，一般不超过20个字。课题题目的最后两个字一般是“研究”，在“研究”之前可以加上“实践”“行动”“策略”“调查”等。

2. 研究背景，这是课题开题报告的核心部分。课题研究背景一般包括宏观背景和微观背景，宏观背景是指国家或者省、市、区或者校级层面的与课题相关的背景；微观背景是指该课题的具体问题是什么，这个问题一般是课题组成员在教育教学中遇到的实际问题与困惑。

就一项课题而言，宏观背景可以没有或者省略，但微观背景是必须有的，而且应具有四个主要特征。一是真问题。问题要真实，这是课题研究的底线，否则课题研究将无从谈起。要做到问题真实，就必须透过日常司空见惯的教育教学现象捕捉到现象背后的问题。从现象到问题，这是一名教师智慧的体现，也是一种个人能力的体现。二是小问题。就一线中小学教师而言，每天面对的大多数都是细节问题或者琐碎的问题，那么这些细节问题就是课题研究的起点。小问题并不代表课题没有价值和意义，小问题也不能说明我们没有能力，而我们教师正是通过一个个小问题的研究，才能够不断提升自己的专业素养。三是自己的问题。我们之所以要做课题研究工作，正是基于我们自己在教育教学过程中遇到了问题或者困惑。显然，课题研究工作是为了自己能够有效开展工作，而不是为了别人而研究课题。当然，如果我们有余力，也可以适当地帮助他人进行课题研究工作。四是具体问题。我们有相当多的教师，在表述问题时总是含含糊糊、模棱两可，表达不准确、不清晰，这显然是对问题的认识不够。问题应该是具体的、清晰的，而不是抽象的或者模糊的。我们建议对问题进行表述时，尽量使用1、2、3等数字分条进行陈述，每一条表达一个方面的具体问题，每一条都使用几句浅显易懂的话进行陈述，这样的表述相对就比较清晰和具体了。

3. 概念界定。概念一般是题目中的关键词，即题目或者内容中出现的比较生僻、不易理解的词语。如课题题目“小组合作学习下语文分层作业有效性的研究”中，“小组合作学习”“分层作业”概念比较生僻需要界定。又如课题题目“运动处方在初中体育教学中的运用研究”中，“运动处方”概念比较生僻需要界定，其他词语大家都比较熟悉，因此不需要界定。

在概念界定的过程中，建议只对概念整体界定，如对“运动处方”概念进行界定，不必对“运动”“处方”分别再进行概念界定。此外，不用对整个的课题题目进行概念界定。

概念界定可以引用专家学者的观点或概念，但最后要说清楚课题概念在本课题中所表达的含义是什么，要进行通俗易懂的解释和说明。

4. 本课题相关的国内外研究现状综述，是对本课题的相关历史研究状况进行梳理和归纳，包括国内和国外的研究情况。也就是说，我们广大教师大多数的研究课题，往往在研究之前，他人已经有比较多的相关研究成果了，因此有必要了解他人对该课题做出了哪些具体的研究成果，以明确本课题下一步的研究思路。

进行课题研究现状综述的主要途径有百度、中国知网或万方数据库等相关网站，当然也可以查询部分相关的报纸杂志等获取相关资料。进行研究现状综述时，一般搜索的是课题中的核心词语或者关键词，这个关键词往往就是课题的研究内容。如课题《小组合作学习下语文分层作业有效性的研究》，搜索的关键词是课题的研究内容“分层作业”，即对“分层作业”或者“语文分层作业”进行相关研究的现状综述。

在表述方式上，一般是作者 + 文章（或专著）+ 主要观点（或成果），如课题《小组合作学习下语文分层作业有效性的研究》的相关现状综述可以这样表述：陈燕红老师在论文《语文分层作业的研究例谈》中，指出教师通过对语文作业量和难度的调节，给学生自主权，可以促进学生的自由发展、整体进步，从而加强学习与生活的联系；闫媛媛老师在《强化语文作业设计，提高学习兴趣与能力》一文中指出，利用有难度的分层，让学生自主选择，可以充分调动学生的主动性和积极性，树立学习的信心。

5. 研究目标。课题研究需要提前进行研究目标的预设，即通过该课题研究要达到什么样的效果。研究目标要具体、清晰，具有可操作性，因此，研究目标就是课题研究的方向。如课题《小学音乐课堂合唱教学的策略研究》的研究目标：(1) 通过本课题研究，促进学生爱好音乐，与音乐交朋友，终身享受音乐；(2) 学习合唱知识和合唱技能，能够自信地、和谐地、富有表现力地歌唱，提高音乐审美情趣，分享合唱乐趣，全面发展音乐素养，品尝成功的喜悦；(3) 积极开展合唱活动，打造合唱特色，建设学校艺术文化。该课题的研究目标不够具体，表述不够准确，研究目标和研究内容混为一谈。我们可以这样调整研究目标：(1) 提高小学生课堂合唱的兴趣，促进学生爱好音乐；(2) 提高音乐教师课堂合唱教学的指导能力；(3) 形成有效的小学音乐课堂合唱教学策略。

6. 研究内容，就是该课题所要解决的核心问题是什么，是对研究背景的概括和提炼。研究内容虽然是对所要解决问题的陈述，但表述一般不用疑问句而使用陈述句。研究内容的表述需要简明扼要、清晰具体，一个研究内容一般使用一两句话即可。如课题《小学低年级学生问题解决能力的途径研究》的研究内容：(1) 小学低年级学生问题解决能力的现状调查研究；(2) 小学低年级学生审题能力的提高研究；(3) 小学低年级学生问题解决的习惯培养研究；(4) 小学低年级学生数学解决问题能力的培养研究。

7. 研究方法。中小学教师常用的研究方法主要包括调查研究法（观察法、访谈法和问卷法）、文献资料法（文献研究法）、经验总结法、行动研究法、案例研究法（个案研究法）等。研究方法不可泛泛而谈，也不能简单地堆砌，要根据该课题的实际需要提出如何使用研究方法。一般一项课题使用两三种研究方法即可，而且每一种研究方法的提出，都要结合课题内容阐述清楚。

如课题《小学数学学困生的转化策略研究》使用的研究方法：(1) 调查研究法。以问卷、谈话、家访等多种形式向学困生、周围同学、学生家长或任课老师调查学困生的主要问题以及影响因素。(2) 行动研究法。在教育教学过程中不断实践，不断完善转化学困生的策略，以形成一套转化学困生的理论框架。(3) 个案研究法。通过对部分学困生的跟踪分析，摸清他们学习困难的成因，制定转化策略，根据转化效果进行反思，总结经验。

8. 课题创新点及其研究价值。课题创新点就是与他人研究的不同之处，或者是研究中提出新的观点或从新的角度开展研究工作等。课题的创新点可以是一个，也可以是多个；可以是理论的创新，也可以是方法、实践或者技术的创新等。一般而言，中小学教师的课题创新点往往不多，因此该部分内容可以简写。课题研究价值，就是该课题研究能够在理论或者实践工作中产生的积极作用。

如课题《供给侧背景下职业学校旅游专业人才培养模式的研究》的创新点：本课题以近年来中央提出“供给侧结构性改革”的战略方针为背景，从“供给侧”角度研究职业学校旅游专业人才培养模式如何适应旅游市场人才需求。研究价值：通过对旅游企业人才需求进行实地调查，以调查数据为依据来分析旅游专业人才培养模式的改革方向，提出改革建议，研究职业学校旅游专业的教学新模式，从而更好地使学校和用人单位形成良好的供求关系，实现双赢。

9. 课题研究条件与保障。课题研究条件主要是指课题组成员进行课题研究工作所具有的基本素养，包括职称、年龄、学科类别、发表的相关论文或研究课题的成果等。保障主要是指课题研究工作中所应该具备的时间、精力、资金和设备等基本条件。

如课题《互联网＋背景下小学家校合作的策略研究》的研究条件：课题负责人淡XX，2011年9月参加工作，中小学一级教师，一直从事小学语文教学工作，课题《牛砦小学基于“读写结合”的小作文教学实践初探》荣获郑州市教育科研二等奖；成员杨XX，教科室主任，汉语言文学教育专业，课题成果《构建和谐课堂实践研究》荣获郑州市教育科研一等奖，课题成果《如何让农村英语课堂“活”起来》荣获郑州市教育科研二等奖。完成课题的保障：(1) 组织保障：学校领导对本课题的申报给予了高度重视，成立课题研究小组并安排教导处具体负责。(2) 物资保障：学校为课题组的各项研究、活动，提供必要硬件、软件的支持；学校在经费上给予支持，课题预计投入经费5000元。(3) 时间保障：这个课题研究用时一年，分不同阶段，几个主要负责人，将会在时间上给予最大的保证。(4) 人员保障：课题负责人淡XX，高新区教科研先进个人，在课题研究上有足够的优势，课题组其他成员也都能够积极参与课题研究工作。

10. 课题组成员组成及其分工。课题组成员组成是指课题组成员的姓名、职务或职称、单位等构成基本情况。课题组分工，是指课题组成员的具体研究任务。建议以子课题的方式进行课题研究分工，即课题负责人把课题分解为若干个子课题，然后每一名课题组成员根据自己教育教学过程中的实际问题而承担其中一项子课题的研究工作。

如课题《小学低年级学生作业习惯培养的策略研究》分工如下：王XX老师作为课题负责人，负责课题申报、分工、制定研究措施和研究计划、完成研究报告；朱XX老师负责搜集理论资料，对课题进行理论指导，对研究班级的学生进行课堂作业观察、记录、反馈，并将研究成果形成书面材料；田XX老师负责搜集课题组教师及校内其他教师的作业设计方案、课例，并将其汇总、分析，形成书面报告。根据该课题的研究内容，我们以子课题的方式进行分工如下：王XX老师负责小学低年级学生作业习惯的现状调查研究；朱XX老师负责小学低年级学生良好作业习惯的养成策略研究；田XX老师负责小学低年级学生良好作业习惯的养成评价研究。以子课题方式进行课题研究分工的好处是：(1) 加强了分工与合作。以子课题方式进行课题分工，课题组每一名成员既有明确的研究任务，可以独立开展子课题研究工作，各尽所能，各负其责；每一项子课题又构成了整个课题的一部分，子课题之间存在着密切的联系，因此各课题组成员之间需要经常性合作与交流。(2) 有利于资料的收集。课题过程性资料是研究过程的重要体现，也是结项报告的重要素材。课题组每个成员都从自己的子课题出发，积极收集资料，那么过程性资料就会比较丰富。(3) 有利于课题结项。每一项子课题都是整个课题的一个有机组成部分，对各项子课题结项报告进行提炼与整合，最后就形成了总的结项报告。

11. 课题研究计划。课题研究计划一般分为三个阶段，即准备阶段、实施阶段和总结阶段等。研究计划一般以一个学年（年度）为期限，每个阶段都要写清楚具体的研究任务。

如课题《小学低年级语文绘本写话教学的实践研究》的研究计划：(1) 准备阶段（2018年4月—2018年5月）。制定课题总体方案；申报课题，并发动年级负责老师制定符合年级实际的实施方案；收集有关资料。(2) 实施阶段（2018年6月—2019年1月）。2018年6月，进行作业现状的调查与分析，制订课题研究的计划，撰写开题报告；7—8月，与家长沟通，让家长配合，监督孩子每天按时完成暑假作业；9—11月，让学生养成按时完成作业的习惯，包括课内和课外，培养训练学生的记作业能力；2018年12月—2019年1月，重点培养学生的审题能力和自我检查作业的能力。(3) 结项阶段（2019年2—3月）。整理分析课题研究资源，撰写课题研究结题报告以及案例研究集等，形成成果，制订后续推进工作计划。

12. 预期成果，指课题研究要达到的预期效果，包括有形成果和无形成果。如课题《小学软笔书法课程实施策略研究》的有形成果包括：(1) 研究报告；(2) 软笔书法教学方法论文、优秀教学案例；(3) 各类活动影像资料。课题的无形成果是：(1) 学生掌握基本的执笔方法与练字方法，养成提笔练字的好习惯；(2) 编制适合学生发展的书法课程纲要，构建书法课程体系；(3) 探索书法教育的评价策略，营造浓厚的书法氛围，提高师生的书法素养。

开题报告案例

依托绘本提升小学低段学生阅读能力的探究

一、研究背景和意义

《语文课程标准》指出："九年义务教育的学生课外阅读总量应达到405万字；要培养学生广泛的阅读兴趣，扩大阅读面，增加阅读量，提倡少做题，多读书，好读书，读整本的书。"阅读的重要性越来越被认可。

通过绘本与一般儿童读物的比较，我们发现：第一，绘本善于通过浅显的故事来阐述幼儿平时难以理解的、较为深邃的内涵，包括哲理、生命的主题；第二，从美学的角度来讲，绘本以美轮美奂的绘图，给孩子带来视觉的享受，具有较高的文学审美价值；第三，图与文相辅共存的平衡关系，营造整个绘本的内在感觉。

绘本不仅能促进小学低段学生阅读水平的提高，还能让学生形成自学能力的主动发展。通过对学生绘本阅读的指导，鼓励学生多看书、爱看书，让学生大量阅读课外书籍，既学到新的汉字、新的知识，又复习巩固了已学的汉字，积累了知识。

在低段教学中，我发现，学生的阅读能力比较差，主要体现在：

（一）学生不会选择合适的书目进行阅读。

低年级孩子的自主意识还没有形成，在平时的教学中，我们发现，孩子喜欢模仿别人，也就是说别人在做什么，自己也跟着做，推广到阅读上也是如此。大多数孩子在阅读时也喜欢模仿别人，其他人看什么书，自己也去看，别人不看的，自己也不看；家长选择什么书就阅读什么书。总之，孩子不会根据自身情况选择适合自己的书目阅读。

（二）学生识字量少，对阅读不感兴趣。

我校学生大多是外来务工随迁子女，家长忙于生计，忽略了孩子学前的识字阅读，等上了小学之后，发现孩子的识字量比较少，导致孩子对文字图书不感兴趣。孩子的阅读还停留在低幼儿童的层面，也就是只喜欢看图画书。

（三）学生没有养成良好的阅读习惯。

对阅读不感兴趣间接导致孩子没有养成良好的阅读习惯。有些孩子阅读时没有固定的时间，每天只关注写作业或者玩耍，对阅读不够重视。因为孩子年龄较小，注意力不够集中，因此在阅读时也不够专心，难以养成良好的阅读习惯。

（四）学生阅读理解能力较差。

在平时教学中发现，孩子们阅读只停留在看懂图画，或者走马观花式阅读，当询问孩子阅读内容时，大多数孩子说不出自己所看书目的内容，思考较浅层，所阅读的内容没有内化于心。

二、概念界定

绘本，即图画书，该词语取自日语中图画书的叫法“えほん”的汉字写法“絵本”，顾名思义就是“画出来的书”，指一类以绘画为主并附有少量文字的书籍，是国际公认“最适合幼儿阅读的图书”。

阅读能力是读者借助视觉器官运用自己已有的知识经验，去了解文字符号所表达的内容的一种心理特征，由认读、理解、鉴赏、活用四种基本能力构成。阅读能力是一个人在阅读活动中形成的基本能力，也是个体终身从事学习的最基本能力，是完成阅读任务的复杂结构的心理特征的总和。

三、相关的国内外研究现状综述

在国外，绘本已经有了100多年的发展历史，是发达国家儿童首选的读物。

国外对图画书的研究以培利•诺德曼的《图画的语言：儿童图画书的艺

术》为理论代表，通过对图画书的等级和类别进行系统的概括和详细的分析，初步提出了“图”与“文”的关系。诺德曼的绘本理论对我们研究绘本有深刻的指导意义，给我们阅读和应用绘本进行教学提供了重要方向。

“现代日本绘本之父”松居直先生所著的《我的图画书论》中，分析了图画书（绘本）的特征、性质、发展、编辑和出版等，从而得出在阅读图画书的过程中，提升孩子的审美能力、开发他们的想象力和加强其理解能力的指导方法。

国内儿童文学理论家方卫平教授、博士生导师梅子涵教授等多年来也一直呼吁让孩子阅读经典绘本，认为“幼儿经典绘本”应该是孩子的“人生第一本书”。因为优秀的绘本能给孩子带来愉悦和幸福感，让孩子从中体会阅读的乐趣。

尹文艳老师在论文《绘本阅读提高小学低段学生听说读写能力的研究》中，探讨了绘本阅读提高学生听说读写能力的可能性，并在教学实践中进行了初步尝试，不仅在内容上，还在方法上提出了细致的构想，开发了一套绘本阅读体系，以切实帮助学生提高语文能力。董春风老师在论文《利用绘本提高小学生语文阅读能力》中指出，利用绘本进行阅读能够引发学生思考，点燃学生读书的热情，引导学生进行自我反思，可以提高学生的阅读能力，为小学生的语文学习奠定良好的基础。

四、研究目标

（一）提高教师对儿童文学作品的鉴赏力，科学合理地选择适合学生阅读的绘本。

（二）提高低段学生阅读的兴趣。

（三）学生能养成良好的阅读习惯。

（四）提升学生的阅读理解能力。

五、研究内容

（一）小学低段学生阅读书目选择的现状调查研究。

（二）小学低段学生阅读兴趣养成的研究。

（三）小学低段学生阅读习惯培养的研究。

（四）小学低段学生阅读理解能力的提升研究。

六、研究方法

（一）文献资料法：学习借鉴相关的文献资料，主要包括有关儿童绘本阅读策略、儿童阅读的心理过程、儿童阅读能力测评、阅读对儿童成长的意义等文献资料，并适当加以深化。

（二）问卷调查法：通过问卷、座谈等多种形式，全面、具体地了解目前教师绘本阅读教学、学生绘本阅读中的矛盾、困惑及忧虑等，把握学生绘本阅读现状，了解学生绘本阅读的兴趣。

（三）行动研究法：根据课题方案实施研究，通过绘本实践，充实调整方案，提出新的实施策略，付诸实践，如此循环。

（四）个案研究法：跟踪不同语言表达水平和不同个性的学生，通过个例来分析、研究依托绘本阅读提高学生阅读能力的有效性与可行性。

七、课题创新点及其研究价值

课题创新点：

（一）以班级为单位，在班级内组织开展绘本亲子阅读活动，家长可以记录下与孩子共同阅读绘本的感受，也可以是孩子阐述自己的感受，家长代笔记录。

（二）课题组教师在安排好语文授课的同时，每周带领全班同学进行一节“读写绘”课程，在阅读绘本中受到启发和引领。

研究价值：通过本研究，教师能够根据绘本内容和各年龄段学生的特点，运用有效的教学策略指导学生阅读绘本，并在班级内形成良好的阅读氛围，采取“听（看）、讲、画（做）、编、演”五大行动为主要策略，逐步积累、完善，构建一系列绘本阅读课程，让学生“爱听、善讲、能画、会编、乐演”，培养学生的阅读兴趣，使其养成良好的阅读习惯，让学生真正在“悦读”中健康快乐地成长。同时教师也和学生共同成长，使教师教科研能力得到提高。

八、研究条件与保障措施

研究条件：课题负责人王晓航，2016年9月参加工作，中小学二级教师，一直从事小学语文教学工作；成员段菲菲，汉语国际教育专业，从事一年级语文教学工作；成员周宏，中小学二级教师，小学教育专业，参加工作以来，一直从事小学语文教学工作。

保障措施：

（一）组织保障：学校领导高度重视教科研工作，学校形成了浓郁的教科研氛围，发动学校中青年教师积极、主动地投身到科研课题的研究之中，积极参与到教学创新之中，努力研究培养创新人才的教学模式，使教学过程成为学生自主学习、创造性学习的过程。

（二）研究资料：学校拥有大量绘本，并定期添置相关理论书籍，教师也可以从网络上及时查阅各种研究资料。这些资源都为课题研究的前期工作打下了良好的基础。

（三）物资保障：学校领导为本课题的研究提供了人力、物力和财力的保障，并且在组织上、制度上规范了本课题的运作，鼓励教师们放手放胆进行课题研究。

综上所述，在我校进行《依托绘本提升小学低段学生阅读能力的探究》是切实可行的。

九、课题组成员及分工

王晓航（课题组组长）：负责小学低段学生阅读书目选择的现状调查研究。

段菲菲（课题组成员）：负责小学低段学生阅读兴趣和阅读习惯培养研究。

周宏（课题组成员）：负责小学低段学生阅读理解能力的提升研究。

十、研究进度与计划

（一）第一阶段（2019年3月—2019年4月）——准备阶段：

组建课题组，参加课题申报培训，确定课题，收集与课题研究相关的资料，制订研究计划等。

1. 查阅相关文献资料，学习相关理论，了解学生阅读绘本的现状，确定具体的研究问题和要实施的措施。

2. 课题组集中学习相关理论书籍，制订子课题研究计划。

3. 设计课题研究方案，申请立项，成立课题组，明确分工。

（二）第二阶段（2019年5月—2019年8月）——实施阶段：

1. 课题组的每个成员都根据实施方案，收集实践与研究中的有关资料，并结合绘本教学实际，在教育教学实践中尝试、探索、创新。

2. 主动参考有关资料，善于筛选有参考价值的做法，不断改进自己的研究。写好个人研究的心得体会和反思等，并做好阶段研究的小结。

3. 定期做好研究交流和研究工作的汇报，整理研究中的经验和心得等资料，形成中期阶段性研究报告，根据报告调整和修改研究的方案。

（三）第三阶段（2019年9月—2019年12月）——总结阶段：

1. 整理研究所积累的资料，对研究中的经验总结进行筛选，优化整合。

2. 总结试验的研究成果，撰写研究报告、教学案例、结题报告等。

3. 总结研究试验的不足之处，提出建设性意见为后期工作做准备。

十一、预期成果

（一）有形成果：

1. 研究报告；

2. 绘本阅读教学的优秀案例；

3. 各类活动资料。

（二）无形成果：

1. 学生对阅读有兴趣，形成良好的阅读习惯；

2. 学生阅读理解能力有所提升。

（本案例来自于王晓航，高新区南流小学）

抓住开题报告的“牛鼻子”
——以开题报告《小学中段语文教学中读写结合的研究》修改前后对比为例

作为一项开题报告，哪些内容是最重要的呢？

回答这个问题，就需要首先回答中小学教师的课题研究是什么。我们认为，中小学教师的课题研究，就是基于自己教育教学过程中实际问题的解决过程。因此，问题是课题研究工作的起点和原点，离开了问题的研究是不存在的，就是假研究。显然，假研究不是我们需要的，而是我们中小学教师坚决摒弃的研究。

基于此，我们认为开题报告中的最重要内容应该包括这样几项：

1. 研究背景。不言而喻，开题报告中最核心、最首要的内容就是研究背景，即问题提出。这是第一重要而且是必须明确的内容，否则其他内容也就无从谈起。研究背景一般分为宏观背景和微观背景，其中最核心的是微观背景部分，这也是我们课题组要解决的实际问题。

如，课题《小学中段语文教学中读写结合的研究》，原来的研究背景如下：

在多年的中段语文教学工作中，我发现读写结合现状有些差强人意。首先，有部分老师把阅读和写作当成了“风马牛不相及”的两个概念，将其完全分离开进行教学，忽视了其内在相辅相成、相互促进、相互转化的关系。在阅读教学中，很多时候教师只注重指导学生从理解语言文字到理解思想内容，而很少关注语言文字的表达，于是，尽管学生学了很多文质兼美的文章，却几乎很少从中学到写作知识、写作方法。在习作教学中，教师虽然比较注重对学生进行写作训练，但往往把写作训练寄托在习作课上，而学生的语言运用能力紧紧依靠掐指可数的习作课是不可能获得很大程度提升的。其次，绝大多数学生怕写作文，提起作文就有种“谈虎色变”的感觉。一到习作课上，学生就一个个小脸通红、抓耳挠腮，甚至一节课写不出一段话来，即使能写出来的，也大多前言不搭后语，为了凑够字数而胡编乱造，文不达意。而怕作文的重要原因就是课外阅读少，远远达不到语文教学大纲的要求，匮乏的课外阅读量，正如“巧妇难为无米之炊”，没有丰厚的素材积累，没有丰实的生活底蕴，缺乏写作热情。

显然，这样的研究背景比较含糊、笼统，条理不清晰。经过课题组成员修改之后，问题更加清晰、具体、聚焦，可操作性强：(1) 小学中段语文教师读写结合的教学理念有待进一步明晰；(2) 小学中段语文教师在教学中缺少有效指导读写结合的方法；(3) 小学中段学生缺乏写作的兴趣；(4) 小学中段学生读写结合的资源少且训练的次数不足。而且，课题组成员对每一个问题都进行了具体的阐述。

2. 研究内容。研究内容就是课题要解决的实际问题，是和研究背景中的问题一一对应的，一般表述比较简单、简洁、具体，每一项研究内容用一两句话概括即可。

如，课题《小学中段语文教学中读写结合的研究》，原来的研究内容为：(1) 小学中段学生的读写兴趣和良好的读写习惯的培养；(2) 探索出适合中段学生的读写结合训练的有效方法和操作模式；(3) 提高中段学生的读写能力，提升良好语文素养。 显然，这和研究背景中的问题不对应，而修改之后的研究内容，就与研究背景中的问题相一致了：(1) 小学中段语文教师读写结合理念的提升研究；(2) 小学中段语文教师读写结合有效指导方法的研究；(3) 小学语文中段学生读写结合兴趣的培养研究；(4) 小学语文中段学生读写结合资源发掘和训练方法的研究。

3. 研究目标。研究目标就是通过课题的问题解决要达到的预期效果。这和研究内容是相对应的。一般每一项研究内容对应一个研究目标，要求具体、明确。

如，课题《小学中段语文教学中读写结合的研究》，原来的研究目标为：(1) 通过在课堂中探索阅读的指导方法，培养中段学生的读写兴趣和良好的读写习惯；(2) 通过在课堂教学中渗透读写结合的方法，探索出适合中段学生的读写结合训练的有效方法和操作模式；(3) 通过以读促写，以写带读，提高中段学生的读写能力，提升良好的语文素养。修改之前的研究目标比较大而空，不具体，就是没有依据研究内容来写，或者是先写研究目标。修改之后的研究目标是：(1) 通过对小学中段语文教师读写结合理念的提升，使教师认识到读写结合的重要性，明白读写结合的意义；(2) 通过小学中段语文教师在课堂教学中实施的有效指导读写结合的方法，提高教师读写结合指导方法的能力；(3) 通过在小学中段的语文课堂中实施读写结合，逐步培养学生的写作兴趣；(4) 通过在小学中段的语文教学中发掘读写结合资源，增加读写结合的次数，从而提高中段学生的读写能力。

上述的研究背景、研究内容和研究目标是一致的，其中最核心的要素就是研究背景。只有三者保持了一致性，才能让课题开题报告更加清晰、具体，才能让课题研究工作更加顺畅。

4. 课题组成员的分工。对于一项课题而言，怎么开展，开展得怎么样，其中一个重要因素就是课题组成员如何科学、合理地进行分工。我们认为，目前最合理、最科学的分工方式就是以子课题的方式进行分工，这样有助于课题研究工作的开展，有助于课题的合作与交流，有助于课题的结项工作。

如，课题《小学中段语文教学中读写结合的研究》，修改之前的课题分工为：

课题负责人：周 XX

负责课题组的管理和日常研究工作，组织协调课题组成员，合理分工，及时制订计划、组织实施及阶段性总结，保障课题研究按计划、有步骤地开展。

组员：宋 XX　杨 XX　刘 XX　邢 XX

负责组织问卷的发放、收集与整理，访谈资料的收集与整理，撰写教学设计，撰写教学论文、案例分析、教学反思，制作课件等。

学生资料收集：刘 XX

教师资料收集：宋 XX

调查数据整理：杨 XX

照相、图像资料收集：邢 XX

这是一种任务型分工，不够科学、合理。而修改之后的课题，就以子课题的方式进行分工，相对比较科学、合理，具体为：周 XX，课题负责人，负责课题申报、分工、制订研究计划、完成研究报告；宋 XX，负责小学中段语文教师读写结合理念的提升研究；杨XX，负责小学中段语文教师读写结合有效指导方法的研究；邢XX，负责小学语文中段学生读写结合兴趣的培养研究；刘XX，负责小学语文中段学生读写结合训练的方法研究。由于只有四个子课题，因此课题主持人周XX老师可以不承担具体的子课题研究工作，但要负责总课题的协调、计划、组织等工作。

我们认为，一项课题的开题报告，如果把上述的几个内容理清楚、搞明白了，实际上也就抓住了开题报告的灵魂和要害，也就抓住了开题报告的“牛鼻子”。事实上，上述几个方面的内容，也是课题研究工作开展的重要保障。

当然，开题报告中其他方面的内容，如研究意义、概念界定、文献综述、研究方法、创新点及其研究价值、研究条件与保障、研究计划、预期成果等不是不重要，而是相对而言的。这些内容出现的问题大都是共性的，我们只要按照相关要求进行修改和完善即可。

就一项课题的开题报告而言，有些人修改了好几遍，也不是很满意，而有些人抓住了关键点只修改一遍就比较完美了，就像课题《小学中段语文教学中读写结合的研究》。我们认为，其最关键和最重要的就是抓住了该课题开题报告的“牛鼻子”，即开题报告的关键点和重点，因此，开题报告修改起来特别顺畅，研究起来也特别顺手。

（本文案例来自于周玲，金水区农科路小学北校区）

课题研究对象宜少不宜多

我们进行了XX重点课题的中期走访活动。XX幼儿园的课题是《幼儿园晨间锻炼的活动开发与实践研究》。从课题负责人的汇报情况来看，该课题目前进展顺利，思路清晰，前期也做出了大量的研究工作，值得肯定。而当我们问及该课题的研究对象是什么时，课题组成员的回答是全园的幼儿，即整个幼儿园的幼儿都是该课题的研究对象。

据了解，该幼儿园目前有19个班级，750余名幼儿。如果把这么多的孩子都作为课题研究对象的话，课题组成员显然就会力不从心、顾此失彼。当然，如果作为学校的一项常规工作或常态化活动，晨间锻炼活动是全园的幼儿都要参与的，这属于是工作对象。研究对象和工作对象的区别在于，研究对象只关注的是部分班级的幼儿，只对这些班级幼儿进行深入的研究，寻求晨间锻炼活动的合理性、科学性和有效性。工作对象是针对整个幼儿园所有的幼儿，要按照学校的相关要求进行晨间锻炼活动，这也是学校的日常教育教学工作，而不进行相关的研究和探索活动。

与此同时，我们也对另外一所中学进行了课题中期走访活动，该学校的课题是《以整本书阅读教学提升初中生自主阅读能力的探究》。课题组成员介绍说，他们课题的研究对象是七年级6个班级的学生、八年级2个班级的学生和九年级4个班级的学生，而且这些班级都属于课题组成员所任教的班级。显然，该课题的研究对象不是整个学校所有班级的学生，而只是一部分班级学生，这样做就具有了可行性与可操作性。因为这些研究对象都是课题组成员可控制、可观察、可研究的对象。

有人认为，课题研究的对象少不具有代表性和普遍性，因此认为研究对象越多越好。尤其他们在进行调查问卷时，往往因为研究对象太多，而造成问卷调查材料太多、数据统计太复杂以及调查结果分析不深入等问题。也就是说，由于研究对象多而造成了课题研究工作的复杂性和任务重，增加了课题组成员的研究负担，浪费了一定的时间和精力。

事实上，作为课题的研究对象，一般都是属于个案研究，只是研究对象多和少的问题。一个班或几个班属于个案，一个幼儿园属于个案，甚至一个区域的幼儿园也属于个案。因此，课题研究对象的选择依据，不是看研究对象数量的多和少，而是看是否在课题组成员的掌控之中或力所能及的范围之内，是否具有可操作性。再者来说，中小学教师的科研并非真正意义上的研究行为，是基于日常教育教学工作中的问题研究，因此只要解决问题了，至于是否具有代表性和普遍性其实并不重要。而且，我们中小学教师的研究，往往都是个性化的研究行为，也不需要具有代表性和普遍性。

因此，就上述幼儿园的课题来说，我们建议该课题的研究对象尽量少一点，大班、中班和小班各选择一两个班级的幼儿作为研究对象，而且最好是课题组成员任教的班级幼儿。我们认为，这样做的好处在于：(1）便于课题组成员日常的经常性观察、调查和研究；(2）根据研究过程中的情况变化，随时可以调整操作策略和研究思路；(3）课题组成员能够关注到整个课题研究的进程；(4）便于课题组成员之间的交流与沟通；(5）便于课题研究成果的总结、提炼和完善。

从课题研究本身来说，一般都是从“点”到“面”。也就是说，课题研究工作往往是从“点”开始的。在本课题中，这个“点”就是部分班级幼儿，这个“面”就是整个幼儿园或者更多幼儿园的幼儿。事实上，如果把这几个班级幼儿作为研究对象，经过一段时间的研究并取得了比较丰富的成果，然后再在整个幼儿园或者更多幼儿园进行成果的推广与应用，让更多的幼儿园因该课题而受益，那么就很好地体现了课题研究的推广和应用价值。

近年来，我们发现部分中小学教师恰恰喜欢做一些“大”课题，他们认为只有“大”的课题才具有研究价值，才具有普适性和推广意义，而认为做小课题没有太大的意义，不具有代表性和实效性。事实上，持有这种观念的中小学教师大有人在。恰恰相反，我们认为对于普通的中小学教师而言，小课题研究才是真正的研究，才是属于我们自己的研究，才是“草根式”的研究行为。不能因为课题选题小，而忽略其研究价值，否定其代表性与科学性。

我们一再提倡广大的中小学教师做小课题研究工作，这个“小”一方面体现的是研究对象，另一方面体现的是研究内容。我们建议，研究对象的确定要能够在课题组成员的掌控范围之内，以所在的班级学生作为研究对象为最佳。研究内容越聚焦越好，就是要聚焦日常教育教学过程中的真实问题、小问题和具体的问题。这样的小课题研究，才是我们中小学教师需要的课题研究工作。话又说回来，我们中小学教师平时工作忙、任务重，因此也就没有精力和时间研究比较宏观的课题，即研究对象和研究内容过多。即使勉强开展这样的“大”课题研究工作，也往往是“费时费力不落好”。

课题研究对象，宜少不宜多，宜小不宜大。

如何进行课题概念界定？

一、案例呈现

【案例1】

课题《小学数学计算教学的有效策略研究》的概念界定：

计算教学，是指教师以教材为依托，通过有效的策略及方法帮助学生剖析算理、引导建构算法，进而提高学生计算的速度及正确率，改善学生的思维模式，提高学习的效率。

在本课题中，计算教学是指数学教师采用形式多样的教学方法，帮助学生提高计算能力。

【案例2】

课题《依托绘本提升小学低段学生阅读能力的探究》的概念界定：

绘本，即图画书，该词语取自日语中图画书的叫法“えほん”的汉字写法“絵本”，顾名思义就是“画出来的书”，指一类以绘画为主，并附有少量文字的书籍。绘本不仅是讲故事，学知识，而且可以全面帮助孩子建构精神世界，培养多元智能。国际公认“绘本是最适合幼儿阅读的图书”。绘本17世纪诞生于欧洲，21世纪，绘本阅读已经成了全世界儿童阅读的时尚。有人用“绘本”这种称呼来区分一部分图画书，它们多是由独立的绘画作者专门绘制、带有明显个人风格、以画面本身为主的图画书。低幼图画书却好比是供低幼儿童看的一部电影，它既展示出宽广的视野，又有细节的特写，既有极其有趣的故事情节，又暗藏着起、承、转、合的节奏设计。在教学中，绘本是一种激发学生阅读兴趣的手段，它与其他图书有很大的不同，它呈现在孩子面前的是色彩丰富的画面，给孩子视觉的冲击，能引起孩子的阅读兴趣。另外，绘本故事摆脱了传统的说教功能，让孩子的思维更加发散。

阅读能力是读者借助视觉器官运用自己已有的知识经验，去了解文字符号所表达的内容的一种心理特征，由认读、理解、鉴赏、活用四种基本能力构成。阅读能力是一个人在阅读活动中形成的基本能力，也是个体终身从事学习的最基本能力，是完成阅读任务的复杂结构的心理特征的总和。阅读能力不是天生的，也不是一下子就形成的，它是在长期的读书实践中逐步培养起来的。在平时的教学中，我们认为低学段孩子的阅读能力是一种综合能力，学生可以整体感知所阅读的内容。

【案例3】

课题《构建城镇小学生多学科阅读共享平台实践研究》的概念界定：

1. 一般意义的“阅读平台”

阅读平台，一般是指以单一的学科知识点展开的课内外阅读。

单学科阅读，小学阶段一般以语文学科的阅读为主。

2. 多学科阅读共享平台建设

“多学科阅读”是指将阅读引向语文、数学、英语、音乐、美术等多种学科，实现学科间知识的整合、实践、运用、提升，实现多元知识体系的构建，多学科间阅读资源共享，课堂内外高效交流互动，学科之间的高密度有机整合。

“平台建设”是以阅读为主线，以课堂为主阵地，以教材知识点为导向，以学科间知识的融合运用为主要目标的学习和生活实践，具有综合性、开放性、实践性、生成性、探究性等特点，构建适合学生心理发展特点的学科间阅读资源的交流共享平台。

“构建城镇小学生多学科阅读共享平台实践研究”，是城市小学生在教师带领下，以多学科知识点融合为阅读切入，以课堂为依托，以多学科知识融合内容为阅读载体，以交流共享为评价的平台实践研究。

【案例4】

课题《小学高年级学生排球技能提升策略的研究》的概念界定：

高年级排球技能提升策略，指的是在小学阶段学生学习排球项目的过程中，通过一定的教学方式的对教育的目标、教学内容、教学活动方式的规划和设计，从而提升学生学习排球的兴趣和对于一些排球技术动作的掌握，促进排球整体项目的学习，解决排球学习过程中存在问题或困境的一种。

【案例5】

课题《小班幼儿口语交流能力培养策略实践研究》的概念界定：

口语是语言的口头输出活动，英国学者斯克里温纳曾指出："语言的内容包括语音、语调、语法、词汇、功能，语言的技能包括听、说、读、写、译形式。"

幼儿口语交流能力，指日常生活中幼儿能准确输出语音、语调、语法、词汇等来表达自己的认知。

【案例6】

课题《城乡交界处幼儿文明行为习惯培养策略的研究》的概念界定：

城乡交界处：是指城市和乡村相连的地区，即城市和乡村的过渡地带。我们幼儿园就是处在这样一个过渡地带的幼儿园。

幼儿：本课题中的幼儿是指在本园就读的学龄前的适龄儿童。

文明行为习惯：我把它定义为在一定的情境下，长期养成的良好的行为方式和生活方式。

二、如何进行课题的概念界定？

概念，一般是课题申报书或者开题报告中的关键词，即题目或者内容中出现的比较生僻、不易理解的词语。如课题《小组合作学习下语文分层作业有效性的研究》中，"小组合作学习"和"分层作业"两个概念比较生僻，因此需要我们进行概念的界定。

进行概念界定时，可以引用专家与学者的观点或概念。但是，最后务必要说清楚课题概念在本课题中所表达的含义，要进行通俗易懂的解释和说明。

如案例1《小学数学计算教学的有效策略研究》中对"计算教学"概念的界定。

三、概念界定的注意事项

（一）只界定生僻的、不易理解的词语

如案例3《构建城镇小学生多学科阅读共享平台实践研究》中，"阅读共

享平台”这个概念比较生僻，需要界定，其他词语大家都比较熟悉，因此就不需要界定。又如，案例6《城乡交界处幼儿文明行为习惯培养策略的研究》中，不需要对“幼儿”进行概念界定。再如，案例5《小班幼儿口语交流能力培养策略实践研究》中，不需要专门对“口语”进行概念界定。

（二）不对句子进行概念界定

如案例4《小学高年级学生排球技能提升策略的研究》中，“高年级排球技能提升策略”是一个句子，而不是一个概念，因此不需要界定，但需要对概念“排球技能”进行界定。

（三）概念界定不宜太复杂

如案例2《依托绘本提升小学低段学生阅读能力的探究》中，对“绘本”概念的界定太复杂、太啰唆。概念界定，只要把概念的内涵解释清楚就可以了，不必解释得过于详细和复杂，更不必追述概念的起源和来历。

（四）概念界定不宜太多

如案例3《构建城镇小学生多学科阅读共享平台实践研究》中，分别对阅读平台、单学科阅读、多学科阅读、平台建设、构建城镇小学生多学科阅读共享平台实践研究等五个概念进行界定，有点多。一般情况下，界定1～3个概念即可。

（五）不需要对课题题目进行概念界定

如案例3《构建城镇小学生多学科阅读共享平台实践研究》中，不需要对课题题目《构建城镇小学生多学科阅读共享平台实践研究》进行概念的界定。

怎样撰写课题研究“现状综述”？

一、案例呈现

我们先看几个案例：

【案例1】

课题《关于一年级数学教学中如何更好地发展学前教育知识生长点的实践研究》的研究“现状综述”：

在中国基础教育资源总库中检索到以“一年级数学教学”为关键词的文献为504条，以“幼儿衔接教育”为关键词的文献为12条，且都是从幼儿教育的角度出发进行研究的，以“发展学前教育知识生长点”为关键词的文献为0。本课题的研究意义就在于能引导教师更好地关注学生可持续发展，更好地落实学生核心素养，提高低年级教学质量。

【案例2】

课题《基于STEAM教育理念的小学低段融合性课程的建设研究》的研究“现状综述”：

STEAM教育作为一种培养未来综合性人才的教育模式和教育趋势，对于促进教育教学改革具有重要意义。目前，在国际上逐渐掀起了一股STEAM教育热潮，美国、加拿大、以色列等国的学校自小学阶段就重视对科学的“体验”，强调在科技领域“做中学”，强调创新能力在“体验”中的提升。当下的STEAM教育研究多体现在教育改革及其应用等领域，已在概念界定、价值体现、人才培养、教育变革、形态变迁、平台搭建、路径对策、比较研究等方面取得了一定的成绩。其中STEAM教育应用多体现在开展多种项目、拓展应用领域、搭建教育平台、研发教育产品四个方面。

STEAM教育倡导跨学科教育，注重对学生创新能力、问题解决能力的培养。目前基于以育人目标为导向，以现行课程知识体系为建构基础，以能力发展为建构目的，建设多学科融合性课程并设计案例进行应用实践的学校较少。因此，本课题组研究基于STEAM教育理念的小学低段融合性课程的建设。

【案例3】

课题《小学低段数学利用“游戏”提高学生学习兴趣的实践研究》的研究“现状综述”：

JL小学于2017年开始招生，属于新建校，面向社会招生时，学生生源不够稳定，受家庭情况、学习环境以及学习习惯的影响入学水平有一定的差距。对于受过学前教育的学生来说，一年级的知识较为简单，因此缺乏求知欲。对于没有受过学前教育的学生来说，一年级的知识存在一定的难度。又因为数学知识本身有一些枯燥乏味，这样大多数学生会畏惧数学、讨厌数学。游戏化教学是一种有效解决这一系列问题的好方法。游戏是儿童的需要，游戏是儿童的工作，游戏也是儿童的权利。根据义务教育数学课程标准，在此阶段学生需要“初步养成乐于思考、实事求是、勇于质疑等良好品质”。将游戏融入数学教学活动中，体现出数学教学活动的创造性，对提高数学教学效果起到了关键作用。

【案例4】

课题《初中历史课堂小结有效性的行动研究》的研究“现状综述”：

通过中国知网、万方数据库等网络资源的搜索，发现国内对课堂小结的研究成果比较多。

浙江省台州中学的徐世德老师在《历史课堂教学小结的艺术》中指出，课堂小结“是历史课堂教学中必不可缺的环节，可以深化知识，探微见源，锦上添花，余音绕梁”。同时，罗列了在常规教学中常用的几种小结形式，如归纳式、承上启下式、承接式、联系式、提问式、补充式、悬念式、练习式、图示式小结。另外，还提出了设计课堂小结应遵循的几个原则：提炼精讲的原则、联系贯通的原则、讲练结合的原则、启发升华的原则。李文忠老师在《课堂小结在历史教学中的运用》中认为课堂小结可以分为以下几类：老师小结、升华主题；老师小结，设置悬念；学生总结，自我提高；师生合作，拓展视野。

福建省福州高级中学的黄峥老师在《利用课堂小结，提高历史课堂教学有效性》一文中指出："在当前教育模式下，如何提高历史课堂教学的有效性，培养学生的历史学科素养，是一项重要的研究课题。对此，教师在课堂教学中应利用好课堂小结，帮助学生理解与掌握主干知识，就能提升学生的历史课学习能力，从而能够提高历史课堂教学的有效性。"江苏扬州市江都区邵伯镇昭关中学的孙曙光老师在《初中历史课堂小结的主要方式》中简要列举了几种常用的课堂小结形式。刘海燕老师在《为一节课的成功画上点睛之笔——浅谈历史教学中小结的设计和运用》一文中，从课堂小结入手，在新课程理念的支持下，结合具体案例从多个方面对课堂小结进行了有效的总结和归纳，力求在实践层面为广大历史教师提供支撑和借鉴。

这些研究成果都是非常有借鉴价值的，而且对我们课题下一步的研究工作有着一定的借鉴意义。

二、案例评析

上述四个课题案例，是我们中小学教师撰写的课题研究"现状综述"，这些表述方式具有一定的代表性。案例1中，由于课题名称表述不准确，因此现状综述以"发展学前教育知识生长点"为关键词的文献为0。案例2中，对关键词"STEAM 教育"进行了"现状综述"，准确吗？显然不准确，应该搜索的是"融合性课程建设"。为什么搜索"融合性课程建设"而不是"STEAM 教育"？我们再看看课题名称"基于 STEAM 教育理念的小学低段融合性课程的建设研究"，不难看出，该课题的核心问题是"融合性课程建设"，这也是课题下一步要解决的问题，而"STEAM 教育"是一个理念，我们研究的问题不是这个理念。案例3中，课题负责人是对"我"的现状进行阐述，或者是对"我"的问题进行分析，显然，这和"本课题相关的研究现状综述"所要表达的意思是不一致的。一般而言，"我"的问题分析属于"研究背景"的内容，而"本课题相关的研究现状综述"是别人对课题研究的成果或者观点。案例4中，课题负责人分别对五位老师的研究成果或者观点进行了阐述。

不难看出，前三个教师撰写的课题研究"现状综述"都是不够准确的，第四名教师撰写的课题研究"现状综述"相对比较准确。

三、为什么要撰写课题研究“现状综述”？

部分教师比较疑惑的是，为什么要撰写课题研究“现状综述”呢？事实上，对于大多数教师而言，他们在进行课题申报立项时，基本上别人的研究成果已经是非常丰富了。也就是说，老师们的研究课题基本上都是“重复性”研究。既然是“重复性”研究，为什么广大教师还需要继续做课题研究呢？这是因为尽管已经有成果了，但并不意味着广大教师们自己的问题也解决了。也就是说，每个教师的教育教学工作都是个性化的，别人有成果了，只能说明别人的问题解决了，而我们广大的教师依然还存在着同样的问题，还需要去研究和解决，因此还需要做课题研究工作。

事实上，当初课题立项申报表之所以设计这样一个环节，其目的就在于让老师们多去了解一下本研究课题在自己研究之前别人都已经做出了哪些研究成果，以利于课题下一步的研究工作。事实上，我们广大教师在课题研究过程中适当借鉴他人的研究成果，倒不失为一个解决问题的捷径。因此，我们教师撰写课题研究“现状综述”就显得十分必要了。

四、中小学教师怎样撰写课题研究“现状综述”？

如何撰写课题的研究“现状综述”呢？

我们看看专家的观点是什么。相关专家认为，“现状综述”就是简述或综述别人在本人申报课题的研究领域或相关课题研究中做了什么，做得如何，有哪些问题解决了，哪些问题尚未解决，有利于找到自己课题的突破口和创新处。表述时，先分门别类地梳理一下相关研究成果及其观点，做到条理化，然后对这些研究和成果进行评论，找到共同点、不同点、优点、缺点，最后进行小结。

那么，就中小学教师而言，这些专家的观点从理论上讲是对的，但往往很难做到，因此我们建议广大中小学教师撰写课题研究“现状综述”时适当降低难度，即把与本课题相关的国内外主要研究成果或者观点进行罗列即可。

撰写“现状综述”的主要途径有从百度、中国知网或万方数据库等相关网站获取相关资料。撰写课题研究“现状综述”时，一般搜索的是课题名称中的核心词语或者关键词，而且这个关键词或者核心词就是该课题的研究内容。如课题《小组合作学习下语文分层作业有效性的研究》，搜索的关键词是课题的研究内容“语文分层作业”，即对“语文分层作业”进行相关研究的现状综述，“小组合作学习”也是关键词，但它不是课题的研究内容，因此不是“现状综述”的内容。

在表述方式上，一般是作者 + 文章（或专著）+ 主要观点（或成果），如陈燕红老师在论文《语文分层作业的研究例谈》中，指出教师通过对语文作业量和难度的调节，给学生自主权，可以促进学生的自由发展、整体进步，从而加强学习与生活的联系；闫媛媛老师在《强化语文作业设计，提高学习兴趣与能力》一文中指出，利用有难度的分层，让学生自主选择，可以充分调动学生的主动性和积极性，树立学习的信心。

中小学教师常用课题研究方法有哪些?

一、案例呈现

我们先来看几个案例：

【案例1】

课题《信息技术环境下提高农村小学生语文自主学习能力的研究》的研究方法：

在研究过程中，以行动研究为主。在研究过程中不断地总结，修正实验方案、实验计划，调整实验方向。同时还辅以调查法、内容分析法和经验总结法等。

【案例2】

课题《信息技术在体育与健康教学中的应用和整合研究》的研究方法：

1. 调查研究法。通过调查各科课堂教学的现状，找出课堂教学中不利于信息技术环境下教学的症结所在，找准实验的最佳切入口和高效途径。通过前期检测，了解实验前体育与健康教师利用信息技术与体育教学的理解、认识、应用、效果等状况，通过实验，掌握最有说服力的数据，以证实实验的效果。

2. 行动研究法。通过教师大量的教学实践行动，对比分析结果进行研究。通过教师反思教学行为，对集个案进行分析研究。

3. 经验总结法。将课题研究内容、过程加以归纳，进行综述，撰写相关的阶段性小结，及时肯定实验成果，修正实验方案，撰写有关论文。

【案例3】

课题《利用信息技术提高思想品德课堂教学有效性的研究》的研究方法：

在理论的指导下，通过对课堂的观察、实验班与对比班的比较和反思，找到信息技术与学科有效结合的教学模式，通过使用，从而提高教学的有效性。

【案例4】

课题《几何画板与微型课在八年级数学教学中的应用》的研究方法：

1. 案例（个案）分析法；

2. 小组合作法；

3. 经验总结法；

4. 调查问卷法；

5. 行动研究法。

【案例5】

课题《信息技术环境下小学作业设计有效策略研究》的研究方法：

坚持“边实验，边研究，边总结”的思路，扎扎实实展开实验。以行动研究法为主，兼之调查法、观察法、比较法、分析法以及个案研究法等。

【案例6】

课题《小学低段数学利用“游戏”提高学生学习兴趣的实践研究》的研究方法：

1. 文献研究法。

对教师的课堂评价方式采用问卷调查，收集课堂评价方式的效果，为课题研究提供科学依据。

2. 行动研究法。

以课堂观察的方式进行行动研究，以真实情境为基础。

3. 经验总结法。

对在实践中的游戏进行教学设计方面的经验总结，理论联系实际。

【案例7】

课题《信息技术与小学学科教学融合的实践与研究》的主要研究方法：

1. 文献法；

2. 行动研究法。

【案例8】

课题《初中政、史、地、生课程整合的案例研究》的研究方法：

文献研究法、实践研究法、案例分析法、交流讨论法、调查问卷法、专家指导法。

二、案例分析

以上是部分学校教师的课题研究方法。从这些课题研究方法中，我们发现了这样一些问题，主要体现在：

1. 过于简单。如案例4和案例7，这两个案例，课题负责人都没有结合课题的需要就每一项研究方法展开论述，过于简单和随意。

2. 泛泛而谈，比较抽象，没有结合课题本身来谈，如案例1。

3. 研究方法过多。如案例5中，该教师合计使用了6种研究方法，这显然是过多了。

4. 自创研究方法。如案例8中，没有“交流讨论法、专家指导法”这种提法，这是教师自创的、随意的课题研究方法。

5. 没有明确的研究方法。如案例3，很难看出，该课题究竟使用什么样的研究方法，令人费解。

6. 研究方法前后表述不一致性。如案例6中：“1. 文献研究法。对教师的课堂评价方式采用问卷调查，收集课堂评价方式的效果，为课题研究提供科学依据。”课题的研究方法是文献研究法，而后面进一步表述时却变成了问卷调查法，前后矛盾，不一致。

三、中小学教师常用的研究方法有哪些？

中小学教师作为“研究者”之一，自然也要使用研究方法进行课题研究工作。对于中小学教师而言，在课题研究中使用一些研究方法是必要的，也是必需的，这是课题研究本身的需要，也是课题研究得以顺利进行的重要保证。

那么，对于大多数教师而言，经常使用的研究方法主要有这样几种：文献研究法、行动研究法、调查研究法（包括观察法、访谈法、问卷法）、经验总结法、个案研究法、比较法等。就一项课题而言，可以使用一种研究方法，也可以使用多种研究方法，建议一项课题的研究方法一般不要超过三种。此外，对于所使用的研究方法，一定要根据课题研究本身的需要进行选择，而不是很随意地列出一些不必要的研究方法。

四、课题研究方法如何表述？

课题研究方法的表述，一般分为两个部分，即研究方法＋说明，研究方法要准确、明确、具体，说明要阐述该课题怎样使用该研究方法，一般使用两三句话进行表述。在表述研究方法时，应尽量结合课题内容和需要，不可泛泛而谈，不着边际。

【案例9】

课题《小学低年级语文家庭作业布置的有效性研究》的研究方法：

1. 文献研究法：查阅近年来教育界关于小学生作业情况的资料，了解更多的有关小学低年级语文家庭作业在内容、形式和作业的量的方面的研究，加强理论学习，并在科学理论的指导下来研究分析。

2. 问卷调查法：通过对实验小学一、二年级学生语文家庭作业方面的问卷调查，比较分析、归纳总结，来分析小学低年级语文家庭作业的现状，为制定具体改革措施做准备。

3. 个案研究法：在班里选择典型个体，进行跟踪考察、记录、分析和研究，并在实践中不断地调整，探索最合适的语文家庭作业的内容、形式和作业的量。掌握第一手的信息，以点带面，最后形成理论。

4. 经验总结法：从已有的小学低年级语文家庭作业问题研究的成果中，筛选提炼出规律性的经验，理论联系实际，概括出具有普遍意义的做法。

在前述的八个案例中，只有部分课题的研究方法基本上符合要求，如案例2，研究方法稍微做一些修改即可。

使用合适的研究方法，有利于课题研究的顺利开展，能够起到事半功倍的效果。因此，广大中小学教师在课题研究的过程中，要善于表述研究方法，善于使用研究方法。

课题组成员如何分工更合理?

一、案例呈现

我们先看三项课题的课题组成员分工案例：

【案例1】

课题《学习小组建设与评价课题研究》的课题组组建与分工：

白XX：课题组负责人，全面负责课题的申报、分工、过程指导，并担任两个实验班级的负责人，注重从小组合作的评价机制改革方面进行研究。

许XX：课题组成员，负责对小组合作教学实验进行课堂观察、记录、反馈，对课题研究进行理论指导，并将研究成果形成书面材料。

鲁XX：课题组成员，担任两个实验班级的负责人，注重从小组建设方面展开研究。

本课题组还得到了学校领导的大力支持，校长和教学副校长亲自主抓，积极帮助课题组成员协调工作。

【案例2】

课题《初中政、史、地、生课程整合的案例研究》的课题组分工：

为了保质保量地完成这一课题，我校政、史、地、生四科老师在文科教研组长张XX老师的带领下成立了课题研究小组并对小组成员进行了明确的研究分工：

张XX：作为课题组长总体把握课题方向和课题研究进展，定期召集课题组成员讨论研究过程中的经验与不足，另外作为地理老师为课题研究提供地理学科的专业支持。

胜XX：思维严谨，逻辑性强，熟练掌握Excel数据软件以及制图等计算机技术，负责数据收集、分析与处理。

杨 XX：作为历史教师，能够熟练把握和梳理历史脉络，以历史唯物主义的研究方法和世界观研究主题。

莫 XX：具有一定的英语功底和科学严谨的研究态度，负责国内外相关文献研究收集、课题相关的定性研究。

高 XX：思维缜密、开阔，熟练掌握相关计算机和文字编排工作以及实验性比较研究。

【案例3】

课题《微课程在中职实训教学中的应用研究》的研究分工：

主要研究人员	主要任务
李 XX	负责课题的总体策划与实施及与兄弟院校的教研活动
冯 XX	负责课题相关的教学调度及课题的推广实施
丁 XX	负责分析课题实施过程中学生接受的成效评价
徐 XX	负责酒店专业实训课的操作及应用

二、案例评析

上述三个案例，是目前老师们在课题研究过程中比较典型的课题组分工的做法。表面上看，课题组的老师们都“参与”了课题的研究工作，而且也都有自己的研究“内容”。但我们经过仔细分析，发现其实这样的分工就像我们吃甘蔗一样，每人只是吃了其中的一小节。事实上，甘蔗的每一节滋味是不太一样的，因此他们也就只能品尝到自己所分得的那一节甘蔗滋味，至于其他部分甘蔗是什么滋味就无从知晓了。

那么，这种课题组成员分工的主要问题是什么呢？我认为有以下几点。一是比较笼统、含糊，其他成员无法参与研究工作。表面上看课题组成员都有分工，但事实上除了课题负责人外，其他人并不知道课题研究具体干什么，因此与其说是一个课题组的课题，倒还不如说是一个人的课题。其实际上就是课题负责人一个人进行研究工作，其他人“干瞪眼”，心有余而力不足。二是人为割裂了一项课题的整体性。课题研究，就是解决问题的过程，具有过程性和完整性。那么，作为课题组的老师们来说，每一个人都应该熟悉和了解该项课题研究的整个过程，并积极参与其中的问题解决和探索，从而提升自己的研究技能和专业素养。但上述的分工方式，使得课题组其他成员无从知晓课题研究的整个过程，最多也不过干一点收集资料、设计问卷、统计数据等“杂活”。三是合作比较困难。作为一项课题来说，分工是相对的，合作才是绝对的。之所以要组建一个课题组，主要目的就是要发挥“团队”的优势，群策群力，共同承担和解决共性的教育教学问题。但由于含糊不清、人为割裂式的分工，导致了课题组成员不了解课题的进展情况和内容，因此成员之间也无法配合与沟通，即使定期的交流活动也是蜻蜓点水式的没有什么实质性的内容。四是课题研究侧重于工作性，而缺乏研究性。如案例3中，李XX老师的主要任务是“负责课题的总体策划与实施及与兄弟院校的教研活动”，冯XX老师的主要任务是“负责课题相关的教学调度及课题的推广实施”，丁XX老师的主要任务是“负责分析课题实施过程中学生接受的成效评价”，徐XX老师的主要任务“负责酒店专业实训课的操作及应用”。不难看出，该课题的四名课题组成员都有分工，但我们发现其分工都是其工作内容，这似乎和研究没有什么太大的关系。如此一来，这项研究就会浮于表面性，工作等同于了研究，研究也就不可能深入。那么，这样的课题研究也就不会有太大的价值和意义。

课题之所以出现分工不合理的现象，主要是课题组老师们没有弄清楚其所要研究课题的内容，即不知道该课题主要解决哪些具体的问题，因此研究思路不够明确和具体，这就直接造成了课题组没法分工或者分工不合理的情况。

三、课题组如何合理分工？

我们再看一项课题案例《小学低年级语文绘本写话教学的实践研究》的课题组成员分工情况：

1. 课题组研究组长：田XX老师，负责研究实施过程中对课题研究方向、计划、内容的局部调整。

2. 课题组成员：

(1) 朱XX老师：负责问卷调查、数据收集整理、综合分析、集体辅导等。

(2) 刘XX老师：组织进行教研活动，做好材料收集等。

(3) 杨 XX 老师：负责组内老师绘本阅读课活动的开展等。

(4) 王 XX 老师：对学生写话集进行收集整理，写话活动的开展与评价等。

显然，这样的课题组成员分工是不够合理，也不是很科学的。我们再看看该课题的研究内容：

1. 小学低年级学生经典绘本阅读的选择研究。

2. 小学低年级学生经典绘本阅读方法指导研究。

3. 小学低年级绘本写话教学的策略研究。

4. 小学低年级绘本写话活动的评价研究。

根据该课题的研究内容，我们把原来的课题组成员分工进行调整，即田 XX 老师是课题负责人，负责总课题《小学低年级语文绘本写话教学的实践研究》的研究工作；朱 XX 老师负责子课题《小学低年级学生经典绘本阅读的选择研究》的研究工作；刘 XX 老师负责子课题《小学低年级学生经典绘本阅读方法指导研究》的研究工作；杨 XX 老师负责子课题《小学低年级绘本写话教学的策略研究》的研究工作；王 XX 老师负责子课题《小学低年级绘本写话活动的评价研究》的研究工作。

上述的分工，显然是以子课题的形式，让每一名课题组成员都承担一项子课题，都有自己的研究方向和研究任务。这样，就做到了课题组成员分工比较明确，而且每一名成员都参与了课题的整个研究过程。这种分工是相对的，每人研究该项课题的其中一个方面内容，而彼此所研究的内容又是相关联的，但每一个方面内容加在一起就构成了一个完整的课题。每隔一段时间，课题组成员就可以在一起研讨，分别就所研究的子课题进行交流与沟通，交流和分享好的做法与经验，同时也要提出子课题研究过程中遇到的问题，大家可以集思广益，形成共识。因此，课题组既进行了合理的分工，同时也能够更好地进行合作。也就是在这样的课题研究中，课题组的老师们才会真正品尝到研究带来的快乐和专业成长的自信。

课题组成员的分工是必要的，也是可行的，但分工不是目的，而是一种推进课题研究顺利进行和实施的途径。因此，分工是否科学、合理，直接影响到课题研究的进程。以子课题的形式进行课题分工，是目前课题研究中比较有效的一种课题分工方式，也保证了课题研究工作的顺利开展。

课题名称、研究背景、目标和内容的一致性

一

在部分中小学教师的开题报告中，我们发现课题名称、研究背景、研究内容和研究目标不一致的情况，主要体现在研究背景中的问题不聚焦、不明确，研究内容没有体现问题性，而研究目标大而空。之所以出现四者不一致，主要因素是研究背景的问题表述不具体、不清晰，因此研究目标和研究内容也就很难提炼和概括。当然，也有部分教师不善于对研究背景中的问题进行概括和提炼的情况。

课题名称是研究背景中的问题提炼和概括，说明课题名称和研究背景是一致的。研究背景是课题组成员在教育教学过程中遇到的实际问题与困惑，研究内容是对研究背景中问题的概括和提炼，更加聚焦，更加明确，显然，研究背景和研究内容是一致的。而研究目标一般是指通过课题研究所要达到的效果，即问题解决的结果，这是和研究内容一致的。因此，课题名称、研究背景、研究内容和研究目标四者应具有一致性。其中，研究背景是最核心的和最原始的，没有研究背景，也就没有研究内容和研究目标了。

二

【案例1】

课题《小学低年级学生语文家庭作业现状的调查研究》的研究背景：

最近，我发现我们班部分孩子年龄偏小，写家庭作业比较慢，写作业总是磨磨蹭蹭的。有些孩子一放学就想玩，玩够了再写，等不得不写的时候，天已经很晚了，作业总是完不成。部分孩子自觉性比较差，加上家长没时间辅导孩子，所以就出现家庭作业完不成的情况。部分学科的家庭作业形式比

较单一，书面的作业形式比较多，孩子们不喜欢写，因此出现部分学生偷懒的现象。经过了解，我们发现有部分学科老师留的家庭作业也偏多，每个老师留作业时也没有和其他学科老师商量，家长普遍反映孩子作业写不完，每天晚上总是写到很晚才上床睡觉。

根据研究背景中的具体问题，我们进行细化，发现可以细化为三个小问题，即：(1) 学生写家庭作业的自觉性比较差；(2) 家庭作业的形式比较单一；(3) 老师布置的家庭作业比较多。因此，根据这三个小问题，我们这样确定课题的研究内容：(1) 小学低年级学生语文家庭作业自觉性的培养研究；(2) 小学低年级学生语文家庭作业形式多样化的研究；(3) 小学低年级学生语文家庭作业布置的适度性研究。这三个研究内容，也就是我们课题下一步需要解决的问题。显然，研究内容和研究背景是一致的。

研究内容确定之后，研究目标也就比较清晰了：(1) 通过对低年级学生语文家庭作业自觉性的培养，提高学生写作业的兴趣，增强其现实写作业的自觉性和主动性；(2) 通过作业形式的多样化，让孩子们喜欢写作业，喜欢及时完成家庭作业；(3) 通过语文家庭作业的合理布置，尽量精简家庭作业的内容，减轻学生的作业负担。这三个研究目标，就是通过研究内容即问题的解决要达到的效果。显然，研究目标和研究内容是一致的。

开题报告中，部分教师对先写研究目标还是先写研究内容不明白。一般而言，我们认为先写研究内容，然后再写研究目标，那么研究目标就会比较清晰、具体、明确。部分教师的研究目标之所以大而空，就是因为先写的研究目标，那么研究目标就会不具体。

三

对于中小学教师而言，能否做到课题名称、研究背景、研究目标和研究内容的一致性，关键和核心就在于研究背景中的问题是否具体、明确和聚焦。也就是说，研究背景中的问题是课题研究的起点，是课题名称的起点，是研究内容和研究目标的起点，否则研究就无从谈起。对于中小学教师而言，所谓的课题研究就是基于问题的研究，没有问题也就谈不上研究。因此，我们在选题时，首先是找准自己的问题，并且要具体、准确地进行表述，要做到清晰、具体和明确，让人一看就明白课题具体的问题是什么。

不言而喻，问题是课题研究工作的起点和原点。这个问题，不是虚构的，不是他人的，不是假大空的，而是真实的、具体的、自己的小问题。我们评判一项课题是否有价值，最核心的标准就是该课题是否有真实的问题，没有真实的问题也就失去了研究价值。

【案例2】

初中历史课堂小结有效性的行动研究

一、问题的提出

课堂小结是历史课堂教学活动的重要环节，是学生认知过程的重要阶段。课堂小结的成功与否直接关系到整堂课的连贯性，关系到学生的学习状态。好的课堂小结不仅可以突出一节课的教学目标和重点知识，使知识得以概括、深化，主题升华，使整个课堂教学结构完整、紧凑，起到“画龙点睛”的作用；而且可以再次激发学生学习兴趣，引发学生思考，启迪学生智慧，为学生后续的学习提供动力。可以说良好的课堂小结不是课堂的结束，而是高效历史课堂教学可持续发展的开始。

在历史课堂教学过程中，我发现课堂小结有一些不足：

(1) 课堂小结意识比较淡薄。在历史课上，很多时候我认为课堂小结是一节课可有可无的部分，因此，在教学中，往往更注重在新课的导入、教学过程的优化、练习的强化等环节上的创新求变，却对结尾部分的课堂小结很少讲究。有时虽然也注意到了课堂小结，但是纯粹是为了小结而小结，有的虽然小结了却没有充分发挥它应有的作用，失去了课堂小结的教学效果。

(2) 小结的形式单一呆板，主要集中于传统的小结形式。如小结的主体主要是老师本人，没有与学生的互动和参与；又如在小结时更多地注重教材内容的归纳总结，而忽视了所学内容主题的情感升华；再如小结的形式主要是传统的构建知识体系式小结、表格式小结、语言文字式小结等，形式不够丰富。这些情况使得目前课堂小结的形式多样化不足、针对性不强，没有充分发挥出课堂小结的应有作用。

(3) 课堂小结的时间不能保证。课堂小结一般是教学的最后环节，这也使它必然成了课堂教学各环节中的“弱势群体”，时间够用则总结一下，时间不够干脆就去掉这个“累赘”，以免拖堂起到反作用。

二、本课题相关研究现状

通过中国知网、万方数据库等网络资源的搜索，发现国内对课堂小结的研究成果比较多。

浙江省台州中学的徐世德老师在《历史课堂教学小结的艺术》中指出，课堂小结“是历史课堂教学中必不可缺的环节，可以深化知识，探微见源，锦上添花，余音绕梁”。同时，罗列了在常规教学中常用的几种小结形式，如归纳式、承上启下式、承接式、联系式、提问式、补充式、悬念式、练习式、图示式小结。另外，还提出了设计课堂小结应遵循的几个原则：提炼精讲的原则、联系贯通的原则、讲练结合的原则、启发升华的原则。

李文忠老师在《课堂小结在历史教学中的运用》中认为课堂小结可以分为以下几类：老师小结，升华主题；老师小结，设置悬念；学生总结，自我提高；师生合作，拓展视野。

福建省福州高级中学的黄峥老师在《利用课堂小结，提高历史课堂教学有效性》一文中指出：“在当前教育模式下，如何提高历史课堂教学的有效性，培养学生的历史学科素养，是一项重要的研究课题。对此，教师在课堂教学中应利用好课堂小结，帮助学生理解与掌握主干知识，就能提升学生的历史科学习能力，从而能够提高历史课堂教学的有效性。”

江苏扬州市江都区邵伯镇昭关中学的孙曙光老师在《初中历史课堂小结的主要方式》中简要列举了几种常用的课堂小结形式。

刘海燕老师在《为一节课的成功画上点睛之笔——浅谈历史教学中小结的设计和运用》一文中，从课堂小结入手，在新课程理念的支持下，结合具体案例从多个方面对课堂小结进行了有效的总结和归纳，力求在实践层面为广大历史教师提供支撑和借鉴。

这些研究都是非常有价值的，对我们的课题研究有着一定的借鉴意义。

三、研究目标和主要内容

（一）研究目标

1. 通过搜集学习相关理论资料，结合课堂教学实践效果，充分认识并发掘课堂小结在历史课堂中的重要作用，从而提高对课堂教学小结的重视程度。

2. 通过课堂教学实践及反思，结合传统的课堂小结形式，探寻更新颖、更有效的课堂小结形式，实现课堂小结的多样化。

3. 通过不断的课堂实践及反思，能够合理安排课堂小结在历史课堂教学中的运用，充分发挥课堂小结的应有作用，实现历史课堂教学的有效性。

（二）研究内容

针对目前中学历史课堂小结存在的主要问题，探索有效的解决问题教学策略，主要从以下三个问题来进行研究，分别是：

1. 中学历史课堂小结的意识提高性研究；

2. 中学历史课堂小结的形式多样化研究；

3. 中学历史课堂小结的合理化安排研究。

四、主要研究方法

1. 文献研究法：通过文献检索、研读和讨论分析，学习有效教学的相关理论，以正确的教学理论来指导教学实践，为本课题的顺利实施提供理论保障。

2. 调查法：对目前教师课堂小结的形式、策略与效果的现状进行调查分析，搜集目前初中教学中课堂小结的事实资料，进行分析处理，为课题的研究提供事实依据。

3. 案例研究法： 课题组成员确定教学案例，并通过教学实践组织听课、调研、观察等活动，了解目前初中历史教学课堂小结的现状及影响因素，对相关案例进行研究分析，从而不断提出改进措施。

4. 观察法：课题组成员通过听课调研，观察教师教学的课堂小结以及学生的学习效果等，进行课堂教学的质量监控，从而获取相关信息，促进和改进教学策略。

5. 经验总结法：通过对具体的教学实践活动及时进行归纳总结与反思，修改、补充完善措施，形成对课堂小结形式和策略的经验性总结，使本研究理论化、系统化，最后撰写结题报告。

五、研究详细计划

（一）课题研究的准备阶段（2019年3月—2019年5月）

1. 组织课题组成员学习文献知识，收集国内外与课题相关的资料。

2. 组织课题组成员在充分论证的基础上，认识本课题的研究价值。

3. 组织课题组教师学习本课题相关资料，确定课题研究的具体目标和内容。

（二）课题研究的实施阶段（2019年6月—2020年1月）

1. 组织课题组成员进行进一步的行动研究，在观察与分析中对照研究的目标和内容进行教学实践，分阶段进行具体分析和总结。

2. 研究组成员深入课堂，围绕本课题进行示范课教学，进行课堂教学小结的具体实践，进行课题教研，分别做出对比性汇报。

3. 组织课题组成员定期交流、总结体会及成果，鼓励课题组成员发表相关的改进意见和建议。

（三）课题研究的总结阶段（2020年2月—2020年3月）

在前一阶段全面深入分析研究后，对各种材料进行整理、分析，撰写论文，形成本课题的实验报告。撰写课题研究报告和结题报告，总结经验教训，对未来进行展望。

（本案例来自于王晓敏，郑州市第69中学）

第四章　研究过程扎根教学实践

对于中小学一线教师而言，课题研究过程一定要扎根于教育教学实践。教学实践是课题研究的土壤，课题研究指导教学实践，二者相辅相成，相得益彰，这才是课题研究的真正价值体现。

本章内容，将为您解答课题研究与教学实践的关系，带您了解课题中期报告的撰写、过程性资料的收集、课题研究步骤和流程等相关内容，希望您能够将课题研究扎根于教学实践，让科研成为您专业成长的捷径。

课题研究的步骤和流程

一、从一线教师的困惑说起

我们先看看部分一线教师对课题研究的一些困惑：

1. 对课题研究各个环节认识了解不够清晰。

2. 选题之后，主要围绕哪些内容进行展开？不知道该如何去研究，选择什么样的材料。

3. 对课题研究步骤模糊，成果难以测评。

4. 课题组成员都比较年轻，课题开展不知从哪里下手。

5. 如何有效研究才能解决问题？

6. 课题立项后要怎样开展研究？有哪些方法步骤？

7. 不知从哪些方面分步骤详细开展研究，不知道结项时应该达到一个什么样的程度。

8. 课题研究通常包括哪几个方面？

9. 课题研究的完整流程是怎样的？

10. 教科研课题确立之后，后期的研究过程缺乏专业指导，不知道如何高效地开展过程性研究。

11. 对整个课题从立项到结项这个过程不清楚。

12. 一部分老师没有开展过课题研究，不知道怎样开展课题研究，不了解课题研究的流程。

二、案例评析

上述的一些困惑，基本上都是广大一线教师在课题研究过程中遇到的比较突出的问题。如果我们把这些困惑集中到一点，那就是一线教师不知道怎样开展课题研究工作。也就是说，广大教师对一项课题研究工作的基本环节和步骤不够清楚，这导致了部分课题研究工作出现“两头紧，中间空”现象，甚至导致了课题研究工作无法正常开展或者半途而废。

当然，广大中小学教师之所以对课题研究的流程比较迷茫或困惑，一方面是教师自身的原因，即对课题研究工作的关注不够，或者对课题研究工作的开展不够深入；另一方面，相关科研部门对科研的普及程度不够深入，尤其是部分教科室主任对课题研究的流程也是一脸茫然，没有做好宣传和交流工作。当然，一定程度上也和课题本身的内在规律有一定的关系。

从上述的困惑中，我认为老师们想知道课题研究的流程应该包括两个层面：一是从研究层面，想知道课题研究工作实施的具体步骤，即如何在实际教育教学实践中进行研究工作；二是从管理层面，想知道一项课题完整的流程，即课题从立项到结项的主要环节以及要做哪些主要工作。

三、课题研究实施的具体步骤

如果要弄清楚这个问题，就要首先弄明白什么是课题研究。什么是课题研究？就中小学教师而言，我们认为课题研究就是基于自己教育教学过程中的问题解决过程，并把解决问题的具体做法和经验进行总结和提炼。如果这样定义课题研究工作，那么一线教师的课题研究环节或者步骤就相对简单多了。

课题研究的基本步骤是：从日常教育教学工作司空见惯的现象中思考和发现问题→对问题进行具体的原因分析→通过中国知网、期刊或者名师等多种途径寻求问题解决的办法或策略→使用找到的具体办法或策略解决遇到的实际问题（即进行实践探索）→把有效的解决问题办法或策略进行总结和提炼。很显然，这些基本步骤就是基于教育教学过程中的问题解决过程。对于广大的中小学一线教师而言，我们要进行的课题研究工作，就应该是这样简单、简洁、实用的。也只有这样的课题研究工作，才是最具有实践价值和现实意义的，才会真正促进教师自身专业素养的提高。

我们再看一个典型的课题研究案例：

站起来就说

顾老师任教初三语文，最近为班上的学生不愿发言而大伤脑筋。

经过一番考察，顾老师分析认为这可能是因为课堂时间紧，发言机会少，才导致一部分学生的积极性被挫伤。

于是，顾老师根据《中国青年报》上一篇文章的启示，尝试让学生“站起来就说”。同时，他对本班学生做了一个征求意见调查，居然有54% 的支持率。

然而，真正让学生“站起来就说”时，竟没有一人主动站起来。

于是，顾老师私下征求部分学生的意见，认为不能光凭“激励”，还得“强迫”，于是顾老师又公布了一项新的规定：“每周每个学生语文课上主动发言不少于两次；凡少于两次的同学必须当众唱歌，必要时还得‘请家长’……逐周累计发言次数，奖励前三名。”

这个措施果然有效果，课堂气氛也随即“活跃”起来。

然而，顾老师很快又发现：少数同学是前半周看热闹，后半周胡乱找几个问题提提、答答，完全是应付老师。

针对这种新情况，顾老师经过反复思考，又采取了“要点提问法”“即时提问法”，对那些一堂课上一次都没主动发言以及心不在焉的学生突然提问。

伴随着这样的“软硬兼施”，学生们的强迫感日渐消失，慢慢习惯了“站起来就说”的形式，课堂上学生发言积极主动起来了。

案例分析：

在案例中，顾老师从遇到的课堂教学问题（学生不愿发言）出发，进行原因（课堂时间紧，发言机会少）分析，接着从《中国青年报》等不同途径找到三种解决办法（站起来就说；每周每个学生语文课上主动发言不少于两次，必要时还得“请家长”……逐周累计发言次数，奖励前三名；要点提问法和即时提问法），然后在课堂教学中逐步实践这三种办法，最后达到了预期效果（课堂上学生发言积极主动起来了）。

从案例中，我们不难看出课题研究的四个比较突出的特征：(1) 整个课题研究环节或步骤比较清晰，从问题开始，到解决问题的过程，最终达到问题解决的目的。(2) 问题解决的过程并非是“一帆风顺”的，而是老师与学生斗智斗勇的过程，这也体现了问题的解决是需要不断实践和探索的，具有反复性和复杂性。(3) 案例中显示了三种办法，但也有可能不止这三种解决问题的办法，因为任何问题的解决过程都具有复杂性，没有“万能钥匙”。因此，寻找到的办法与解决实际问题不能画等号，需要通过实践来检验办法的有效性。(4) 课题研究过程必须有一个实践和探索的过程即解决实际问题的过程，这是不能减少或者削弱的环节，否则课题研究就失去了本来的意义。我们一线教师的课题研究工作，其核心价值就在于解决自己教育教学过程中的实际问题，因此反复实践和探索是必要的，也是必需的。部分教师的课题研究之所以出现“中间空”现象，就是因为缺少“问题解决”这样一个重要环节。

四、课题研究的完整流程

从一项课题的研究周期来说，市级及以下课题（包括区级和校级课题）的研究周期一般为一年，省级课题的研究周期一般是两年，国家级课题的研究周期一般为五年。

以2018年市级课题的流程为例：

为加强课题的过程性管理，近年来郑州市教育科学研究所实行“郑州市教育科学研究平台”，所有申报的市级课题都要在“郑州市教育科学研究平台”上记录其研究过程，“平台”将根据课题研究相关栏目内容自动积分，积分将作为课题结项评审研究过程性评价依据。其完整流程包括了三个阶段，即课题申报阶段、中期评估阶段和课题结项阶段。

（一）课题申报阶段

1. 课题申报：2018年1月25日，郑州市教育科学研究所下发《关于组织申报2018年度郑州市教育科学课题的通知》，标志着2018年度课题申报工作正式开始。各个单位或个人登录郑州市教科所“业务综合管理平台”后，点击“课题立项申报平台”，输入本单位代码和登录密码，按照要求输入课题的摘要信息（题目、作者）并且将电子文档“郑州市教育科学课题立项申报表”以附件形式提交。申报时间：2018年3月19日—3月24日（3月19日前及3月24日后申报平台录入信息无效）。

2. 课题开题：2018年9月15日之前，在“郑州市教育科学研究平台”上提交课题开题报告。按平台要求时间提交，节点后提交不计分。开题报告主要内容包括研究背景、课题研究的国内外现状综述、研究目标和内容、研究方法、研究计划等。

（二）中期评估阶段

2018年12月30日之前，在“郑州市教育科学研究平台”上提交课题的中期报告（按平台要求时间提交，节点后提交不计分）。中期报告主要内容包括课题前期开展研究情况综述、课题研究存在的问题与困惑、根据专家建议或意见的修改措施等。

（三）课题结项阶段

2019年4月20日之前，完成课题结项工作，提交课题结项报告和辅助材料（目前结项通知还没有正式下发，具体提交时间和要求以结项通知为准）。

1. 结项报告：主要内容包括研究背景、研究过程、主要做法与经验、研究成效、存在的问题及下一步打算、参考文献等。课题结项报告为Word文档格式，大小不能超过5M字节，篇幅需大于3000字符数（记空格），小于20,000字符数（记空格），未提交或不符合该要求的课题将无法参加评审。

2. 辅助材料：主要内容包括教育案例、教学反思、教学课例、小论文、研究过程中的图片或表格、调查问卷、课题组研讨的原始资料、读书笔记、参考文献资料等。将过程性资料拍照或扫描后插入到一个Word文档中上传，文档小于50M。

省级课题的研究周期一般是两年，三个年头，第一年课题立项申报，第二年课题结项，第三年课题研究成果评审。国家级课题的研究周期一般是五年，第一年课题立项申报，最后一年课题结项，但一般每一年都要进行年度课题的立项和结项工作。

五、课题研究的价值体现

从日常教育教学工作中遇到的问题开始，到问题的解决过程，最后达到问题解决的目的，我认为这是我们一线教师开展课题研究工作的主要途径或者方式。当然，我们也不排除还有其他的一些课题研究方式。对于广大的中小学教师而言，进行课题研究工作的步骤越简单越实用，效果越好，因为我们中小学教师搞课题研究的目的不在于理论的构建和经验的创新，而更主要是实践性，即真正有效地解决一些日常教育教学工作中的具体问题，提高课堂教学质量和提升自身的专业素养。

一名教师的个人成长史，本质上来说就是与教育教学过程中遇到的各种各样“问题”的斗争史，是与教育教学过程中的各种各样问题“相生相伴”的。在日常的教育教学过程中，看不到问题或者没有问题是不正常的现象，也是不可能的，而问题如果不能及时有效地得以解决，那么就会不断“叠加”成为“烫手山芋”，以至于阻碍了个人的专业成长。

随着教育理念和信息的更新换代，我们一线教师在教育教学过程中也必将会面临许多新的或者未知的问题，而这些问题是需要我们去正视和解决的。课题研究就是“解决问题”的一个有效抓手，同时也是个人专业成长的一个捷径。

六、课题研究的相关建议

（一）建议以一个学期为一项课题的研究周期

就中小学教师而言，绝大部分课题都是来自于自己教育教学工作中的实际问题，都属于是小课题。那么，从研究时间上来说，一项小课题研究的周期一般两三个月或者一个学期就完全足够了。因此，建议中小学教师实际的课题研究实施周期以一个学期为宜。

另一个方面，相关部门的课题研究周期是一年，但一般都是按照年度进行的。而中小学教师的正常教育教学工作，往往都是按照学年安排的。学年和年度之间是有交叉的，也就是说，相关部门的管理周期和教师的实际教育教学工作安排有错位。这样，就会因为课题组成员工作岗位的变化或者工作性质的调整或者自身其他因素变故，导致课题无法开展的现状。如某教师课题申报时的研究对象是六年级学生，但随着上半年工作的结束，下半年教师可能改教一年级学生或者其他年级，显然研究对象变化了，课题继续开展就有一定的难度了。比如某教师本来是教语文学科，但第二学期由于数学学科人员紧张，学校可能会安排该教师教数学学科，这样如果之前的申报课题属于语文学科的话，那么第二学期由于学科的变化就不能正常进行课题研究工作了。还有部分教师生孩子或者工作调动等不可控因素，都可能导致课题研究工作的“戛然而止”。

因此，建议中小学教师自己进行课题研究的周期为一个学期，开学初结合教育教学过程中的问题进行课题选题，学期中（大约2个月）进行中期研讨活动，学期末进行课题的结项工作，撰写结项报告。这样，一个学期基本上就保证了课题研究的完整性和有效性。

当然，一个学期的研究周期，仅仅是从课题研究工作本身的有效性和完整性考虑的，如果要参与相关部门的课题评审工作，可以适当进行变通，也要按照相关部门的要求完善相关信息，在“XX教育科学研究平台”完成既定研究任务。这种形式上的研究任务，显然要简单得多了，只要多关注一下即可。

（二）建议选题后即开展研究工作

我们以前述市级课题为例：从课题申报通知的下发（2018年1月25日）到课题申报（2018年3月19日—3月24日）再到立项结果的公布（一般需要一个月时间，即4月中旬)，往往有很长一段时间（差不多3个月）。在这个阶段，相当多的教师一直在等立项结果的公布，课题研究工作并没有真正实施，即使能够通过立项也失去了课题研究的最佳时机。如果没有通过立项，可能也就放弃该项课题的研究工作了，前期的课题申报努力也就付之东流。

事实上，对于中小学教师而言，开学初选题之后就可以实施研究工作了，至于能否通过立项先不用考虑。由于刚刚选题，对课题的问题和原因、研究目标和内容以及现状综述等内容都比较熟悉，因此也就容易即时进入课题研究的状态。再者，一个学期才刚刚开始，具有较长的课题实践阶段，多一些探索和试错的机会，也相对比较容易出成果。此外，课题组刚刚组建，课题组成员的信心都比较充足，对课题内容也比较了解，而且比较稳定，因此课题研究工作的推动也就比较顺利。退一步讲，即使课题没有通过立项，自己实实在在地做一项课题研究工作，解决了教育教学过程中的实际问题，何乐而不为呢?

（三）建议开展校级课题的研究工作

由于各级各类课题都有指标的限制，因此从学校到区（市、县）再到市级课题的申报，老师们能够立项成功的比例并不是太高。为了保证各学校课题申报工作的有序性，不至于出现混乱状态，相关部门在立项通知中就对每个学校的具体申报指标数量进行分配，并在申报系统上进行了指标设置。那么，如何让这有限的为数不多的申报指标发挥巨大的引领作用呢?

不得不承认的事实是，相当多的教师“积极”申报课题，具有较强的功利性，即评职称的需要。当然，教师的这种行为也是无可厚非的，我们也不能上纲上线地进行批判。那么，如何既能够满足教师的功利性需要，同时也能够让教师真正做一些课题研究工作呢？我们认为，开展校级课题研究工作是一个比较不错的解决办法。

淡化形式，注重研究的实践过程

我们先看两个案例：

【案例1】

曾经有一名教师，课题快结项时在微信群里提出这样一个问题：调查问卷至少多少份才有效？她说她们课题组前期调查了自己班的学生，合计才50份。马上该结项了，她们课题组有人质疑50份调查问卷是否具有代表性，她也心存疑虑。微信群里大家也都畅所欲言，有的说30份，有的说300份，争执不休。我的答复是：是否具有代表性不是问题，问题是在研究过程中是否真正解决了问题。中小学教师的科研并非真正意义上的研究，而是以日常教育教学工作问题解决为目的。只要我们的实际问题解决了，目的就达到了。

【案例2】

某天，有一名教师把课题开题报告再次发给我，并一再请求我进行最后一次指导。但据我所知，该课题的开题报告，课题组已经反反复复修改了四五次，仍然不满意。我粗略地算了一下，该课题从第一次给我看，到最近一次发给我，修改时间已经过去了三四个月。

案例中的两名教师，就是我们部分中小学教师的典型代表，过于注重了课题研究的形式化和严谨性。事实上，我们在部分学校的课题调研过程中也发现，部分课题的形式化现象比较严重，主要体现在注重课题名称的规范性，注重调查问卷的有效性和科学性，注重课题开题会的仪式感和程序化，注重开题报告的规范性和严谨性，注重过程性资料的收集有效性，注重研究方法的使用规范化和多样化，注重课题文献资料的查询，注重研究对象的客观性和全面性等。当然，这种形式化不是不需要，也不是不重要，而是我们的部分教师把太多的时间和精力“浪费”在了课题研究过程的形式化、程序化和规范性上，而真正的实践探索过程却停滞不前甚至严重缺失，这显然违背了中小学教师课题研究的初衷。

我们认为，对于中小学教师而言，所谓的课题研究就是基于我们教师日常教育教学过程中的问题解决过程，其中包括问题的发现、问题的解决过程以及实践过程的总结，即结项报告的撰写。显然，课题研究过程中最核心的环节就是实践、实践，再实践，即问题的解决实践过程。也就是说，我们所有的研究工作都是围绕着实践过程而进行的。我们知道，问题的解决过程往往不是一帆风顺的，一般会出现三种情况：通过实践，问题迎刃而解，这当然是我们希望看到的；通过实践，问题解决一部分，可能又会产生新的问题；通过实践，问题没有得到解决，还需要再寻求新的方法解决。事实上，从以往的课题研究经验来看，出现后两种情况的可能性更大一些。因此，课题研究工作是一个反复的、复杂的探索过程。这也是我们中小学教师课题研究工作的价值和意义所在。

我们发现，部分教师的课题研究工作还出现了“两张皮”现象，其中一个重要因素就是缺少问题解决的实践过程，而更多的是注重形式化、程序化和严谨性。也就是说，我们部分教师总是喜欢按照大学教师或者科研院所教授们的研究方法、研究思路和研究程序等进行课题研究工作，这样的课题研究工作注定是难以取得什么实际效果的。我们中小学教师的课题研究工作，应尽量简单化，注重实践性，以解决实际的问题为目的。只要解决了我们遇到的实际问题，那么我们的课题研究工作就是有效的和有价值的。因此，我们不必总是纠结研究方法的科学性、研究程序的规范性、研究结果的严谨性等。

显然，对于一项课题而言，不断地实践、反复地实践，才是课题研究工作的魂和根。我们曾经发现，某名教师的结项报告，主体部分居然只有调查问卷的数据和分析，然后再提出几条建议，而真正的问题解决实践部分却没有体现出来。也就是说，该教师的整个课题研究过程的精力和时间都用在了调查问卷上面。事实上，调查问卷并不是我们进行课题研究工作的最终目的，调查问卷的目的也是服务于问题的解决实践过程。这样的课题研究工作，显然不是我们中小学教师所需要的。事实上，这样的课题研究对于我们的教育教学工作是没有什么实际意义和价值的，这也是典型的“假研究”现象。

因此，我们建议课题组成员淡化形式，把更多的精力和时间投放在课题的实践探索过程中。也就是说，我们要抓住课题研究工作的重心，所有的课题研究工作都要围绕着具体的实践——问题的解决而进行。唯有如此，我们的课题研究工作才是扎实有效的，也才能够真正促进我们的实际教育教学工作。

如何撰写课题的中期报告?

一项课题经过一段较长时间的研究之后，积累了一些研究素材，解决了一些实际问题，当然也会遇到一些困惑或问题，这就需要课题组成员召开中期研讨会对课题进行再次梳理和总结，即撰写中期报告。

中期报告，没有固定的格式与要求。根据广大中小学教师的工作性质和方便，我们认为中期报告应尽量简单、实用，既能够体现对课题前期研究情况的总结，又能够明确课题下一步的研究思路。

一、中期报告的主要内容

一般而言，中期报告的主要内容包括：

1. 课题前期开展的主要研究工作；
2. 课题前期的阶段性研究成果；
3. 课题研究过程中遇到的问题与困惑；
4. 课题研究的下一步思路与打算。

二、中期报告部分内容的解读

1. 课题前期开展的主要研究工作。

该部分内容主要写清楚自课题实施以来，课题组成员所做的主要准备和研究工作，如课题的开题情况、课题分工情况、课题的资料查阅和收集情况、问卷调查情况、课题的实施情况等。一般按内容板块或时间顺序有条理地说明研究的开展情况，陈述研究过程中主要做了什么研究工作，是怎么做的。

2. 课题前期的阶段性研究成果。

阶段性成果是指在撰写中期报告之前取得的初步研究成果，即本课题组成员完成研究内容、达成研究目标的情况。应该说，经过前期的研究工作，课题一般都会有一些比较好的做法和经验，那么就有必要及时进行总结和提炼，这就是阶段性的研究成果。

3. 课题研究过程中遇到的问题与困惑。

在课题研究过程中，遇到一些具体问题是正常的，如果课题研究过程中没有遇到什么问题反而是不正常的。一般而言，课题研究过程中遇到的问题主要包括两个方面：一是研究方法的问题，如调查问卷的结果和预想的不一样，如何收集研究资料，等等，这需要科研人员的及时指导；二是具体的课题问题，即课题组成员随着研究的深入而发现的新问题，这些新问题是下一步需要解决的问题。如某教师的课题《小学生阅读能力的培养研究》，研究过程中发现，孩子们不仅仅是阅读能力较差，而且阅读兴趣、阅读习惯、阅读内容的选择等都存在着较大的问题，这就需要课题组进行更深入的研究。从某种意义上来说，研究过程中发现的问题越多，越能够说明课题的研究越深入。

4. 课题研究的下一步思路与打算。

经过对前期课题研究情况的梳理和总结，就会逐步明确课题的亮点与不足，那么课题组成员就要根据研究的实际情况调整研究计划，合理安排研究时间和重新分配研究任务，再次明确课题下一步的研究思路以及打算。

三、相关事宜的补充说明

1. 中期报告的价值体现。

在课题研究工作的中期阶段，课题组研究成员或多或少都会出现“倦怠”现象，包括课题研究工作进展迷茫、研究素材杂乱、课题组成员分工不明确等。因此，中期阶段就有必要“歇一歇”，“瞻前顾后”课题的研究进展情况。“瞻前”就是回顾之前课题研究的现状，如都做了哪些研究工作，有哪些比较好的做法，课题材料收集得怎么样，课题组分工需要再明确一下，研究计划是否正常进行，等等；“顾后”就是思考下一步的课题研究思路，根据研究计划和实际工作需要对课题研究思路进行再调整、再分工。

不言而喻，中期报告实际上就是课题研究行进途中的“驿站”，作用是补充和积蓄研究能量，重新规划课题研究的行进路线，纠正课题研究过程中的偏差，这样就有效保证了课题研究工作的顺利进行，同时也保证了课题研究的质量。

2. 中期报告会的组织。

中期报告的撰写只是课题中期活动的一个方面。除中期报告的撰写外，还需要做一些其他工作，具体建议如下：(1) 建议邀请相关课题研究专家对课题情况进行点评，这是非常有必要的。专家可以是省、市、区的科研专家，可以是名师或骨干教师，也可以是校长或者教科室主任，根据情况而定。邀请专家的价值在于，专家能够从不同的视角或者思路指出课题研究中存在的问题，指明课题研究的方向。(2) 建议课题主持人勇于承担责任。即使课题主持人是校长或其他领导，也最好积极参与此项活动，无论在精神或物质上都适当给予保障，这样可以有效保证课题研究工作的顺利推进。(3) 由于广大教师自身的工作都比较繁忙，因此中期报告会应尽量简单、简洁，不影响正常的教育教学秩序。(4) 建议中期报告会期间，课题组成员多交流、多沟通，包括会前、会中和会后都要及时交流，及时碰撞。

3. 中期报告会的基本程序。

中期报告会不要太复杂，做到简单、快捷即可，我认为具体程序是：(1) 课题组成员召开碰头会，交流和梳理课题进展情况以及课题研究中的困惑；(2) 课题主持人撰写课题中期报告；(3) 召开会议，会议议程包括课题主持人汇报中期报告，课题组成员补充说明，专家点评，课题组成员记录专家点评意见或建议；(4) 会后研讨，及时吸纳专家点评建议，及时调整课题研究工作计划，及时做好课题研究工作的再分工；(5) 中期报告会相关材料的整理和归档。

中期报告案例

小学高段学生课外阅读策略的研究

一、课题概述

阅读是语文学习的核心环节，是学生拓宽视野、培养性情的重要途径，也是传承中华优秀文化的重要手段。其中，课外阅读在培养学生阅读习惯和能力方面起着举足轻重的作用。此外，《义务教育语文课程标准》（2011年）对小学生高段的课外阅读提出了明确的要求：五、六年级课外阅读总量不少于100万字。在高段语文教学中发现，学生的阅读理解能力相当薄弱，主要表现在阅读信息的提取能力比较弱、缺乏有效的阅读方法、阅读兴趣不够以及阅读书目的选择面过窄。

为了解决如上问题，通过深层次思考，反复琢磨，我们最终将课题锁定为《小学高段学生课外阅读策略的研究》。本研究课题一提出，学校领导就给予了很大的肯定，从人员配备、活动场所选定、研究过程探讨等多方面给予支持。2019年3月我们成立了研究小组，以五、六年级的学生为研究对象，开始了研究。

二、课题前期开展的主要研究工作

针对高段学生的阅读现状，我们课题组成员结合校领导、科研专家及全校语文老师的建议和讨论进行了开题报告，研讨出了切实可行的方案。

（一）课题的研究目标

1. 通过小学高段学生课外阅读信息提取能力的培养，学生能够表达自己的看法，学会提取信息，加深对阅读内容的理解。

2. 通过小学高段学生阅读方法的策略研究，学生能掌握一定的阅读策略，提升自己的阅读能力。

3. 通过小学高段学生课外阅读兴趣的培养研究，借助开展多形式的课外阅读活动，学生养成良好的阅读习惯。

4. 通过小学高段学生阅读书目的选择研究，学生具有甄别好书的能力，拓宽自己的知识面。

（二）课题组成员分工情况

课题负责人：李志芳；主要职责：完成课题立项申请报告、课题实施方案的设计，全面负责本课题的研究进程，总结整理本课题的研究成果。小学高段学生课外阅读信息提取能力的培养研究由杨柳老师负责；小学高段学生阅读方法的策略研究由孙俊娟老师负责；小学高段学生课外阅读兴趣的培养研究由朱素云老师负责；小学高段学生阅读书目的选择研究由王瑞峰老师负责。以上课题组成员分工合作，按照计划进行，在进行过程中根据实际情况，及时反思调整，并整理相应成果资料。

（三）课题研究的前期进程

1. 课题负责人通过问卷调查的方法，对高段八个班级的学生进行调查，并分析学生的阅读现状以及存在的问题，调查的结果与预期基本一致，为研究工作的开展提供了科学的依据和参考。

2. 校语文教研组展开研讨，汇总促进学生课外阅读的有效策略和有建设性的活动，课题组成员以自主学习和集中学习相结合的方式学习了有关课外阅读指导与研究等方面的书籍、文献，先进的阅读指导方法和理念为我们开展课外阅读指导提供了很大的帮助。

针对调查分析、学习交流得出的结论，我们课题组认真研究解决方法，使课题迅速进入了研究阶段，开展了如下工作：

1. 课题组成员布置校园和班级环境，营造阅读氛围。

2. 阅读课课例研讨。课题组教师精心设计阅读指导教案，不断探索阅读指导策略，在每周的阅读课上去实践，重在对学生读书方法、做读书笔记、读书交流方面进行指导，小组成员之间互相听评课，发现存在的问题，及时调整阅读指导策略。

3. 共读交流。分班级开展师生共读一本书、亲子共读一本书活动。课上教师围绕共读书设计启发学生思考的点或者进行主题探讨，触发学生的表达欲望，在说的过程中，锻炼了学生提取信息的能力和阅读策略的选择。在班级中建立好书交换站，鼓励孩子们好书共分享。倡导每天晚上亲子阅读，并在班级群中读书打卡，坚持读书，将自己的阅读量标注在班级的阅读比赛板上。

4. 适当激励。组织开展高段学生读书交流活动，展示阅读成果，推动阅读。开展讲故事、读书卡制作评比、读书观影等活动，让学生体会读书的快乐。

三、课题前期的阶段性研究成果

（一）问卷调查，了解实情

为了深入开展小学高段学生阅读策略的研究，我们课题组采用无记名问卷调查的形式，对小学高段学生的课外阅读现状进行了调查。调查的对象为本校五、六年级学生。经过调查数据统计与分析，从调查结果反映出我校学生的课外阅读存在的问题是：(1) 阅读信息的提取能力比较弱。老师让站起来谈自己阅读的感受，不知从何说起，抓不住问题的核心或者不知道如何把文中的关键句组合起来，表达自己的看法。(2) 缺乏有效的阅读方法。学生个体阅读能力、阅读习惯差异大。学生普遍存在着不会阅读、“浅阅读”和“局部阅读”等现象。不知道阅读的方法有哪些，缺乏老师有目的、有系统的引导。(3) 阅读兴趣不够。大量的书写作业、兴趣班占据了学生的时间，网络、电视等媒体信息的摄入替代了学生的阅读。老师喜欢布置阅读作业，学生只是把阅读当成了作业，没有深入进阅读中去，体会不到阅读的快乐。(4) 阅读书目的选择面过窄。选择的课外书太功利化，只重视与考试有关的书和老师推荐的名著阅读，一些科普以及人文性很强的作品涉猎的较少。此项调查分析帮助我们了解了学生课外阅读的现状，为研究工作的开展提供了科学的依据和参考。

（二）学习交流，提高认识

为了便于研究，我们课题组成员以自主学习和集中学习相结合的方式学习了有关课外阅读指导与研究等方面的书籍，如《小学生课外阅读指导艺术初探》《小学生课外阅读的有效研究》等，先进的阅读指导方法和理念为我们开展课外阅读指导提供了很大的帮助，我们利用教研活动时间，开展讨论交流，畅谈教学经验，评论他人做法，实现共同进步。

（三）阅读书目推荐，扩大学生读书选择范围

推荐课外阅读书目也是我们培养学生读书策略必不可少的一个环节，我们发现学生选书大多是凭借自己的喜好来阅读，五、六年级的学生还在阅读低层级的课外书，如《笑猫日记》《阿衰》等。为了改善这种情况，我们不再像之前那样只由老师推荐，而是转为了立体式推荐：(1) 师生互相推荐书籍。在班会活动中，学生对于荐书十分感兴趣，都愿意站在讲台上为班级同学推荐自己最喜欢的书，有的孩子为了吸引班级同学的兴趣，还用思维导图的形式介绍了这本书，在这个过程中老师也与同学交流自己的好书，最后我们集中讨论看哪些书籍，这便于我们后面上阅读范例课。孩子们在校园里有了这些推荐书目的阅读，择书的问题得到了解决。(2) 我们课题组成员在师生荐书的基础上，从教材园地的经典书屋入手，它们不仅是对课本资料的拓展延

伸，更是学生由课内阅读走向课外阅读的契机，集中讨论将书目进行综合，增加书目的种类，扩大学生读书的选择范围。以下是我们推荐的部分书籍内容，在后期的研究中，我们会不断丰富书目。

序号	书名	主题	出版社
1	窗边的小豆豆	校园，教育	南海出版社
2	草房子	童年	江苏少年儿童出版社
3	新月集	诗歌	新蕾出版社
4	城南旧事	童年，成长	中国青年出版社
5	荷花镇的早市	乡村，油画	21世纪出版社
6	春秋故事	历史	中国少年儿童出版社
7	手绢上的花田	幸福，温暖	接力出版社
8	古代诗书与贤者故事	历史，经典	新世界出版社
9	失落的一角	奋斗	南海出版社
10	金银岛	历险	少年儿童出版社
11	乌丢丢的奇遇	诗意	江苏少儿出版社
12	班长下台	校园，童真	湖北少年儿童出版社
13	活了100万次的猫	情感	接力出版社
14	斑羚飞渡	悲壮	浙江少年儿童出版社
15	王子与贫儿	命运	浙江少年儿童出版社
16	呼兰河传	经典，命运	中国少年儿童出版社
17	十万个为什么	科普	少年儿童出版社

五年级教师推荐图书

序号	书名	主题	出版社
1	小王子	童话，美好	长春出版社
2	假如给我三天光明	教育，励志	华文出版社
3	三国演义	历史	人民文学出版社
4	西游记	神话	人民文学出版社
5	青铜葵花	亲情，生活	江苏少儿出版社
6	狼王梦	动物	中国少年儿童出版社
7	苏菲的世界	哲学	作家出版社
8	七号梦工厂	想象力	21世纪出版社
9	中国古代帝王与名士故事	历史	新世界出版社
10	繁星春水	诗歌，自然	人民文学出版社
11	上下五千年	历史	中国少年儿童出版社
12	魔戒	校园，童真	湖北少年儿童出版社
13	十五岁的小船长	正直	少儿出版社
14	雾都孤儿	命运，挫折	人民文学出版社
15	汤姆大叔的小屋	现实，黑奴	新世界出版社

六年级教师推荐图书

（四）激发学生课外阅读的兴趣，培养课外阅读的习惯

1. 创设情境。在2019年5月，我们课题组成员开始从学生阅读的外部环境入手，在校园里张贴“书香校园”“书籍是全世界的营养品，生活里没有书籍，就好像没有阳光；智慧里没有书籍，就好像鸟儿没有翅膀”等热爱读书的名言警句和名人读书的故事，在班级中，号召学生动起手来，布置属于自己班级的课外阅读文化，目的是让学生参与其中，感受到仪式感，可以创办图书角、学习园地、读书乐园等模块，让这些书香气息点燃学生读书的热情。

2. 在走廊上成立班级课外书读书角。学校的图书室为我们每个班级都配

置了相应的图书，又在此基础上让各年级段的语文老师商量研讨，根据学生的年龄特征、书单推荐，为学生购买了大量的图书，充实了班级的图书角，学生看到新课外书兴奋不已。我们还调动学生的力量，鼓励学生将自己的课外书编写上序号带到学校里来读，好书共享，学生的读书热情特别高涨，迫不及待地想立即开始阅读之旅。趁着学生的兴奋劲，我们又在班上设置图书管理员一职，同学们都积极争取，来真正融入其中。

3. 小组管理机制。我们课题组成员在推动学生读书的时候，采用小组管理机制，实行小组阅读量统计，评出本周“阅读之星”。学生可以每天在学校的走廊上看书，但是要在班级读书单上标注好自己借阅的那本书的序号、借书日期、归还日期，最多不能超过三天时间，这样班级内就形成了读书的浓郁氛围。我们还发现，有的学生把书带回家看，看进去之后痴迷于其中的精彩情节，第二天竟然围在一起讨论，阅读兴趣很浓厚。

4. 营造读书氛围。课间有目的地引导学生之间自觉交流读书体会，老师与学生交流读书心得，利用午读时间借用讲故事或内容简介的形式，向同学们介绍一本好书。这样一来，课外阅读也就成为同学们的一件乐事，一种享受，促使他们兴味盎然地去阅读、体会。

（五）训练学生提取信息的能力

我们课题组成员在班级内间周上阅读课课例研讨。上课之前，老师以自己的阅读主题精心设计阅读指导教案，如文学导读、名著导读、同主题导读等，指导学生进行丰富的阅读，在阅读中训练其提取信息的能力。比如在阅读椋鸠十《金色的脚印》一文时，我便在学生进行阅读之前，先提出了几个与文章有关的有利于提升学生信息提取能力的问题，然后一步步地引导学生带着问题去阅读，使读与思紧密结合起来，让学生在边读边想的过程当中去把握文章的整体结构与内容，去进行主要信息的提取。我给学生提出了以下几个相关的问题：(1) 这个故事写了什么？ (2) 在营救小狐狸的过程中，老狐狸和“我”做了什么？ (3) 你觉得小狐狸得救，谁的功劳最大？ (4) 重新浏览文本，这是一个关于什么的故事？ (5) 你是如何理解“金色的脚印”这个题目的？仅仅指的是狐狸们的脚印吗？我在这里采用的是层层推进，如螺旋状剥笋般深入文本的方法，带动学生思考。这样学生在阅读的过程当中便有了一个方向，能够自动将阅读与思考结合在一起，学会信息的提取。通过这样的方法，在课堂结束之后，学生对这个故事了解得非常透彻。所以说在课堂上，要这样不断地给学生阅读练习的机会，让学生逐渐认识到阅读并不是简单地读，而是应当在读与思的结合下进行文章的解析，提取文章的重要信息，从而逐步提升提取信息的能力。课堂结束后，课后听课老师进行评课，并对有效的阅读指导课进行研讨交流，发现存在问题，及时调整。我们在研讨的过程中，还发现了并列式问题的设置方法，在合作学习中提取信息，通过网络、电视搜集信息的方法，这些都有助于学生提取信息。我们会将这些不断地引入进去。

（六）注重阅读策略的引导

1. 研究课例，指导策略。针对学生的读书情况，我们要分班上课外阅读展示课，首先我们将书籍分为童话、寓言、绘本阅读、名著指导、整本书阅读、人物传记类等，探究不同体裁的阅读指导策略。在上阅读课之前，课题组成员精心设计阅读指导教案，课后听课老师进行评课，发现问题，优化阅读指导策略。上阅读课的过程实际上就是老师引导孩子们怎样透过阅读进行积累、选取、赏析的过程。阅读往往伴随着交流，孙俊娟老师的《轻叩诗歌的大门》阅读课，带领着学生一起见证诗歌的创作美，一堂课下来，学生掌握了写诗歌的方法和技巧。总之，我们进行的阅读课范例加强了学生课外阅读方法的指导，也培养了学生运用语言的能力。

2. 重方法指导。课外阅读课展示课中，学生学到了不少的读书方法，我们采用的指导方法有：合理利用工具书或网络查检资料；指导学生精读、略读、浏览、速读等几种常用的阅读方法；指导学生边读边思考，提高理解、分析、概括、想象等能力；指导学生养成“不动笔墨不读书”的习惯，熟练运用在阅读过程中随机圈、划、点、注、评、摘等能力；指导学生学会摘录，写摘录笔记，让学生在理解、品析的基础上，摘录课外书里的精彩语句语段，提高鉴赏能力，加强阅读积累；指导学生学会归纳，写提纲笔记，让学生首先对阅读材料认真分析，再对其思想内容、结构形式等方面进行归纳概括，培养化繁为简的能力；指导学生学会批注，写心得笔记，鼓励学生将阅读时大脑中闪现的灵感和智慧的火花随时记录下来，形成点滴体会，促进学生对语言文字的内化运用。高年级学生的阅读水平有所提升，我们会让孩子将文中的一些精彩片段进行摘录，写在摘抄本上，由于高年级的学生已经接触了一些名著，我们更倡导孩子能写一下自己的读书感悟。读书的过程就是强化读书方法的过程，杨柳老师在《水浒传》阅读课中，就使用了精读法的指导策略，引导学生积极主动思考，要求学生一边读，一边想，还要一边批注，学生在站起来分享的过程中还是非常精彩的，角度也十分新颖，针对武松的形象，学生从不同的方面，结合文章的相关语句进行了解读，字里行间都是学生的思考，精读法更能让学生深入思考，这个过程是十分有价值的。其余的方法我们还需要在学生的阅读中不断地强化，让学生体会出不同的阅读材料要采用不同的阅读方法。

3. 同书共读。我们分班级开展师生共读一本书、亲子共读一本书活动，在交流的过程中检测学生对阅读策略的掌握情况。例如在我的班级中，我们开展了《一百条裙子》的同书共读，我先用导入吸引同学们的兴趣，然后让学生去文中梳理出来故事中的主要人物，这就需要学生采用快速浏览的方法，直接说出。紧接着提出来这样的问题：你最喜欢谁？最讨厌谁？最像谁？学生再次进入文本，去文中找依据，说出自己与之相似的地方，这需要学生就文章的一些内容进行概括。然后以“一百条裙子”的游戏开始，让学生深入进去，就以下问题进行小组探讨：佩琪是一个什么样的女孩？她为什么嘲讽旺达？佩琪是一个坏女孩吗？一个优秀的女孩带着全班同学去嘲讽旺达，这样对吗？学生此时站在佩琪的角度采用精读、联系上下文的方法去揣摩这个人物的特点，与文章再次碰撞。在此基础上继续采取人物自居，让学生来评价旺达的好朋友玛蒂埃作为旁观者的决定，分析她为什么做出了自己这样的决定，问学生是否有过类似的经历，深入剖析人物的内心世界，与人物之间产生共鸣。最后反问学生究竟是文中的谁，让学生审视自己，启迪学生遇到类似的事情，应该秉持什么样的价值观。前前后后，与学生进行了一次文本的穿越，更是心灵的穿越，学生就在不知不觉中锻炼着自己的阅读策略。

在家长会上，我们建议家长每天与孩子一同阅读不少于30分钟，每周浏览一本孩子阅读的书籍，和他一起讨论书里的人和事，听孩子述说读书的内容和体会，分享他们的快乐，热情地赞扬鼓励，每天在班级群中不间断地打卡记录。

（七）开展丰富的读书展示活动，将评价紧随读书活动

我们课题组成员组织开展高段学生读书交流活动，如“我来讲中华故事”活动、“我是小书虫”读书卡制作评比活动、“读一本书，观一部剧”读书观影活动、“我是阅读小明星”阅读记录交流评比活动、“在阅读中共同成长”亲子阅读分享会活动等。对表现突出的孩子，进行好书馈赠，并颁发奖状。通过这些评比，让学生享受阅读的乐趣，激发学生的阅读兴趣、阅读热情，调动学生的阅读积极性，推动课外阅读步步深入。

四、课题研究中存在的问题与困惑

1. 每周的语文课是八节，除正常的教学外，我们的课外阅读课最多能上一节来指导学生阅读，还是占用学生的语文课。

2. 在课外阅读指导中，由于学生的个体差异，不能很好地照顾到各个层次的学生需要。

3. 如何检测学生的阅读效果，既关注学生阅读水平的差异，又兼顾到学生的情感需求，让不同水平的学生得到提高?

4. 班上有一部分学生没有养成良好的课外阅读习惯，只要老师停止了督促，学生就会在课外阅读上有所懈怠。

5. 如何利用和开发课外阅读课程资源，不断为学生建构更加良好的课外阅读环境?

6. 很多家庭仍然缺失亲子阅读，如何最大限度地调动亲子阅读让家长们重视孩子的阅读?

五、课题研究的下一步计划

1. 我们课题组成员计划在保证学生每周的学时上，融合语文课程，开展课外阅读课，为学生争取更多的时间来阅读。

2. 整改评价方式，结合学校推行的大阅读系统模式，启动阅读量化评比活动，激励学生大量阅读课外书。

3. 鼓励家长在班级群内打卡，将亲子阅读的美好瞬间记录下来，进行周反馈。

4. 商讨开发课外阅读课程资源的渠道，为学生搭建阅读平台。

（本案例来自于李志芳，郑州中学第三附属小学）

课题过程性资料如何收集与整理?

一、问题呈现

1. 如何收集过程性研究资料?

2. 一部分老师在开展课题研究的过程中，不知道如何收集过程性资料。

3. 不知道如何在平时的教学中收集资料，感觉无从下手。

4. 如何收集有效有用的课题研究资料?

5. 收集到的资料该如何进行分析使用?

6. 有些老师对过程性资料的整理不太清楚，感到无从下手。

7. 课题的过程性资料有没有固定的标准和要求?

8. 如何丰富过程性资料?

9. 课题研究中对过程性资料（数据）的收集方法和技巧不清楚。

10. 不知道选择什么样的材料。

二、问题评析

中小学教师提出的上述10个问题，都是关于课题研究资料方面的内容，其中包括资料的收集、资料的使用、资料的整理以及资料的要求等。这些困惑，说明了广大中小学教师在课题过程性资料的收集、使用和整理中存在一些不足，这也成了制约广大一线中小学教师开展课题研究的障碍。也正是由于课题资料的不足或课题资料的紊乱，导致了课题研究工作无法正常进行，尤其是课题结项受到了严重影响。从某种意义上来说，课题研究过程性资料的多寡，决定了课题结项报告的质量。因此，课题资料的收集与整理至关重要。那么，对于平时工作比较繁忙的中小学教师而言，如何进行课题资料的收集与整理呢?

三、如何收集课题的过程性资料

中小学教师进行课题研究，重在行动。只有边做研究边收集资料，把好“材料积累关”，才能资料翔实，研究实在，成果丰富有效。

1. 什么是课题的过程性资料？

所谓课题的过程性资料，就是广大中小学教师在研究过程中收集的与课题研究相关的材料。也就是说，凡是与课题研究过程中的活动相关的有形素材，都属于课题的过程性资料。过程性资料如实地记载了一项研究课题从设想、立项到研究过程和最后结题的整个全过程。

2. 需要收集哪些过程性资料？

就一项研究课题来说，收集哪些资料是广大教师比较关心的问题。我认为，教师应随时随地收集、积累与整理资料，特别要注意收集原始数据与材料。我们需要收集的过程性资料主要包括：课题立项申报书；调查问卷及相关分析数据；访谈、观察、走访的原始记录或者照片；课堂实录、教学设计、听课笔记或课后分析记录、课程方案、新闻稿件、活动总结等；读书笔记、教育随笔、教学反思、教育案例、教育日志、小论文、教学课例等；与课题研究有关的照片、录像、录音等资料；课题研究各阶段形成的阶段性研究成果，包括课题开题报告、中期报告、结题报告；编印的课题相关集子，如教学反思集、教育案例集、论文集等；从网络上下载的相关材料，购买的相关书刊或资料等。

我们以某校教师的课题《小学语文作业设计的有效性研究》为例，具体说明一下怎样收集课题的研究资料。一是课题负责人要撰写一份该课题的课题立项申报书，对该课题的研究背景、目标和内容、研究方法、研究计划、预期成果等进行论证。二是设计调查问卷，了解目前学生作业现状、教师作业设计情况，并对调查结果进行分析。还通过走访、观察、访谈等方式了解作业现状，随时记录相关的真实情况。三是组织课题组人员对部分课堂进行实录，进行课后评析，尤其重点对本节课的作业情况进行评价。四是课题组人员定期写一些与该课题相关的反思、随笔、案例等。五是课题中期或者结题时要撰写汇报材料，如中期报告、结题报告以及整理的有关作业方面的数据等。六是及时收集与作业有关的笔记、照片、录像、优秀习题集等资料。此外，还可以收集网络下载的相关资料，公开发表或出版的论文、论著等。以上的这些材料，都属于课题《小学语文作业设计的有效性研究》的过程性资料。这些资料稍加整理，就可以作为撰写课题结题报告的资料。

四、过程性资料收集的基本途径

课题过程性资料的收集应贯穿整个课题的研究过程。一般而言，教师收集资料的途径主要包括：网络下载、报刊阅读、专家报告、读书笔记、教学反思、教育案例、教育随笔、调查问卷及分析、访谈或观察案例、拍照、录像录音、论文发表等。

中小学教师收集资料的方式可以多种多样，而在收集资料的过程中真正考验的是教师的智慧和勤于动手的习惯，因为需要收集的过程性资料时时处处都可能产生，关键是教师要“有一双善于发现的眼睛”。

五、过程性资料的整理

由于过程性资料贯穿了整个的课题研究过程，因此，从时间上来说是一个比较漫长的过程。所以，在平时的课题研究过程中要边收集边整理，我们建议中小学教师做好两点：

1. 建立档案袋。在课题研究过程中准备一些档案袋，把纸质的相关过程性资料随时装在档案袋中。利用纸质档案袋收集资料虽然是较为传统的方法，但也是必不可少的。收集到的过程性资料可以按顺序放入袋中，最好在档案袋的封面上按顺序标注清楚资料类别与内容。如果内容较多的话，可以多准备几个纸质的档案袋，分别装入不同内容的过程性资料，并在档案袋封面上标注清楚过程性资料的类别。如果必要的话，可以在档案袋的封面上列一个目录。

2. 在电脑上建立文件夹。我们可以随时随地把收集的非纸质版过程性资料，如照片、录像、教育案例、教学反思、开题报告、中期报告等，放在电脑上的文件夹里，而且最好分类进行存放。在电脑上建立文件夹，是比较方便快捷的一种过程性收集资料方式。建立文件夹时，最好多分几个层级，并在某一层级文件夹上标注清楚资料的内容与类别。

事实证明，建立纸质版档案袋或文件夹，便于随时查询，使课题研究有条不紊地开展，使课题研究过程更加扎实有效，使课题研究的结论更加言之有物。

六、过程性资料收集与整理的价值

我们的部分中小学教师经常发出这样的感慨：结项报告难写啊！应该说，不是结项报告不好写，而是我们的过程性资料太少了。从某种意义上来说，过程性资料的丰富与否，决定了结项报告的质量。我国著名教育家孙叔平说："研究工作必须从资料做起……不掌握第一手资料，研究工作只能是空中楼阁。"[1] 那么，过程性资料的收集与整理的意义是什么呢?

1. 便于过程性资料查询。有了档案袋或者文件夹之后，在查阅资料或者撰写结题报告时，可以根据不同内容需要查阅，非常方便。

2. 便于撰写结项报告。对于我们中小学教师而言，与其说是写结项报告，不如说是"做"结项报告。从某种意义上来说，结项报告是做出来的而不是写出来的。我们做课题研究的过程，实际上也是过程性资料的收集与整理过程。那么，我们在撰写结项报告时把这些过程性资料按照一定的格式要求进行整合与再加工，就会把它们变为我们结项报告的主要内容。这样的结项报告才会言之有物，才具有一定的参考价值。

3. 便于积累有形成果。我们有一些中小学教师"著作等身"，而更多的教师则直到退休的那一天依然是"一无所有"，其中一个最关键的因素就是是否善于收集和整理资料（当然，这个资料并不一定都是课题资料，也包括其他的教育教学工作资料）。我们把收集和整理的过程性资料进行再加工，往往就会形成我们所需要的有形成果，如教育案例集、教学反思集、教育随笔集、

[1] 孙叔平：《中国哲学史稿》，上海人民出版社，1980年版。

校本教材甚至专著等，事实上这些有形成果就是我们对课题过程性资料的再加工和再梳理。这些有形的成果，是我们课题研究的智慧结晶，也是我们从事教育工作的一笔宝贵人生财富。

【案例1】

课题《以阅读促进中班幼儿言语思维能力发展的实践研究 》的过程性资料：

目　录

（本案例来自于陈静，郑东新区教科室）

【案例2】

课题《初中生生涯教育行动研究》的过程性资料：

目　录

（本案例来自于张惠民，郑州市第三十四中学 ）

文献资料法
——中小学教师研究的有效工具

对于中小学教师而言，选择一种有效、科学、可行的课题研究方法是必要的，也是必需的。那么，掌握了课题研究方法，实质上也就等于开展课题研究时拥有了一个非常有效的研究工具。

其中，我们认为文献资料法是比较适合中小学教师的一种有效研究方法，也是解决实际问题的一个有效研究工具。但我们在调研中发现，部分中小学教师在使用文献资料法时，存在着诸多的问题和困惑，这就直接影响了课题研究的进度与效果。下面，我们结合一些具体的实例，进一步阐释文献资料法是什么、怎么用等相关问题，希望为中小学教师做课题研究提供一些帮助。

一、文献资料法是什么？

文献资料法是一种既古老，但又极其富有生命力的科学研究方法。自有文字记载的历史以来，丰富的教育文献资料积累了无数有关的教育事实、数据和方法，成为人类宝贵的智慧结晶和精神财富。而作为一名中小学教师，学会选择和运用文献资料，才能更好地开展课题研究工作，才能有效改进和提升我们的课堂教学实践，从而提升我们自身的专业素养。

文献资料法也称作历史文献法，就是搜集和分析研究各种现存的有关历史资料，从中选取一些有效信息，以达到某种调查研究目的的方法。这种方法所要解决的是，中小学教师如何在历史文献群中选取与本课题相关或者适用于本人课题的研究成果，并充分运用他人的研究成果以解决自己课题中的实际问题。

二、文献资料法如何有效使用？

对于中小学教师而言，掌握了文献资料法实际上就是掌握了一种研究的工具，也为问题的解决找到了比较好的方法。那么，如何运用文献资料法？我们的许多中小学教师似乎还模糊不清，或者比较困惑。下面，我们通过两个案例说明文献资料法的搜索和使用。

（一）文献资料法的搜索

我们在搜索时，一般都是搜索研究课题中的关键词，即要解决的问题，而不要搜索整个的研究课题题目，这样避免出现搜索不到的情形。对于搜索到的相关文章，可以浏览一下具体的研究成果，如果认为某一篇文章的成果比较有借鉴价值，可以下载保存在文件夹里，以备不时之需。我们尽量搜索到更多与我们的研究课题相关的研究成果，并进行归类和整理，就像“储藏室”一样把它们储存起来，这样便于进行实践与探索时“妙手偶得之”。

【案例1】

某教师的研究课题是《初中生小组合作学习效率的提高研究》。我们通过百度搜索关键词“小组合作”，发现相关的文章非常多，截止到2019年5月3日“百度为您找到相关结果约24,700,000个”。其中，有许多文章都与“小组合作”相关，如《怎样有效进行小组合作》《如何让小组合作更有效性》《小组合作建设实施策略研究》《浅谈小组合作的方法》《小组合作学习奖惩细则》《小组合作学习模式研究》等。我们再通过中国知网搜索“小组合作”，找到25,285条结果，其中，主要文章有《合作学习在小学数学教学中的应用》《浅谈课堂教学中小组合作学习的有效性》《浅谈初中数学教学中的小组合作》《浅谈高中数学有效合作学习模式的运用》《适合小学小组合作学习的数学内容研究》《小组合作，你准备好了吗？》等。

（二）文献资料法的使用

事实上，我们中小学教师的课题研究，基本上都是基于问题的研究，而且所遇到的问题基本上都不是什么新的问题。也就是说，在我们研究课题之前，一般都有大量的类似研究成果了。那么，这些研究成果将成为我们开展课题研究工作可以利用的资源，而且是最好的、最有效的资源。这些资源就像我们身边的“名师”一样，“随叫随到”，时时刻刻陪伴着我们的专业成长。

【案例2】

某教师的课题是《小学生语文朗读能力的培养研究》，该课题的问题是：朗读也是一种重要的语文教学方式，但是目前的小学语文课堂普遍存在学生不敢朗读、朗读缺乏技巧、朗读水平低下等现象。我们通过百度搜索关键词“语文朗读能力”，截止到2019年5月3日搜索的结果是“百度为您找到相关结果约8, 940, 000个”。我们再通过中国知网搜索“语文朗读能力”，“找到220条结果”。其中，主要的代表性文章有《如何提高小学生的语文朗读能力》《小学语文教学中学生朗读能力培养策略》《小学语文教学中学生朗读能力的培养探微》《小学语文教学中学生朗读能力的培养》《论小学低年级学生语文朗读能力的培养》《小学语文教学中学生朗读能力的培养策略探讨》《语文课改中如何培养小学生的朗读能力》《浅谈语文朗读能力的培养》等，这些文章都是关于小学生语文朗读能力的培养研究。

在案例2这些文章或者论文中，我们选择其中一篇文章《语文课改中如何培养小学生的朗读能力》，作者是语文教师吴红霞。

这篇文章的内容框架如下：

1. 激发学生的朗读兴趣。

（1）让学生认识到朗读的重要性；（2）以自己精彩的朗读打动学生的心，唤起他们朗读的欲望；（3）运用激励语言，激发学生朗读兴趣；（4）经常进行朗读比赛。

2. 打好朗读的基本功。

（1）朗读首先要正确；（2）在读正确的基础上，要做到朗读得流利；（3）朗读速度要适中；（4）要在理解的基础上读。

3. 范读领路，模仿入境。

范读一般有三种形式：一是讲前范读，一般适合于情境教学的文章；二是讲中范读，适合于范读文中精彩的或重要的句段，多在理解课文的基础上进行；三是讲后范读。

4. 引导学生要读出课文的思想感情。

（1）在正确流利的基础上，再要求读出感情；（2）要在理解上下功夫；（3）会运用朗读技能：语调、速度、重音、停顿。

5. 主动参与，适当点拨。

吴老师的这篇文章，对如何培养学生的语文朗读能力进行了非常翔实、全面、深入的解读。吴老师的这些提高学生朗读能力的方法是有效的，也是可行的。显然，这些方法对于每一名小学语文教师都具有一定的指导意义和借鉴价值。因此，我们的中小学老师与其苦思冥想，不如把吴老师的这些具体方法在自己的课堂上进行实践和运用，以解决自己的实际问题。

当然，我们在借鉴别人的方法过程中，可能会遇到三种情形：一是方法很有效，及时地解决了自己所遇到的问题；二是不能解决问题；三是部分地解决了问题，但又产生了新的问题。第一种情形，当然是我们所期望的结果。第二种情形，是我们不希望看到的，但这也是正常的现象。那么，这种情形下我们可以再尝试其他的方法。所谓的好方法，都是在特定的情境下形成的，换一种新的情形不一定就是好方法了。第三种情形，可能是我们经常遇到的，那么我们就要找到更多的方法进行问题的解决。在课题研究过程中，任何一个问题的解决，都是一个需要反复实践和反复尝试的过程，直至问题最终得到有效解决。那么，我们把实践和尝试解决问题的过程进行整理和提炼，就得到了我们自己的做法和经验，当然也得到了一种好的方法。

三、文献资料法带给我们的启示

1．文献资料法是问题解决的一条捷径。

对于广大中小学教师而言，借鉴和运用他人的一些好方法、好经验，实际上是进行课题研究的一个捷径。如果能够借鉴他人的方法解决自己所遇到的一些实际问题，就是有效、有价值和有意义的。

对于广大中小学教师而言，每天面临着巨大的工作压力、心理压力等，又面临着许多的问题亟待去解决。那么，借鉴别人的一些有效经验与方法，显然是“既经济又实惠”，省时又省力的，而且效果也比较显著。有这样一句经典的人生格言说得好：世界上最聪明的人是借用别人撞得头破血流的经验作为自己的经验，世界上最愚蠢的人是非用自己撞得头破血流的经验才叫经验。我们希望我们的中小学教师都是世界上最聪明的人，不要总是在教育教学工作中经常地抱怨、无奈和无助，这样既不利于问题的解决，也不利于教育教学工作的开展。

2. 文献资料法体现了中小学教师的研究特性——实践性。

对于广大中小学教师来说，所进行的课题研究重要的不是创新，不是理论，不是科学，而在于解决实际的问题，即实践性，这也是中小学教师的研究特性。每天面临着林林总总的教育教学工作问题与困惑，我们往往无法回避，也不能回避，只有切切实实地解决，才是“王道”。只有问题得到了及时的解决，我们才能更加从容地进行教育教学工作，才会体验到教育的快乐与价值。当然，借鉴别人的研究成果解决自己问题的过程中，也会形成一些属于自己的成果，这里面自然会有创新的成分。

3. 文献资料法是我们教师的必备研究工具。

与其说文献资料法是一种研究方法，不如说是一个研究工具。中小学教师搞研究需要一个有效的工具，就像军人打仗时需要一支好枪、农民锄地时需要一把好铁锨、工人挖煤时需要一个好镐头一样，只有好的工具，才是问题解决的有效途径，才是工作顺利开展的重要保障。

对于相当多的一线中小学教师来说，进行一项课题研究付出太多努力、时间和精力，甚至已经影响了正常的教育教学工作，这显然违背了课题研究的初衷。我们的中小学教师之所以开展课题研究工作，是为了减轻工作负担，是为了扫除教育教学过程中的“拦路虎”，是为了促进自身的专业成长，而不是背道而驰。如果我们中小学教师能够更科学、更有效、更合理地运用文献资料法这个工具，那么开展课题研究工作也就更加轻松、愉快和有效了。

课题研究应植根于教学实践的沃土之中

我们先看一项课题研究的案例：

利用网络平台，上好线上课程的方法探索

研究背景（问题和原因分析）：2020年春节期间，一场疫情把全国人民关在了家里，其中就有我们省2600万名学生。在延迟开学期间，教育部提出了“停课不停学”的要求：利用网络平台进行线上教学，保证在延迟开学期间学生的学习。作为基层教师，怎样利用好网络平台？利用好网上资源？结合自己学生的实际情况，采取有效适合的教学方法？大家都是第一次尝试，面临新的问题，需要我们共同努力，挖掘平台资源，去探索研究好的线上教学方法。

成为教学主播，对于大多数公办学校的老师来说都是头一回。近些年，随着手机、手提电脑、平板电脑等设备的普及，以及网络速度的提升，我国已经进入了网络时代，这为网络线上学习创造了客观上的物质条件。线上教学对部分学生来说并不陌生，因为有许多社会上的教育机构在几年前就开始了线上教学。对于公办学校老师而言，也只是听过这种线上教学模式，看过抖音短视频直播，而现在让老师亲自网络上课，大家面临的问题确实很多。选择什么样的线上教学直播软件？软件使用方便吗？网络速度和容量怎样？会不会卡？由于是假期，手头上没有课本和备课教师用书，备课效果咋样？学生家里条件不同，是否所有学生的网络条件都可以保证线上教学？对于老师教学来说，是用平台推荐的优秀教师视频课，让学生观看录播好的名师课？还是老师自己直播？学生线上学习效果咋样？怎样在教学时候和学生互动？学生的作业怎样反馈？这些都是开展线上教学老师们面临的实际困难和问题。

……

上述的这项课题案例，是某学校一名一线教师准备申报上一级别的课题，她提前发给我看看，顺便让给她指导一下。显然，这项课题是一项“应景式”的研究课题，即基于当前疫情特殊背景下线上教学方面的研究。但从研究背景中，我们似乎并没有看到该教师线上教学过程中遇到什么具体的问题，而是一系列的疑问句。这些疑问句，显然不是真实发生的具体的实际问题，因此该教师还需要对教学中具体的问题进一步梳理。如果仅从课题本身来说，开展一些这样的研究也未尝不可，因为线上教学活动所面临的实际困难和问题，就是我们中小学教师目前遇到的最主要困惑。

我们经常说，问题即课题，过程即研究。因此，中小学教师目前可以对线上教学活动进行一些有益的探索和研究工作，以解决目前遇到的实际问题，这也有利于促进线上教学工作的开展。显然，这样的研究行为是可行的，也是有必要的。

然而，我们认为该研究课题不太适合申报高级别课题。因此，我们建议该教师考虑新的选题方向，最好结合自身教育教学过程中的实际问题，进行新的课题选题工作。我们为什么不建议该教师做这项研究课题呢？很显然，疫情是突发的，也是暂时的现象，线上教学方式也是特殊情况下“被动”开展的课堂教学改革。而一旦疫情结束，公立学校进行的线上教学活动可能也就“寿终正寝”了。疫情结束后，意味着孩子们要重新走进校园，走进课堂，线上教学活动也就基本上结束了。当然，线上教学可能也会作为课堂教学活动的一点补充或延伸，但一定不是老师们主要的教学方式了。也就是说，该教师的这项课题研究也就失去了存在的基础，没法再进行真实情境下的教学实践探索了。

我们一直认为，就中小学教师而言，其课题研究是基于自己教育教学工作过程中真实、具体问题的研究，因此教学实践就是研究的根基，而真实问题是研究的起点。如果研究离开了我们具体的教学实践工作，那么课题也就成了“空中楼阁”或“镜花水月”，也就无法再进行具体的课题研究工作了。不言而喻，课题研究工作应植根于真实的教学实践土壤中。

我们来共同看苏霍姆林斯基的一项课题研究过程：苏霍姆林斯基在听评课的时候，发现某些教师课堂教学中学生回答问题用词总是苍白无力，不能表达他们鲜活的生活。后来进一步调查，发现学生对他们所使用的词汇并没有鲜明认知。也就是说，学生知道很多词，但是并没有对这些词建立直观的印象，因此用起来有些生硬。于是，他找到了研究课题：词是怎样进入儿童意识的？词是如何变为学生的思维工具，又是如何通过思维发展学生词汇的？带着这个问题，他和老师们一起在课堂上进行了深入探索和实践。为了感受词语的现实意义，他把学生带到大自然中去，在大自然中感受“一滴水旅行的故事”。他还带学生到果园里去参观，让孩子们把他们惊喜的发现用语言表达出来。通过一系列语言与生活的结合活动，孩子们“思维变得更加鲜明、丰富和有表现力了，词有了情感色彩，显得活泼而动人了”[1]。

显然，苏霍姆林斯基的这项课题研究，是基于老师们具体的教学实际问题的研究。该课题从问题的提出，到问题的解决过程，最终到孩子们语言表达能力的提高，整个研究过程都没有脱离具体的教学实践工作，都一直立足于实际的教学实践工作之中。毫无疑问，教学实践是课题研究的土壤。我们认为，课题研究来自于教学实践，最终再回归并指导教学实践，这才是课题研究的价值体现。因此，教学实践既是课题研究的起点，又是课题研究的终点，二者相辅相成、唇齿相依。

新教育实验发起人朱永新教授说：“大凡有成就的教师，对教育都应当具有独特的思想建树；而要形成独特的思想建树，又必须深深地扎根于教育实践，对教育有深入的思考与研究。”[2]

课题研究，理应植根于教学实践这片肥沃的土壤之中。这是科研本身的特性，也是教师科研的需要。

---

[1] 苏霍姆林斯基：《给教师的建议》（修订版，全一册），杜殿坤编译，教育科学出版社，1984年版。

[2] 朱永新：《致教师》，长江文艺出版社，2015年版。

课题研究等同于日常教育教学工作吗?

在某校进行课题调研工作时，我们发现相当部分的老师在汇报课题结项报告时，列举了大量学校教育教学工作的前期活动情况和经验，并把这些活动都当成了课题结项报告的重要组成部分。在这些老师们看来，日常的教育教学工作与课题研究始终是难以分开的，甚至完全把这两件事当成了一回事。

一

我们常说，在研究中工作，在工作中研究，即我们的课题研究不能脱离我们教育教学实际的工作，而在实际的教育教学工作中，我们也要结合日常工作中的问题与困惑做一些深入的研究，以改进我们的工作方式和提升我们的工作效率。但事实上，很多学校教师的课题研究却出现了“研究就是工作，工作就是研究”的局面，总认为学校的工作或活动就是课题研究，课题研究工作就是教育教学工作，二者完全画等号。因此，在每年的课题结题时，我们发现相当多学校的结项报告更像是一份工作经验总结报告，而缺少研究的成分或探索思考的痕迹。

不可否认，课题研究与教育教学工作有相通之处，但二者不能完全重合，更不能互相取代，结题报告也不能写成学校的教育教学工作经验总结。我们不妨举个简单的例子，如XX小学的课题《小学教师有效备课方式的策略研究》。如果作为学校的一项常规性教育教学工作，就要从学校层面来进行制度性的规定和要求，如怎样开展备课，包括时间安排、地点安排、备课成员的组成、备课任务的安排、备课方式的安排等，每周某一时间或者固定某一时间都要这样按部就班来开展备课活动，并且学校还要进行考勤或检查或评价。这就是日常性的教育教学工作。但如果作为一项课题来研究的话，就要找出学校教师备课方式的不足之处或问题所在，思考、总结和探索采用什么样的备课方式更为合理、更为科学、更为有效，并付诸实践和不断检验，最后形成自己的研究成果，至于其他方面的活动都可以不作为研究的内容。这样，我们就把教育教学工作和课题研究有机结合起来了：在备课活动中进行教师备课方式的深入研究，通过备课方式的研究来提高教师备课的效率。工作与研究融为一体，但二者的侧重点又有所不同。那么，该课题的结项报告，就要围绕学校教师备课方式的改进策略进行总结和提炼，形成一份研究报告。这样的研究报告，还会是教育教学工作的经验总结吗？

二

在研究中工作，在工作中研究，是一种工作方式，同时也是一种研究方式。教育教学工作不能是简单地重复，需要我们不断发现教育教学中的困惑与问题并进行深入研究；而课题研究也不是空中楼阁，是基于教育教学工作中具体问题的研究。二者相辅相成、相互促进，以课题研究来推动教育教学工作的开展，在教育教学工作开展过程中来检验课题的研究成果。

我们之所以提倡老师们多做一些课题研究，目的就在于把平时的课堂教学工作或学生作为研究对象，反思课堂教学中的一些司空见惯的现象，解决一些我们遇到的棘手的实际问题，以思考、总结和研究的态度来对待每一项教学工作，以期提高教育教学工作的效率。在课题研究过程中，老师们通过对日常教育教学过程中的困惑与问题的深入研究，不断探索更为科学、高效的课堂教学方式。与此同时，也只有这种不断的探索和研究，我们才能真正找到课堂教学的乐趣，才会使教育教学工作不至于成为一种负担或者是一件枯燥无味的事情。

三

当然，还有一种截然相反的情况，即课题研究和教育教学工作出现“两张皮”的现象。之所以出现“两张皮”现象，主要因素是部分教师在选题时，脱离了日常教育教学工作，没有对教育教学过程中的问题与困惑进行分析，因此课题研究也就成了“无源之水，无本之木”。我们认为，没有问题的课题，就是“假课题”，就是“假研究”。既然是“假课题”，那么课题研究和教育教学工作显然也就不会发生联系。一些教师总认为做课题研究没时间或没精力，这说明该教师的课题研究没有结合教育教学工作中的问题，而是又干了另外一件事情，这能不累吗？其研究成果也可能仅仅是花费半天时间自己“造出来”的，“两张皮”现象也就不足为奇了。

课题研究和教育教学工作无论是“一回事”还是“两张皮”现象，显然都不是一种正常的现象，我们中小学教师应当避免此类现象的发生。我们认为，教育教学工作为课题研究提供了起点和素材，而课题研究则为教育教学工作提供了无穷的动力，是高效和活力课堂的源泉。我们中小学教师通过课题研究，不断寻求日常教育教学工作的快乐，不断提升教育的幸福感。

课题研究：成果应体现在课堂上

在课题指导过程中，我们发现部分学校的老师们非常擅长课题研究材料的积累，包括立项材料、文献资料、教学反思、教育案例、学生作品、中期报告、结项报告、家长感言、读书笔记、课堂实录等一应俱全，并把各种课题资料分门别类装在各式精美的档案盒中或者电脑文件夹里。甚至，部分学校还专门腾出一间大教室，用来展示这些丰硕的科研成果。看着这些老师们收集的各种各样的科研成果，我们立刻有一种肃然起敬、心潮澎湃的感受。

不言而喻，善于积累、整理课题研究的各种资料，也是老师们课题研究过程中的一种智慧和能力体现，这也从侧面间接地反映了该项课题研究成果的丰富性和扎实性。我们认为，课题研究过程性的重要体现，其中之一就是课题组成员善于收集和整理课题研究资料。其实，收集和整理课题资料的过程，本身就是一个研究的过程，也是个人专业成长的过程。据了解，我们所熟悉的一部分老师，每年都会热衷于申报各级各类研究课题并进行积极的研究工作，经过数年的课题研究工作之后，已经形成了大量的科研文字材料，有的公开发表在各种报纸杂志上，有的已经成为著作，有的成为学生手中的校本教材。这些都很好地体现了一名教师善于积累、善于学习的过程。

然而，我们也发现了一个不争的事实，尽管部分教师的课题研究成果比较丰硕，但在部分学校这些老师并不被学校领导和其他老师们认可，甚至还可能成为部分老师攻击的“笑柄”。为何？我们经过调查和分析认为，症结就在于其所教学科的学生考试成绩或者班级管理水平并没有取得理想的结果，甚至有时候还不如普通教师班级的学生考试成绩突出或管理能力强。也就是说，在目前应试教育的大背景下，该教师并没有用突出的教育教学质量来说服其他老师，当然也没有机会证明给学校的领导看。在学校教育评价方式比较单一的今天，一名没有较为出色教育教学成绩或班级管理能力的老师，在学校中即使科研能力再强也很难“服众”，也不会得到领导的“欣赏”。

那么，部分科研能力比较突出的教师，为何没有在教育教学工作中取得与课题研究工作一样令人瞩目的成绩呢？我们认为，这其中一个最核心、最重要的因素就在于，这部分老师的科研和教育教学工作还没有很好地结合起来，即课题研究和教育教学工作“两张皮”的现象依然存在着。虽然部分老师做课题研究工作是“行家里手”，轻车熟路，知道课题研究工作怎么做，研究思路非常清晰，研究过程非常扎实，研究资料也非常丰富，而且也非常善于表达科研成果；然而，其有形研究成果却往往与自己的课堂教学没有必然的内在联系，即没有把自己的研究成果转化为自己课堂上实实在在的教学行为。因此，其教育教学质量也就很难得到体现。

教育家苏霍姆林斯基认为：“无论就其本身的逻辑来说，就其哲学基础来说，还是就其创造性来说，教师的劳动都不可能不带有研究的因素。这首先是因为，我们所教育的每一个作为个体的人，他在一定程度上就是一个充满思想、情感和兴趣的很特殊的、独一无二的世界。”[1]

就一名中小学一线教师而言，做课题研究最重要、最直接的目的是聚焦于课堂上实实在在的问题。我们中小学教师每天都生活在教育教学工作一线，每一天都是教育教学的现场直播，每一天都会产生新的问题与困惑。比如，一个学困生、一节随堂课、一个教学环节、一次作业批改、一次教育实践活动、一次主题班会等，都可以成为研究对象，教师都可以从这些教育教学过程中找到课题的研究点。而一旦脱离了具体的教育实践工作，我们的研究也就成了一种盲目的“为研究而研究，为课题而课题”的“虚假”研究行为，也就失去了课题研究的根基和现实意义。从表面上来看，虽然部分教师的课题研究成果十分丰硕，但事实上这些丰硕的成果大多只具有“观赏”的价值，而并没有解决自己课堂教学中的实际问题。如果我们不能有效解决教育教学工作中的实际问题，那么我们也就很难提高自己的教育教学工作效率和质量。

我们认为，中小学教师的课题研究成果，不仅仅要体现过程性资料的

[1] 苏霍姆林斯基：《给教师的建议》（修订版，全一册），杜殿坤编译，教育科学出版社，1984年版。

丰富性，还要在教育实践上体现出来，这才是课题研究的真正价值所在。

不言而喻，您只有把科研与教育教学工作有机结合起来，只有提高了您的课堂教学效率，只有改进了您的教育教学质量，您的科研能力才会理所当然地得到认可，您本人自然也会受到更多人的尊重。

第五章　课题结项收获智慧结晶

对于中小学一线教师而言，一篇优秀的结项报告应体现为“看得懂”“用得着”“学得会”。“看得懂”就是结项报告的表达简单明了、清晰具体；“用得着”就是课题研究的成果有用、有价值、有生命力；“学得会”就是研究成果能容易运用在教育教学实践中。

本章内容，将带您了解结项报告撰写、结项报告的内在一致性、结项验收形式多样化、结项报告有哪些“致命伤”等相关内容。希望您经过一年研究工作，能够静下心来进行总结和提炼，形成有形成果，收获智慧结晶，品尝到研究带来的快乐。

如何撰写课题的结项报告?

一般而言，一项完整的课题研究过程包括三个主要阶段，即选题阶段、研究阶段和结项阶段。只有这三个阶段都具备了，才能构成一项完整的研究课题。

就中小学教师而言，开题报告、中期报告和结项报告的撰写不可能像大学教师或科研院所的专家教授们要求的那样严谨规范，但也不能过于随意或空泛。因此，中小学教师撰写的开题报告、中期报告和结项报告既要保证课题本身的一定规范性和严谨性，同时也要适合中小学教师特定的工作特点和教育教学规律。

一、结项报告的主要内容

对于一项课题而言，一般都是有研究周期的，每个相关主管部门规定的研究周期是不一样的，如国家级课题一般是五年，省级课题一般是两年，市级课题或县（市）区级课题一般是一年。一般在课题研究周期末（一般会提前一两个月），相关部门都会发布课题结项的文件并提出具体的要求和范式，其中结项报告是结项阶段的核心内容。

结项报告也叫结题报告，（除个别相关课题部门规定外）一般没有固定的格式和要求。结项报告的内容既要体现研究的过程、做法和成效，也要体现对课题研究工作的再思考和再认识，是对整个课题研究过程的总结和提炼。

一般而言，结项报告的主要内容包括 ：

1. 课题的研究背景 ；

2. 课题的研究过程 ；

3. 课题的主要做法和经验 ；

4. 课题的研究成效 ；

5. 课题存在的问题及下一步打算；

6. 参考文献。

二、结项报告部分研究内容的解读及案例分析

（一）课题的研究背景

这和开题报告中的研究背景是一致的，是为了保证课题研究的完整性和规范性。

（二）课题的研究过程

课题的研究过程是与开题报告中的课题研究计划相对应的，研究计划是课题研究的开始，而研究过程是课题研究工作的结束。课题组成员按照研究计划开展课题研究工作，既保证了课题研究工作有条不紊地开展，同时也保证了课题研究的实效性。那么，在实际的研究过程中，课题组成员往往会根据具体的研究实践和需要，对研究计划进行一些必要的调整，这是可行的，也是必要的。在课题研究工作结束后，课题组成员有必要对课题研究中的主要研究工作即走过的路程按照研究时间（1年）的先后顺序进行梳理，这就是研究过程。不难看出，研究计划并不完全等同于研究过程，而研究过程是调整之后的研究计划。

【案例1】

课题《幼儿园区角活动的实施与评价研究》的研究过程：

（一）课题申报阶段（2016年2月）

学习《关于组织申报学前教育评价专项课题的通知》，了解课题申报的相关材料，填写立项申报表。

（二）课题准备阶段（2016年3月—2016年4月）

1. 召开课题组成员会议和座谈会，进行课题人员的分工和明确任务。组织课题组教师学习相关理论和资料。了解幼儿园区角活动的实施情况。

2. 由教研组长和班主任组成课题小组。

（三）课题实施阶段（2016年5月—2016年12月）

1. 制定相关调查问卷并组织实地调查，对我园目前区角活动中存在的现状、亮点与问题进行分析，让课题组成员做到心中有数。

2. 对我园区角游戏活动存在的问题进行系统梳理和整合。

3. 组织课题组成员进行座谈和研讨。

4. 课题组成员分头对区角活动中的问题寻求解决方法，并在部分班级进行实践，及时总结和提炼，记录实践效果和经验。

5. 课题组成员在研究过程中，积极撰写与课题相关的子课题、小论文、教育案例、教学反思等，以提升教师专业素养。

6. 实践过程中，课题组定期召开座谈会，及时汇报和总结研究情况，并提出遇到的新问题。

7. 对课题组成员进行科研培训，使每一名课题组成员都掌握和了解课题研究的基本做法和技能。

（四）总结阶段（2017年1月—2017年2月）

对子课题的资料信息进行归纳总结。完成课题结项报告，整理课题研究成果，并提交研究效果。

（三）课题的主要做法和经验

中小学教师进行的课题研究工作，实际上就是问题解决的过程。因此，课题组成员有必要把如何解决实际的教育教学问题如实地表达出来，这就是主要做法和经验。在总结主要做法和经验时，可以适当地加入一些案例、故事、调查数据、图片、表格等，这样的做法和经验就会更加生动、更加形象，也更具有可读性。这一部分内容是结项报告的核心部分，因此是课题组成员重点表达的内容。从某种意义上来说，一项结项报告的质量主要取决于这一部分内容的质量。

如结项报告《用运微日记促进小学低年级学生写作水平提升的实践研究》其中的一个做法：

1. 培养学生观察生活的能力，学会积累生活素材。

观察是我们认识世界的门户，也是作文的起点。引导并要求学生观察生活、分析生活，激发学生对生活的热爱之情。要指导观察方法，教观察路径，调动学生观察、思考、练笔的积极性。引导学生坚持写日记，写熟悉的人、事、景、物，做到说真话、表真情，不说假话、不套空话，要鼓励学生写想象中的事物，激发他们展开想象和幻想，发挥自己的创造性。在小学低年级阶段，“写什么”是学生最茫然的事，他们观察事物往往比较粗略，我们的首要任务就是教会学生学会看，看什么，做生活的有心人，留心观察自己感兴趣的事。平时还要多鼓励学生阅读，在阅读中善于发现好词好句，并摘抄下来，注重平时的积累，不至于在作文中遇到满腹想法而无法表达的窘境。最重要的是培养学生留心身边的事物，随时把自己感兴趣的事，自己的所见所闻所想，及时写下来，无论长短，记录下当天的生活，表达出当时的心情即可。

经过指导后的修改稿：

1. 培养学生观察生活的能力，学会积累生活素材。

新课标要求在“写作教学中，应注意培养学生观察、思考、表达和创造的能力”。观察是我们认识世界的门户，也是作文的起点。引导并要求学生观察生活、分析生活，激发学生对生活的热爱之情。要指导观察方法，教观察路径，调动学生观察、思考、练笔的积极性。

方法一：引导学生坚持写日记，写熟悉的人、事、景、物，做到说真话、表真情，不说假话、不套空话，要鼓励学生写想象中的事物，激发他们展开想象和幻想，发挥自己的创造性。方法二：在小学低年级阶段，“写什么”是学生最茫然的事，他们观察事物往往比较粗略，我们的首要任务就是教会学生学会看，看什么，做生活的有心人，留心观察自己感兴趣的事。方法三：通过组织活动的契机，如儿歌、故事朗诵、讲故事、“贴鼻子”等活动游戏，让学生在观察中感受，在表达中训练。方法四：鼓励学生阅读，在阅读中善于发现好词好句，并摘抄下来，注重平时的积累，不至于在作文中遇到满腹想法而无法表达的窘境。最重要的是培养学生留心身边的事物，随时把自己感兴趣的事，自己的所见所闻所想，及时写下来，无论长短，记录下当天的生活，表达出当时的心情即可。

显然，第二稿的亮点主要体现在：(1) 更具有层次性；(2) 表述更具体一点。当然，如果再增加一些案例，表述再具体一点就更好了。

（四）课题的研究成效

这是课题研究水到渠成的结果。课题的研究成效一般包括显性和隐性两类。显性的成效如获得的奖项或荣誉、发表的论文、出版的书刊、录制的课例、成绩的提高等外显的成绩；隐性的成效如课堂效率的提高、学生精神状态的变化、校园环境的改善等隐性的成绩。

【案例2】

结项报告《小学版画教育的特色研究》的研究成效：

通过“版画特色教育”的系列实验实践研究，我校版画教育特色辐射区域越来越大，不但本省兄弟单位常来常往，省外同行亦纷至沓来。版画教学的综合育人的作用也在很大程度上得以体现，学校特色办学品牌更加耀眼夺目。

1. 学生的综合素质得以发展

版画教学中趣味教学模式的运用，既尊重学生的个体差异，又注重面向全体，挖掘出了学生多方面的潜能，并且通过版画学习及创作过程，使学生悦纳了自我，树立了自信，体验了成功，为进一步培养学生综合能力形成良性循环。

2. 教师专业素质得到明显提升

我校教师在版画校本教材再编及实践教学中，反复探索，不断修正，力求使版画教育校本教材具有科学性、人文性和发展性，极大地促进了对新课程理念的理解和把握，提高了教师实施新课程的能力，完成了由传授型教师向研究型教师的完美转变。另一方面，学校把“三飞工程”（领雁高飞、群雁齐飞、雏燕起飞）作为提高教师能力、建设师资队伍、为学校可持续发展提供原动力的重要手段，不但帮助教师得以成长提高，还积累了一系列提高教师能力的方法及宝贵经验。

3. 趣味版画教学模式为孩子飞翔插上自由的翅膀

版画趣味教学模式使版画教学真正回归儿童的生活，以此提升儿童版画的育人意义，不仅为显现每一个儿童的聪明才智和富有个性的创造潜能提供了展示的天地，也为学生终生发展奠定了良好的素质基础。

4. 推进了学校的办学特色进一步深化

通过本课题的研究，学校完善了版画校本课程体系，营造了版画特色校园文化氛围，充分发挥了版画课程的育人功能，并和其他学科相互融通，互为补充，促进了学校的办学特色进一步深化，为学校的可持续发展奠定了坚实的基础。

（五）课题存在的问题及下一步打算

经过一年（多年）的课题研究工作，尽管取得了一些显著成效，但一般还会存在着一些问题，这些问题就是新的课题研究起点，需要课题组成员明确新课题下一步的研究思路，使课题研究工作更加深入，具有更大的研究价值。

【案例3】

结项报告《幼儿园绘本剧创编与指导的实践研究》存在的问题及下一步打算：

1. 通过此课题的研究，教师对指导幼儿绘本剧表演的策略有了新认识，梳理了方法和经验，但在过程中发现有些教师在指导幼儿表演时还存在着成人化排练的现象，缺乏理念的引领，下一步应尽快梳理出完整的指导方案。

2. 通过观察我们发现，教师在指导幼儿表演时，对身份的定位不准确，一会扮演角色，一会从角色中跳出来变回教师身份进行引导，下一步应帮助教师明确角色身份，也可以是下一步研究的方向。

3. 教师缺乏对幼儿的观察与评价。下一步应建立评价体系，使教师对照评价框架更好地指导幼儿表演。

（六）参考文献

在撰写结项报告的过程中，可以借鉴或引用别人的一些研究成果资料，在结项报告之后注明出处，这就是参考文献，即对某人论文或成果的内容或观点的参考与借鉴。

参考文献的引用分两类：一类是引用期刊资料，要注明作者姓名、文章标题、刊名、时间、页码；一类是引用著作书籍资料，要注明作者姓名、书名、出版社名、出版时间等。

具体格式范例如下：

[1] 吴发科 . 人本教育观的剖析思考 [J]. 现代教育论丛，2008（7）：66-67.

[2] 伍新春，张军 . 教师职业倦怠预防 [M]. 北京：中国轻工业出版社，2008.

三、开题报告和结项报告的格式区别

前面我们谈到，开题报告的主要内容包括：(1）课题题目；(2）研究背景和意义；(3）概念界定；(4）本课题相关的国内外研究现状综述；(5）课题研究目标；(6）课题研究内容；(7）课题研究方法；(8）课题创新点及其研究价值；(9）课题研究条件与保障；(10）课题组成员组成及其分工；(11）课题研究计划；(12）预期成果。这12项内容，显然都是为课题研究工作做准备的，也就是说都是在课题研究之前需要论证的内容，都属于课题研究的设计内容。但我们发现，相当多的教师在撰写结项报告时，也把上述的部分或者全部内容写了进去，这显然是不恰当的。结项报告的内容主要体现研究的过程与结果，因此有关课题研究设计的内容就不再阐述。但为了保证课题研究的完整性和科学性，开题报告中的第一项（课题题目）和第二项（研究背景和意义）内容可以放在结项报告中，其他方面内容不建议再出现在结项报告之中。

四、结项报告序号的规范使用

在撰写开题报告、中期报告或者结项报告时，部分教师在序号的使用上比较混乱，因此结项报告显得杂乱无序，其主要体现在：一是序号先后不分，顺序颠倒；二是序号的越级使用。一般情况下，中小学教师使用五级序号就足够了。正确的序号顺序如下：

一、二、三、……

（一）（二）（三）……

1. 2. 3. ……

（1）（2）（3）……

① ② ③ ……

序号的使用说明：

1. 不得越级使用序号，如“一、”之后不能直接使用“1.”或者“(1)”等；

2. 不能颠倒序号，如“1.”之后不能使用“一、”或者“(一)”等；

3. 使用带括号的数字或者带圆圈的数字后，后面不再使用任何标点符号，如“(一)”之后不能再使用顿号（、）或者逗号（,）等。

【案例4】

……

八、研究过程设计

实验计划用一年时间，分三个阶段实施：

（一）准备阶段：2016年4月—2016年6月

（1）成立课题实验小组，确立实验学校。

（2）调研各学校在培养留守儿童自信心的实践研究中存在的问题。

（3）根据调研结果，分解课题研究内容，明确成员分工，分组制订研究计划。

案例4中，显然第三级标题属于越级使用，标题“(1)”应该是标题“1.”。

【案例5】

……

五、课题实施过程

根据以上设想的框架，课题组进行以下阶段性的探究实践活动：

（一）协议的签订

（二）“古典与唯美”现场教学活动

活动时间：九月、十月份

活动内容：组织学生参观、临摹“古典与唯美——西蒙基金会藏雕塑与绘画展”，撰写总结报告。

活动过程：

1、活动前的准备：

1）设计制作“古典与唯美——博物馆教育资源包”。河南博物院、电子信息工程学校共同选取展览重要作品，并根据职业院校学生特点设计制作“古典与唯美——博物馆教育资源包”。

2）安全教育、实习动员。

案例5中，第三级标题“1、”的问题是1后面加小圆点（.）而不是顿号（、），第四级标题“1)”的问题是括号（）不完整，另外括号后面不再加顿号（、）。

五、优秀的结项报告什么样？

那么，什么样的结项报告是一篇优秀的结项报告呢？对于中小学教师而言，一篇优秀的结项报告应该体现着这样三个关键词，即“看得懂”“用得着”“学得会”。“看得懂”就是结项报告的表达简单明了、清晰具体，即使没有参与课题研究的教师也能够明白课题是如何解决问题的。“用得着”就是课题研究的成果有用、有价值、有生命力。“学得会”就是一学就会，能够把研究成果很容易运用在他人的教育教学过程中，并能够解决实际的问题。

具体体现如下：

1. 结项报告的内容丰富、材料翔实，既可以在内容中融入教育案例、教育故事、教学反思、教学课例和小论文等，也可以在合适的位置插入图表、照片、调查分析数据等，图文并茂，生动形象。

2. 结项报告具有较强的实践性、可操作性、可读性，就像一则经典的故事一样生动有趣、引人入胜。结项报告既体现了课题的问题解决整个过程，同时也对他人具有一定的借鉴价值。

3. 结项报告的表述尽量朴实、简洁、具体，建议以“我”“我们”“我校”“我们课题组”等第一人称为主体进行阐述，体现了“我”在真实情境中的问题解决过程，给人一种“声临其境”的感受，做法的表述越具体、越生动越好。

4. 结项报告的框架结构层次清晰，具有“立体感”；文字语言应通俗易懂，通顺完整；序号和参考文献的使用符合规范；内容无错别字或者生僻字词或者拗口的句子。

六、结项报告的相关提示

1. 结项报告完成后，自己务必进行查重。查重的内容是结项报告，辅助性资料或过程性材料不需要查重。由于中国文字的特殊性，即使结项报告的文字都是自己写的，重复率往往也在10%左右，因此建议自己进行查重。通过查重，如果重复率超过10%，请务必修改，用自己的语言表述，这样才不至于被淘汰。

2. 部分选题比较大而又没有及时完成业绩任务的课题，可以进行阶段性结题。即对原课题的某一部分已经研究完成的内容进行总结，撰写结项报告。在原标题下加一个副标题，内容和副标题保持一致性。

3. 结项报告没有字数的限制，一般要求3000～20, 000字符即可。字数太少，不能表达清楚课题研究的情况；字数太多，查重比较困难，无法参加评审。

4. 部分结项报告没有通过结项，一般有这样三个因素：(1) 查重相似度（重复率）高于30%；(2) 研究过程实时积分低于60分（请根据当年的实际情况，可能有出入）；(3) 结项报告质量差，主要体现是做法和经验部分的内容太简单。

结项报告案例

小学数学课外阅读策略的行动研究

一、研究背景

数学是一种语言，“现在数学已成了所有科学——自然科学、社会科学、管理科学等的工具和语言”。美国著名心理学家布龙菲尔德（L.Bloomfield）说，数学是语言所能达到的最高境界。苏联数学教育家斯托利亚尔也曾指出，数学教学也就是数学语言的教学。而语言的学习是离不开阅读的。

数学课外阅读一方面是解决学习过程中所遇到问题的重要途径，提高数学思考的有效手段；另一方面，学习新知识依赖已有的智力背景。“阅读”是一种以语言符号为媒介，包含有丰富的、超越现实生活内容的活动，会让阅读者的“语言系统”发展得更好，同时可以让他的“智力背景”更为丰富，进而使他们的思维能力及学习新知识的能力更强。

著名教育家苏霍姆林斯基指出："让学生变得聪明的办法，不是补课，不是增加作业量，而是阅读、阅读、再阅读。"而乌克兰近年来的研究显示，"任何年龄阶段，爱读书的孩子在智力水平和思想发展上，以及在现代社会中的适应水平和承受能力等方面，都显著优于不爱阅读的孩子"。苏霍姆林斯基的教学经历，"30年的经验使我相信，学生的智力发展取决于良好的阅读能力"。他从心理学的视角分析，"缺乏阅读能力，将会阻碍和抑制脑的极其细微的连接性纤维的可塑性，使他们不能顺利地保证神经元之间的联系。谁不善于阅读，他就不善于思维"。数学课外阅读扩大了学生的视野，拓展了学生的想象力，这些对于学生的成长极为重要。

我利用名师工作室研修学员对所在的6所小学的师生进行了访谈，我们梳理了近100名小学生和30名小学教师的访谈结果。

学生访谈的结果如下：

1. 你喜欢阅读吗?

在访谈的学生中，86% 的学生认为非常喜欢，12% 的学生认为一般，2% 的学生认为不喜欢。

2. 你是否乐意通过数学课外阅读了解更多有趣的数学，开拓自己的视野?

94% 的学生认为是，6% 的学生认为不是。

3. 你认为在数学课外阅读的过程中，主要的困难是什么?

90% 的学生认为不知道该如何阅读，找不到阅读的方法，8% 的学生认为只读故事，不读思考，2% 其他原因。

在访谈结束后，我们发现，学生还是很喜欢阅读的，只有2% 的学生不喜欢阅读，94% 的学生乐意通过数学课外阅读了解更多有趣的数学，开拓自己的视野。90% 的学生认为在数学课外阅读中，主要的困难是不知道该如何阅读，找不到阅读的方法，8% 的学生认为数学课外阅读只读故事，还是不会思考。学生数学课外阅读更多的是习题类的内容，偶尔布置"看书"的阅读作业，真正意义上的数学课外阅读几乎为零。

教师访谈的结果如下：

1. 你认为数学课外阅读对学生的数学学习有没有帮助?

87% 的老师认为很有帮助，13% 的老师认为没有帮助。

2. 你认为在数学课外阅读的过程中，主要的困难是什么？

98% 的教师认为不知道该如何指导学生阅读，其他原因占2%。

在30位小学数学教师的访谈中，我们发现：13% 的数学教师认为数学课外阅读对学生的数学学习没有帮助，在数学课外阅读的过程中，98% 的老师认为开展数学课外阅读的主要困难是不知道该如何指导学生进行数学阅读。教师不注重数学阅读，不会阅读，缺乏对学生数学课外阅读必要的阅读策略的指导。

提到阅读，人们通常想到的是语文方面的阅读，很少将阅读与数学联系在一起。可见，数学课外阅读是一个被忽视了的课题。因此，重视数学课外阅读，在实施新课程的今天，具有重要意义。数学课外阅读策略很少有文献提及，即使有大多数的研究也是概念化的描述和理性化的概括，缺乏可操作性。

综上所述，我认为开展数学课外阅读策略的实践研究，对学生成长意义重大。本课题重在通过实践研究，做到从学生的角度出发，在具体掌握数学课外阅读的可行性操作策略方面进行深入探讨。

二、研究过程

我和名师工作室的研修教师们，围绕数学课外阅读的学生策略进行深入思考，进行文献综述，成立课题研究组，在前期广泛学习、收集资料，酝酿并初步制定研究方案，对研究方案组织论证，修改、完善方案，进行开题。

接着，我们课题组教师通过一定阶段的实践、思考和实践，对课题研究达成共识，开始尝试有组织、有目的的交流，在研究的过程中，交流促进了我们对数学阅读的深入理解，在和同伴探讨数学课外阅读中存在的问题时，不断总结经验。我们每学期都安排一次课堂教学观摩活动，并在此基础上使课题研究有质的提高，我们先后开展了数学阅读导读课展示、数学阅读交流课分享、数学课外阅读教师讲坛等活动。在实践研究的过程中，老师们积极总结经验，逐步形成自己对课题的理解，并有自己的方法。

同时，我们聚焦课题和一道愿意进行数学阅读研究的洛阳瀍河区、漯河汇源区、开封尉氏、鹤壁牟山小学等区域和单位一起进行研讨活动，一起开展跨区域的研究平台，我们运用网络平台进行深度对话，促进课题研究走向深入。

最后，我们课题组对阶段性成果进行整合，撰写结题报告。

三、主要做法和经验

课题组教师在指导学生进行数学课外阅读的过程中，多次引导学生运用阅读策略进行深入阅读。在基于学生课外阅读的过程中，形成了如下的数学阅读策略：

策略一：批注

阅读不能只是用眼浏览，而应是眼、口、手、脑等多种感官充分协同参与，在阅读中理解和思考。在数学课外阅读中，我倡导学生运用标注符号把重要内容做好记号，如用“～～～”标明主要信息，用“？”标出有疑问的地方，用“……”表示注意等。作为教师，我们要引导学生寻找“批注点”进行数学课外阅读批注，批注点可以是难点之处、独特思考之处、情感共鸣之处、阅读空白之处、思维困惑之处……在批注时，我们还可以采用眉批、首批、侧批和尾批等形式用小段文字注明自己的认识和思考，用具有典型意义的图例或实例解释阅读内容中抽象的表述，等等，培养学生“边阅读，边思考”的习惯。批注是数学课外阅读的有效策略，通过批注，深入理解学生进行思考的过程，促使学生在思考中阅读，在阅读中思考。

例如，一位学生在阅读《马小跳玩数学（6年级）》中的《图书馆的新书》一课时，同学抓住“文艺书的4/5和科技书的1/3相等”进行有效思考，批注如下：

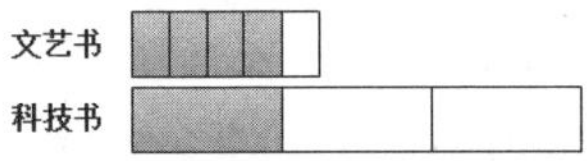

这样的批注虽然简单，但学生却在用自己的思考方式解决问题，画图，使解决问题更加简单，原本非常复杂的分数题目，一下子变得简单起来。

再如，一位学生在阅读《马小跳玩数学（4年级）》中的《神童马小跳》一文时，在解决“2001+2002+2003+2004+2005=？”时，这位同学的批注如下：1+2+3+4+5=15，2000+2000+2000+2000+2000=10000，10000+15=10015。还有一位学生的批注是：2003×5=10015。这些批注突出了数与数之间的规律，然后求出结果。

数学批注注重批注出思维的“痕迹”，将阅读过程中的独特想法和不同的解答方法进行批注，也可以将阅读过程中的空白点进行批注，通过批注将文本和思维进行联系思考，促进阅读的深入。批注，我们还可以将描述的思维用直观的线段图等形式呈现，通过图直观地感受到阅读内容的数学思考。当我们将阅读和思考紧密结合，我们就会在阅读的过程中主动思考，将自己的数学思考和想法进行批注，促进数学阅读的深入开展，同时促进数学思维的发展。

进行数学课外阅读批注，是学生个性化数学阅读的具体体现，是在教师指导下学生自主阅读的深化，是以书面形式表达阅读体验的数学阅读活动。数学阅读的批注是对阅读内容全面的分析、深刻的理解。

策略二：绘制数学连环画

由于数学课外读物编写的逻辑严谨性及数学“言必有据”的特点，在课外阅读时，要对每个句子、每个名词术语、每个图表都细致地阅读分析，领会其内容、含义。而连环画采用多幅画面连续叙述一个故事或事件的发展过程，在绘制连环画的过程中，学生要将数学阅读文本经过大脑思考产生构思、想象、创造再现出来，通过简洁的线条概括，深受学生的喜爱。

作为数学连环画，我们在绘制时，首先将数学文章进行阅读，将一个章节、一个故事或一个主题的阅读内容在头脑中进行构思；逐步拟定故事主题，确定人物、场景、构图、绘画布局，这样就构成了一幅完整的数学连环画。

我们在绘制数学连环画时，要注意故事情节紧扣数学核心知识点或数学思维，先将数学故事内容通过大脑想象，从文字语言到图画语言进行转换，转换后必须主题突出，有一定的故事情节，然后根据故事内容设定呈现方式。接着，我们尝试画出每一个重要的画面的草图，修改并完善，然后配上文字，就制作出了一幅主题突出的数学连环画。

数学连环画以其独有的图文并茂、浅显易懂的特点，深受小学生的欢迎。连环画借助于一幅幅具体生动的画面，在学生的眼前展现了学生眼中的数学世界，从而激起了他们对数学的强烈好奇心和求知欲，激发他们进行数学思考。

绘制数学连环画是数学阅读的有效策略，绘制数学连环画，有利于学生深入理解数学阅读的内容，在绘制数学连环画中理解数学，感受数学，促进学生数学思维的发展。

策略三：数学阅读交流会

数学课外阅读书籍中的语言可以说是通常的文字语言、数学符号语言和图形语言的交融，数学阅读重在理解领会，而实现领会目的的行为之一就是“内部言语转化”，即把阅读交流内容转化为易于接受的语言形式。因此，数学课外阅读常要灵活转化阅读内容。学生在课外阅读的过程中，需要把一个用抽象表述方式阐述的问题转化成用具体的表达方式来表述的问题，即用你自己的语言来阐述问题；把用符号形式或图表表示的关系转化为言语，用自己更清楚的语言表述。数学课外阅读常要求大脑建起灵活的语言转化机制，而这也正是数学课外阅读有别于其他阅读课程最主要的方面。

在开展阅读交流会时，学生需要准备好交流的内容，在交流内容准备充分的基础上，突出数学元素，展现数学故事的发展历程。我们在开展阅读交流时，可以将评价与阅读同时进行，在激励中促进学生对阅读内容的内化，通过表达促进数学思考。

总之，在班级数学阅读一段时间后，我积极将数学课外阅读的内容采用讲故事的形式呈现，在讲数学故事的过程中加深学生对数学阅读内容的理解，也强调了数学阅读过程中的思想和方法。

策略四：数学故事展演

数学故事展演是学生以数学故事为线索展开的表演活动。学生根据数学课外阅读内容和情节，通过角色扮演，运用语言、动作和表情进行展演，表演是手段，故事才是核心。在展演的过程中，学生将阅读内容进行分解和内化，通过表演的形式呈现出来，在展演的过程中加深对阅读内容的深入理解。

在课外阅读课中，在学生自主阅读后，我引导学生采用展演的方式进行交流，通过小组的展演，促进学生在理解故事后，用自己的语言和动作将故事进行呈现。在小组表演中，有分工还有合作，真正引导学生在积极思考中形成对数学故事深入的理解。

故事展演，更多的是将阅读的内容进行展演，通过表情、肢体、动作等展现出来，在故事展演前，需要学生分组进行故事的编排，通过故事的展演，促进学生在观看的过程中进行思考，这样的数学阅读更多地促进学生根据展演的情节进行数学思维，提升学生的发展。

策略五：数学故事的改编和续写

在数学阅读的过程中，我会组织学生进行数学故事的改编和续写，改编和续写的时候先确定中心，然后根据中心构想数学故事情节，接着进行创作。这样的改编和续写在读懂原来数学故事的基础上，以原来数学故事的结局为起点，展开充分的想象与联想，做到合情合理、真实生动，写出原来故事情节的发展和变化。

例如，我在引导三年级学生阅读《数学无处不在》的时候，六位学生分别采用了如下的方式进行改编和续写：

小明上学的时间

早上，我和哥哥一起去上学，上课铃响了，同学们都急匆匆地跑进教室。8时，第一节上课了，12时，第四节下课了。小明计算了一下，从第一节上课到第四节下课，一共4个小时。

下午两节课，从下午1:20到下午4:30。

你知道小明这一天在学校的时间共多长吗？请你认真想一想，算一算，你就会知道的。

旅游时间

今天，我和爸爸、妈妈一起到南阳进行旅游，刚坐上车，我看了一下表，是上午9时。途中，我们不知不觉地就到了景区，我又看了一下表，已经下午4时了。

同学们，你知道我们去南阳的途中一共用了多长时间吗？请你认真想一想。

故事的改编和续写需要有数学情节，在改编和续写中注重故事情节的合理性，在多元创编的过程中促进学生思维的发展。

策略六：读后感

现代信息加工理论和认知心理理论认为，“数学学习的过程分为信息输入、相互作用、操作训练、信息输出四个阶段”。听、读属于信息输入加工形式，说、写属于信息输出加工形式，它们都是数学课堂学习活动的前提和不可缺少的学习能力，也是提高数学课堂学习质量的保证。

数学课外阅读后的感受，可以是从书中领悟出来的数学知识或数学思想，可以是受书中的内容启发而引起的思考和策略，可以是因读书而激发的学习数学的信心和理想，等等，读后感的表达方式灵活多样。读是感的前提、基础；感是读的延伸、拓展。

学生在数学课外阅读后，分享了自己的阅读感受，通过数学阅读感受的书写，促进对数学的感悟，在不断的思考中提升数学思维能力。

阅读是思考，是理解，是收获，是人生必然的经历。苏霍姆林斯基在《给教师们的建议》中指出："课外阅读，用形象的话来说，既是思考的大船借以航行的帆，也是鼓帆前进的风，没有课外阅读，也就没有风和帆。阅读就是独立地在知识的海洋里航行。"数学课外阅读，促进了学生对数学的理解和感悟，也促进了学生数学思维能力的发展，学生在数学课外阅读的过程中，不但掌握了阅读的策略，而且提升了思维能力，提升了数学素养。

四、研究成效

此课题虽为2015—2016学年度的课题研究，但作为数学课外阅读，我自1996年无意识地开始研究，到2008年开始进行团队研究，在研究的过程中，更多地是关注数学课外阅读丰富学生智力生活。2013年9月，辅导的四年级学生的《智慧花数学社团（数学阅读）》在"金水区小学生学数学用数学"活动中，荣获团体一等奖；2013年9月，主持的《数学阅读》在郑州市小学课外活动展评中荣获一等奖；2012年4月，《引领学生进行数学阅读就是给予孩子未来》收录在《阅读的力量》一书中；2013年4月，《数学课上的阅读课程》发表在4月17日《教育时报·课改导刊》，我也作为数学课外阅读的专家评委参加校讯通的课外阅读评选。此次更加系统地梳理研究成果，在课题研究期间，我们先后发表了学生数学课外阅读文章近200篇，编写了学生数学课外阅读《魔力数学Ⅰ》《魔力数学Ⅱ》《魔力数学Ⅲ》《魔力数学Ⅳ》4册和《数学阅读的教与学》，拟在2019年由大象出版社出版，今后我们会更加系统地思考数学课外阅读，提升学生的数学素养。

五、存在的问题和设想

数学课外阅读深受学生喜爱，我将坚持做此课题的研究，在不断的思考和探索中完善自我的思考。在此次的课题研究中，对于研究成果的信度我们没有进行量规对比和分析，只是总结出数学课外阅读的策略，希望这是进一步研究的一个更好的课题，我将努力进行探索和实践。

六、参考文献

[1] 波利亚 . 怎样解题 [M]. 北京：科学出版社，1982.

[2] 顾明远 . 教育学大词典 [M]. 上海：上海教育出版社，1991.

[3] 弗赖登塔尔 . 作为教育任务的数学 [M]. 上海：上海教育出版社，1995.

[4] 邵瑞珍，皮连生 . 教育心理学 [M]. 上海：上海教育出版社，1997.

[5] 林崇德 . 学习与发展 [M]. 北京：北京师范大学出版社，1999.

[6] 王继坤 . 现代阅读学教程 [M] . 青岛：海洋大学出版社，1999.

[7] 沃建忠 . 小学数学教学心理学 [M]. 北京：北京教育出版社，2001.

[8] 徐斌艳．数学教育展望 [M]．上海：华东师范大学出版社，2001.

[9] 傅海伦 . 数学教育发展概论 [M]. 北京：科学出版社，2001.

（本案例来自于宋君，金水区金桥学校）

及时总结，结项报告撰写并不难

我们先看一个案例：

郑州市金水区农科路小学北校区周玲老师主持的课题《小学中段语文教学中读写结合的研究》，经过前期的多次论证，并以子课题的形式进行了课题组分工，具体分工如下：

周玲：课题负责人，负责课题申报、分工、制订研究计划、完成研究报告；宋伟琴：负责小学中段语文教师读写结合理念的提升研究；杨丽君：负责小学中段语文教师读写结合有效指导方法的研究；邢文君：负责小学语文中段学生读写结合兴趣的培养研究；刘晔：负责小学语文中段学生读写结合训练的方法研究。

很显然，这个分工是根据该课题研究内容进行的分工，我们认为这是科学的、合理的，基本上实现了课题组成员人人参与、人人研究的局面。课题组成员已经进行多次研讨活动，并分别在不同的班级进行实践探索，取得了初步成效。

其中，课题组邢文君老师负责的子课题《小学语文中段学生读写结合兴趣的培养研究》，目前已经进行了多方面的实践研究。她在语文课堂上通过多样化的活动形式来提高学生读写结合的兴趣，具体活动方法体现在以下几个方面：(1) 和作者比赛创作微童话（1次）；(2) 创意4页书（1次）；(3) 卷轴书（有想法，尚未进行）；(4) 画写结合（4次）；(5) 增设情境（2次）。这些具体的实践方法，有的已经实施，有的还没实施，有的已经实施多次。其中“读画结合”已经在课堂上实践了4次，效果比较明显，学生的读写结合兴趣比较浓厚，同时教师也积累了较为丰富的实践经验。而遗憾的是，该老师并没有及时地把“读画结合”这个具体做法的实践过程形成文字材料。

事实上，邢文君老师在“读画结合”方面多次实践研究之后，也拥有了较为丰富的实践经验和素材，那么就应该及时地进行总结，形成文字材料，为结项报告的撰写做准备工作。我们认为具体做法如下：把“读画结合”的具体做法表达清楚，即怎么实施就怎么写，怎么解决问题就怎么写，尽量翔实、具体、明白，让人看得懂，让人学得会。此外，还可以插进去一些过程性图片和学生的习作作品，当然还可以插入一两个具体的“读画结合”案例。这样一来，关于“读画结合”这一个做法，写个两三页内容是没有问题的，这就是结项报告的“做法与经验”部分。如果能够对上述子课题5个方面的活动都进行总结，写个7～8页是没问题的。再推而广之，该课题的4个子课题，除了第一个理论性多一点，其他三个如果每个都能够撰写7～8页的内容，那么该课题的“做法与经验”就超过了20页的内容。一个结项报告的“做法与经验”部分如果做到如此丰富、翔实、具体，那么最后获取一个好的奖次也就没什么大的问题了。

不难看出，结项报告的撰写有两个显著特征。一是结项报告是做出来的，而不是写出来的，因为只有真正在课堂教学过程中实践了，问题解决了，才可能写出优秀的结项报告。对于广大中小学教师而言，课题研究工作其实很简单，就是基于自己教育教学实际问题的解决过程。问题解决了，一项课题就可以结题了，一篇结项报告也就出来了。二是结项报告不要等到课题结束了再写，而应该在平时实践过程中及时地撰写，即有一定实践成效后就应该及时地归纳和总结。之所以要在平时的实践过程中撰写结项报告，是因为在解决实际问题的实践后，往往自己最清楚整个的问题解决过程，也最容易记录下来，这样也就避免了结题时的遗忘或疏漏，或者由于仓促而来不及写。当然，我们撰写结项报告，不是要求在平时的过程中对课题研究的所有内容都要总结，而是及时总结已经实践并取得一定效果的具体做法。我们把每一个具体做法都一一进行了总结，那么最后也就形成了最终的结项报告。

我们的部分中小学教师之所以认为结项报告的撰写比较困难，其主要因素就在于研究过程不扎实和平时没有及时总结。如果这两个方面都做到了，那么撰写结项报告还会是一件困难的事情吗?

校级课题结项验收方式可以多样化

某幼儿园负责科研工作的副园长打电话，让我对他们幼儿园的部分校级课题进行结项培训。她说：“校级课题是一个学期一个周期，马上到期末了，要进行结项。您建议怎么安排更合适？”但据我所知，该幼儿园上个月中旬刚刚进行了一次校级课题中期汇报活动，有些课题研究工作比较扎实，也形成了比较丰富的课题研究成果，而有些课题研究工作的进展却比较缓慢。

因此，如果按照原有的课题结项计划，期末统一进行课题的结项验收工作，部分课题时间上未免有一点仓促。因此，我们建议该副园长先了解一下老师们课题研究的进展情况，然后再决定校级课题结项的具体时间和方式。

应该说，目前部分中小学校组织老师们开展校级课题的研究工作，这是一种良好的现象。李镇西在《今天，我们向苏霍姆林斯基学什么》一文中说：“我们应该学习苏霍姆林斯基，不能把科研的目光老盯着‘上面的精神’，而应该把教育科研的目光对准具体的学生，对准学生的心灵。苏霍姆林斯基告诉我，教育科研课题不是上面下达的，而是教育实践本身提出的……他的教育科研是‘真教育’。他的教育科研，不是冷静的研究，而是充满感情的投入，是全身心的实践。对他来说，教育科研和教育实践不是两件事而是一回事。教育科研不仅仅是坐在办公室里的冥思苦想的脑力劳动，而同时也是与学生一起摸爬滚打，和学生心心相印的体力付出。”[1] 我们认为，就一所学校来说，只有做好了校级课题的研究工作，其他级别的课题才可能更加扎实有效。因此，从这个意义上来说，校级课题是其他各级各类课题研究工作的基础和源泉。我们不希望老师们好高骛远或过于“功利性”，竭尽所能追求更高级别的研究课题，而是要沉下心来扎扎实实做好校级课题的研究工作，因为这是课

[1] 李镇西：《今天，我们向苏霍姆林斯基学什么》，载《比较教育研究》，2010年第03期。

题研究的“根”。当然，我们也希望学校的科研管理者要做好校级课题的管理工作，并把老师们校级课题的研究情况作为上一级研究课题申报的依据，即没有参与校级课题研究工作就不能申报更高级别的研究课题，建立一个良好的学校管理机制，形成广大教师真正扎实有效的课题研究行为。

那么，作为校级课题而言，我们认为课题的管理机制和结项验收工作不必像其他级别的研究课题那样规范、科学、有序，而是要更注重课题结项验收方式的灵活性、多样性和多元化。我们的校级课题，其研究的最重要目的是要真正解决日常教育教学工作中的实际问题，注重实践性和有效性。因此，校级课题的结项验收方式可以多样化，具体体现是：

1. 校级课题结项验收的时间可以不一致。其他级别的研究课题，为了课题管理的方便和评审工作，一般都是由相关科研部门统一时间和要求进行结项验收工作。那么，对于校级课题的结项验收工作，我们建议学校可以根据每一项校级课题的研究进展情况，分时段进行课题的结项验收。也就是说，我们不一定要求教师的校级课题都按照统一时间进行结项，而是在一年内可以根据教师个人的课题研究进展情况，在个人提出结项申请的基础上，学校组织相关人员进行课题的结项验收工作。这样做的意义在于，尊重了我们教师开展校级课题的差异性和层次性。尽管都是校级课题，但每一名教师的课题选题不一样，自身的研究能力不一样以及课题的研究难度也不一样，因此课题进展可能也会不一样。那么，校级课题的结项验收工作就可以错开进行，因人而异，因课题而异，没有必要要求学校所有教师的校级课题结项验收时间“步调一致”。

2. 校级课题结项成果形式可以多样化。一般而言，中小学一线教师的课题研究成果形式是结项报告，并且往往有一定的格式和内容要求。应该说，结项报告是目前各级各类课题研究成果最重要的表达方式，也是最有效、最直观的呈现形式。就校级课题而言，我们认为其结项成果形式可以多样化，包括结项报告、科研论文、教育案例、教学反思等。只要教师能够阐述清楚课题的问题解决过程以及研究目标的完成情况，那么课题的研究成果形式可以淡化，不必过于计较。也就是说，可以让广大教师采用更多的课题结项成果形式，可以给予教师更多的成果表达权利。

3. 校级课题的结项验收方式可以多元化。一直以来，我们的课题结项验收方式主要是对有形的纸质或电子结项报告进行评审，显然这种课题的结项验收方式是有缺陷的，因为其不能对课题本身的实践性进行真实评价，即无法对课题是否真正地解决了实际问题做出有效判断。事实上，对一项课题的研究效果进行评价，应该从两个层面进行：一是对该课题有形的纸质或电子结项报告进行评审，看看教师的课题成果表达情况；二是在课题有形的纸质或电子结项报告基础上，学校相关科研评审人员要走进课堂、课程或班级等进行实地考察，看看课题研究成果的真实性和有效性。也就是说，课题研究成果不仅要有效和清晰地表达，也要脚踏实地、真正地解决了教育教学过程中的实际问题。

著名教育家李镇西说得好："教育科研的目的是什么？是为了得奖吗？是为了提升学校的档次吗？是为了学校的知名度美誉度吗？都不是。我认为，教育科研得不得奖不是最重要的，重要的是改变学生，提升教师，发展学校。在改变学生的过程中，提升教师，而学生改变了，教师提升了，学校自然发展了。学生的改变，教师的提升，学校的发展，就是我们的教育科研成果。"[1]

校级课题结项验收方式的多样化，有助于激活老师们真正地开展课题研究工作的积极性，有利于促进科研与教育教学工作的有机结合，也有效地淡化了部分教师科研的过分"功利性"倾向，让广大中小学一线教师的科研真正回归其本来面目——科研促进教育教学工作实践的改革。

[1] 李镇西：《要搞真科研》，李镇西的新浪博客，2012年10月12日。

课题研究重成果更应重效果

时下，部分中小学校教师的课题研究工作开展得如火如荼、轰轰烈烈。应该说，这是一件好事，也是广大中小学课题研究工作回归教育本真的具体体现。苏霍姆林斯基认为：“研究工作对教师来说，并不是什么神秘莫测和高不可攀的东西。不要一提研究就感到害怕。就其本来的基础来说，教师的劳动就是一种真正的创造性劳动，它是很接近于科学研究的。”[1]一般而言，我们中小学教师开展的课题研究，是以课堂教学的实际问题为切入点的，从“小”处着手，要切实地解决课堂教学中的实际问题，提高课堂的教学效率。当然，这也是教师自身专业成长的需要。

中小学教师无论进行什么样的课题研究，最终都要以一定的形式呈现有形成果，如研究报告、论文、教育案例、教学反思、教育叙事等。这些有形的研究成果，都是中小学教师们辛勤研究的结晶，也体现了课题研究的价值。

然而，多年来无论是学校还是教师本人，大多关心的是研究成果能否获奖、发表或出版，而忽视了对课题研究的实际效果和作用的评价，以至于滋生了课题研究重有形成果、轻实际效果的局面。作为科研管理部门来说，因为实际的操作难度比较大或者评奖机制本身的欠缺，也往往只是习惯于对这些有形成果进行评价。从某种程度上来说，这实际上是变相制造了课题研究的表面“虚假”繁荣，同时也助长了课题研究的“功利化”倾向。而究竟这些课题研究成果到底有多大的应用价值和对课堂教学有多大的促进作用，就很少有人真正去关注和重视了。

也就是说，我们部分中小学教师的研究成果，只是停留在红头文件、报纸杂志或荣誉证书上，实际上并没有真正改进其课堂教学效率或教育管理工

[1] 苏霍姆林斯基：《给教师的建议》（修订版，全一册），杜殿坤编译，教育科学出版社，1984年版。

作。因此，课题研究工作对于部分学校和教师来说，就是一个“噱头”或“摆设”，并没有太大的实际意义，以至于往往出现教师对课题研究的态度是“说起来重要，做起来次要，忙起来不要”的局面。

苏霍姆林斯基认为：“无论就其本身的逻辑来说，就其哲学基础来说，还是就其创造性来说，教师的劳动都不可能不带有研究的因素。这首先是因为，我们所教育的每一个作为个体的人，他在一定程度上就是一个充满思想、情感和兴趣的很特殊的、独一无二的世界。”[1] 教育对象的特殊性和复杂性，决定了教师的日常教育教学工作性质带有一定的研究成分，课题研究已经成为日常教育教学工作的重要组成部分。因此，我们希望中小学教师的课题研究工作，不仅仅是表面的繁荣昌盛和轰轰烈烈，而是真正促进了自己课堂教学的改革以及个人专业素养的提升。

那么，对基层学校来说，课题研究的评价机制变革就显得十分必要了，尤其从学校层面来说也比较容易操作。我们认为，对课题研究的结题验收和评价，务必要考虑两个层面的因素。一方面，要看课题研究的有形成果是否有实际内容，材料是否丰富，研究过程是否扎实。相对来说，这方面的验收和评价容易操作和把握，其主要看课题组成员的文字表达能力和材料的收集整理情况。另一方面，要看课题研究的实际效果，即在课堂教学或日常管理工作中是否真正解决了实际问题，是否达到了预期的研究目标。这方面的验收和评价相对比较复杂，主要是评价者要深入课堂、走入课程、进入班级，要比较课题研究前后的课堂或课程是否发生了真正的变化。应该说，结题验收和评价的这两个层面因素都比较重要，是相得益彰、相辅相成的。我们先要考察有形成果的文字材料，然后根据有形成果进行实地考察，比较一下二者是否一致。

不言而喻，课题研究既要重视有形成果，同时也要重视实际效果。但是，就课题研究本身而言，课题的实际效果要比有形的成果更重要。因为达到了实际效果的课题研究，真正解决了我们教师的实际问题，而至于有形成果的

[1] 苏霍姆林斯基：《给教师的建议》（修订版，全一册），杜殿坤编译，教育科学出版社，1984年版。

表述是否规范和科学就显得不是那么重要了。因为只有这样的课题研究，才真正体现出了课题研究的自身价值和现实意义，才是我们中小学教师的课题研究初衷。

当然，如果我们的课题研究取得了教育教学工作的实际效果，那么有形成果也不会差到哪里去，获奖也应该不是什么大的问题。这样的课题研究工作，才是我们中小学教师最需要的科研。

重成果更应重效果，这是课题研究工作生命力得以持续的重要保障。

一致性——结项报告的内在需求

一

我们先看一项课题《小学低年级绘趣阅读的实践与研究》的结项报告（为了节省阅读时间，我们只展示结项报告的梗概部分）：

一、研究背景

我们课题组成员都来自于小学低段的语文教师。开学伊始，我们发现很多学生没有学前亲子阅读经历。由于缺乏学前阅读的引导，这部分学生出现了以下问题：

（一）阅读习惯较差

（二）缺乏阅读的指导

（三）没有有效的评价机制

二、课题的研究过程（略）

三、主要做法和经验

（一）家校协同，共促绘本阅读习惯养成

1. 建设书香校园，营造良好阅读环境。阅读的场所会直接影响阅读时的专心度，在安静的场所，如书吧、图书馆，会提高阅读质量，增加阅读体验。

2. 制订阅读计划，促进良好阅读习惯养成。针对每本书的阅读，我们首先会让学生提前准备本学期的阅读书籍，做好阅读规划。其次，根据书籍的页数和学生阅读水平规定阅读量，指导学生把阅读计划落实到每天，让学生有计划地读书。最后，我们指导家长模仿老师制订的读书计划，列亲子阅读计划，让亲子阅读有序进行。

（二）立足成长，建构绘本阅读指导模式

1. 建构“绘趣·共读”亲子阅读模式。

第一步：确定亲子阅读书目。通过前期问卷调查，我们选定了五本彩色绘本版的童话故事，即《小鲤鱼跳龙门》《一只会飞的猫》《“歪脑袋”木头桩》《孤独的小螃蟹》《小狗的小房子》。

第二步：设计亲子阅读导引，指导家长阅读方法。依据阅读内容，我们设计了阅读目标，并制定有趣、贴合故事内容的阅读方案，指导家长进行高效的阅读陪伴。

第三步：设计亲子导读单，开展亲子共读。导读单分为印象馆、思维库、艺术馆等板块，分别指向积累、思考、表达三个训练重点。家长依据导读单与孩子共读，以打卡的形式完成导读单的内容。

2. 开发“绘趣·悦读”课程，构建阅读指导课模式。

（1）选定绘本书目。

（2）编写“绘趣·悦读”课程纲要。我们首先通过背景分析确定课程目标，接着设计每周学习主题及实施要求，对整个学期的读书主题活动有了全面的规划。

（3）根据课程的规划及实施的要求，利用每周阅读课探索“绘趣·悦读”课堂教学模式。

（4）开展线上“绘趣·悦读”指导课展示活动。“兴趣导入—阅读故事—交流思考—激发创作”的教学模式，以表现性评价、过程性评价等为评价方式，以“激发学生的阅读兴趣，构建绘本阅读教学模式”为目标进行教学。

3. 编写亲子阅读导读手册及课堂教学案例集。课题研究过程中，在课题组成员的共同努力下，我们基本探索出了适用于小学低年级、可操作性强的绘本趣味阅读的课堂教学方法、亲子阅读指导策略、阅读指导课模式，并将其形成了易于推广的教学案例集，确保理论研究与实践操作真正结合。

（三）躬耕实践，开展绘本阅读多元评价方式

1. 习惯养成评价。

（1）针对习惯养成，我们设计了21天阅读记录卡、阅读分享评价量规、亲子写话评价量规。

（2）慧阅读记录卡。慧阅读记录卡和“绘趣·共读”亲子阅读配套使用，以任务的形式布置给学生，让学生进行知识的积累与运用，同时从教师、学

生、家长三方面出发进行评价，让无形的阅读被有形的记录推进。

（3）阅读日志。和传统的日志不同，除了基础的字词、句子的积累，我们更注重学生的阅读体验。通过交流、分享、绘画、表演等方式完成“阅读日志”。

（4）书目记录单。我们设计的书目记录单，以多种图案组合而成，让学生通过书目名称填充的形式完成，以此获得成就感。

2. 课堂教学评价。在每周一次的课题组研讨中，我们还设计了“绘趣·悦读”微教研记录表，记录每一次思想碰撞及研究中遇到的问题。

3. 阅读活动评价。我们开展了相应的阅读活动，如绘本童话剧展演，利用“绘本童话剧评价量规”对每个班级的表现进行评价，设立了“最佳表现奖”“最佳舞台奖”“最具创意奖”等。

四、研究成效

（一）学生养成了良好的阅读习惯

（二）建构了可行的绘本阅读指导模式

（三）形成了有利于绘本阅读的评价方式

五、存在的问题及下一步打算

（一）存在的问题

（二）下一步打算

六、参考文献（略）

二

上述课题结项报告，课题主持人是郑东新区通泰路小学杨婧婧老师。在她的合理分工和带领下，课题组成员几易其稿，最终完成了1万余字的结项报告。

为了节约阅读时间，我们仅仅展示了该结项报告内容的主要环节（内容梗概）。从该课题的结项报告结构来看，是完全按照我们提供的结项报告范例进行撰写的，即研究背景、研究过程、主要做法和经验、研究成效、存在的问题及下一步打算、参考文献等。应该说，该结项报告内容结构完整、思路清晰、做法具体、成效显著，是一篇质量较高的结项报告，可以作为我们中小学教师结项报告的范例。

我们认为，该课题结项报告最大的价值和意义，不仅仅体现在结项报告结构的完整性，更体现在结项报告内容的一致性。这个一致性，主要体现为课题名称、研究背景、主要做法和经验、研究成效等结项报告核心内容的一致性。

我们再来梳理一下该结项报告的核心内容：

一、课题名称：小学低年级绘趣阅读的实践与研究

二、研究背景

（一）阅读习惯较差

（二）缺乏阅读的指导

（三）没有有效的评价机制

三、主要做法和经验

（一）家校协同，共促绘本阅读习惯养成

1. 建设书香校园，营造良好阅读环境；

2. 制订阅读计划，促进良好阅读习惯养成。

（二）立足成长，建构绘本阅读指导模式

1. 建构“绘趣·共读”亲子阅读模式。第一步：确定亲子阅读书目；第二步：设计亲子阅读导引，指导家长阅读方法；第三步：设计亲子导读单，开展亲子共读。

2. 开发“绘趣·悦读”课程，构建阅读指导课模式。(1) 选定绘本书目；(2) 编写“绘趣·悦读”课程纲要；(3) 根据课程的规划及实施的要求，利用每周阅读课探索“绘趣·悦读”课堂教学模式；(4) 开展线上“绘趣·悦读”指导课展示活动。

3. 编写亲子阅读导读手册及课堂教学案例集。

（三）躬耕实践，开展绘本阅读多元评价方式

1. 习惯养成评价；

2. 课堂教学评价；

3. 阅读活动评价。

四、研究成效

（一）学生养成了良好的阅读习惯

（二）建构了可行的绘本阅读指导模式

（三）形成了有利于绘本阅读的评价方式

不难看出，该结项报告的课题名称、研究背景、主要做法和经验、研究成效等主要内容是一一对应的，即课题名称、三个具体问题、三种解决问题的策略或方法、达到的三个效果。从该课题的结项报告中，我们也能够看出课题组成员的整个课题研究过程。首先，在选题阶段，课题组成员提出了自己在日常教育教学过程中遇到的三个实际问题，具体而明确。其次，在研究阶段，课题组成员针对这三个问题，采取了一系列的解决策略或方法，当然问题的解决可能具有一定的反复性和复杂性。显然，每一个问题的具体解决做法是不同的，方式是多种多样的。这个研究过程是课题组成员花费时间最长、精力最多，也是一个不断实践和再实践的过程。最后，在结项阶段，每一个问题都得到了不同程度的解决，基本上达到了预期效果，具体而明确。

结束语

我们始终认为，中小学一线教师的课题来自于日常教育教学工作，而最终还要回归到日常教育教学工作中去。对于中小学一线教师来说，科研不是为了创新发明，不是为了理论建构，更不仅仅是为了获取那一纸荣誉证书，而是为改进我们日常教育教学工作服务的。

对一项课题的结项报告来说，课题名称、研究背景、主要做法和经验、研究成效等结项报告中的核心内容的一致性，既体现了结项报告的本质特征，也是结项报告的价值体现。不言而喻，课题结项报告既是我们课题组成员的智慧结晶，也是我们改进教育教学工作的“助推器”。

最后，我们以该课题主持人杨婧婧老师的一段话作为结束语，与所有的中小学一线教师共勉：

“又是春暖花开的季节，到了课题结项的时候了。回忆起做课题的点滴，更加感悟到我们做课题就是为了解决教学中的问题，而解决问题必须以学生为主体，课堂为主阵地。在课题实施过程中，从选书、设计导读单到构建绘本指导模式、开展评价方案等都是课题组成员扎扎实实立足实践进行的。一年来，我们的学生在改变，他们开始喜欢阅读了；我们的家长在改变，他们会主动给孩子买书并与孩子一起亲子阅读了。看到这些，我们觉得所有的努力都是值得的！”

结项报告的研究成效如何撰写?

一

我们先看几个课题结项报告的研究成效的案例：

【案例1】

结项报告《小学高年级语文随文小练笔的实践研究》的研究成效：

（一）挖掘文本资源，实现阅读习作双赢

研究教师针对不同课例，挖掘文本资源，探求行之有效的随文练笔方式，具体从启发思维进行想象练笔、深入文本后的抒情练笔等几个方面进行深入研究，在研究的过程中找到更多有效的随文练笔训练方式，实现了阅读习作的双赢。

1. 找准空白，设置补写

语文教材中，很多文本都藏着空白，有意犹未尽之处，有些简洁明了，有些又意味深远，给学生的思维留下了想象延伸的空间。抓住课文中作者的“留白”进行练笔，让学生把作者没有表达出来的意思写出来。

2. 巧抓感悟，激发情感

“文章不是无情物”，课本中选编的教材文质兼美，蕴藏着丰富的人文内涵。老师在课堂上要引导学生去感悟文章的情感，“情到深处自然浓”，与文本交流到一定的程度，学生就会有独特的感受、体验和理解，就会有话可说，有情要抒发。实践证明，笔者利用课文的情节，让学生和文中的人物进行心灵的沟通交流，这样学生对课文有更深的理解，与作者有了情感的交流，此时老师抓住时机引导学生进行小练笔，学生有话可说。

（二）探寻教学模式，使随文练笔操作简便

随文练笔教学模式要遵循学生阅读和写作的心理规律，根据不同的阅读课型，探寻适合的读写结合教学模式。

1. 整体读文，疏通文意

整体读文，疏通文意就是要引导学生通过对课文的初读，透过文本的字里行间去了解课文的主要内容，对于文本所要描述的事物或者要表达的情感有初步的感受，在头脑中形成鲜明的形象。这就为学生认知文本，进入教学核心提供了重要的平台。

2. 明确目标，以读引写

《语文课程标准》明确指出：高年级的习作要求是“留心周围事物，丰富自己的见闻，积累习作素材，增强习作的自信心”[1]。课堂上的随文小练笔也要依据新课程标准的要求，同时结合单元训练目标和本课的学习目标，引导学生体会作者是怎样运用语言文字表达内容的，总结出典型片段的写作方法。这样目标明确，读写联系，才能收到理想的效果。

3. 课堂练习，交流反馈

围绕新课程标准对中年级习作的要求，在依据单元训练目标、本课的学习目标定下习作的“训练点”时，就要抓住训练点，激发学生的情感，给足充分的时间进行课堂练笔，切不可为了走形式，蜻蜓点水，浅尝辄止。

学生练笔结束后，要及时进行交流反馈，争取当堂点拨、当堂评讲、当堂反馈、当堂修正。评价的方式要多样化，可以师生评价，可以生生评价，目的要激发学生对习作的兴趣，唤起他们的表达欲望，让练笔真正促发思考，与文本共振。

【案例2】

结项报告《高中数学课堂竞争机制创设方式研究》的研究成效：

（一）实践成果

1. 这种新型的竞争机制在我校开展后，受到教师和学生的好评。

2. 通过一年的实践研究，这种新型的竞争机制推动了我校数学学科的发展，学生的数学成绩也有了显著的提升。

---

[1] 中华人民共和国教育部：《义务教育语文课程标准》（2011年版），北京师范大学出版社，2012年版。

3. 由于2020年疫情的发展，我们新型的竞争机制得到了充分的应用，展现出了喜人的效果。

（二）理论成果

1. 新的竞争机制让自媒体更快地融入到平时的教学中，加快了教育与科技结合的步伐。

2. 这种竞争机制的存在，让教师也更乐于向研究型教师的方向去发展，促进教师在专业知识和科技发展上的提升。

3. 辩证地探究了课堂教学中教师角色的正确定位。确认了以学生为主体、教师为辅助的教学方式，让教师能及时并灵活地变换自己的角色。

【案例3】

结项报告《小学数学错题资源利用研究》的研究成效：

我们在课题研究过程中，非常关注学生对错题资源管理方法的提升和学习利用，通过我们的坚持和督促，学生已经能够主动地进行错题资源管理，学生对错题资源的学习利用也很有兴趣，尤其在研究过程中的当“小老师”环节，部分学生能够展现出来很好的思维表达能力，大部分学生的自信心也越来越强。

因为部分学生数学底子确实比较薄弱，为了激励这些学生的数学学习兴趣和错题订正信心，我也经常找这些同学谈心，并把和同学们的谈心写成了论文，我的论文《你想不想被刮目相看》被评为市级一等奖。

课题研究过程中，我们结合学生的错题资源，琢磨学生的思维特点，也不断地改进自己的教学方法，能够较好地在自己的课堂有的放矢，进而也提高了课堂效率。

【案例4】

结项报告《小学生文明礼仪习惯养成的实践与研究》的研究成效：

学生每天利用15分钟的时间学习文明礼仪知识，经过礼仪课的知识学习与实践运用，学生们日常的行为礼仪规范有很大的改变，本课程初见成效。学生们不仅学到了许多礼仪的知识，还知道要把文明礼仪运用到生活中。

1. 通过本学期文明礼仪知识的学习，在校园中，学生明显变得更有礼貌了，经常听到同学之间礼貌的交流。学生在校园打架的事情基本上没有了，同学之间更加和睦相处了。尤其是课间礼仪，更加行之有效，通过在全校为期一周的“课间活动有秩序”的学习，课下班级内的小礼仪员及安全员的监督与管理，下课小学生在走廊上大声喧哗、追逐打闹的现象基本上消失了，大家更安静地进行文明课间。

2. 在校就餐时，学生也不再大声喧哗吵闹，懂得互相礼让、互相帮助，安静就餐、文明就餐。

3. 我校在一年级学生刚入校时，就让孩子们开始学习入校礼仪，使孩子们从小养成良好的文明礼仪行为习惯。

4. 每天学生入校与离校时，值班领导及学校的负责老师都会早早地站在校门口迎接学生，并且做到以身示范，主动与孩子们问好、说再见，孩子们看到自己的老师都如此懂礼貌、讲礼仪，不自觉地就跟着学习。坚持的时间久了，就成了一种习惯，孩子们在校的任何时候碰见老师，都能大胆地与老师微笑、问好。这在我们的校园中是非常普遍的一种文明现象。

5. 低段一、二年级的学生通过学习《校园礼仪》文明礼仪知识，更多的学生懂得了尊敬老师，见到老师主动问好；能和同学和睦相处、友好合作，得理让人、失礼道歉；爱护校园里的花草树木和一切公共设施，懂得不乱扔；讲究卫生、热爱劳动，为班集体争荣誉。经过长时间的坚持，慢慢地养成良好的文明礼仪习惯。

6. 中段三、四年级学生通过学习《家庭礼仪》文明礼仪知识，能有计划地进行学生演讲活动，让学生学习礼仪常规和待人接物的原则，使“规范”深入人心。懂得尊敬长辈，体贴、孝敬父母，能与邻里和睦相处；能帮助家人做力所能及的家务事；家里来客人，懂得热情、大方、有礼貌地招待。

7. 高段五、六年级的学生通过学习《社会礼仪》文明礼仪知识，懂得了怎样在公共场合做一名文明的小公民。自觉遵守交通法规，自觉保护环境卫生，自觉遵守公共秩序。在公共场合不大声喧哗，不妨碍他人；尊老爱幼，在自己力所能及的范围内帮助可以帮助的人。

8. 学校培训的礼仪队员，能在各种活动中脱颖而出。通过文明礼仪的学习不仅增长礼仪知识，而且能在活动中展现更好的自己，使自己变得更加自信。

【案例5】

结项报告《幼儿园民间体育游戏的开发利用研究》的研究成效：

（一）促进幼儿的发展

民间体育游戏在不失民间文化特色的同时，满足幼儿运动的兴趣，让幼儿在尽情享受游戏的同时增强体质，帮助幼儿形成勇敢、坚强的性格，促进幼儿身体能力的发展、情感的发展、语言的发展及规则意识，促进幼儿的交往能力。

（二）促进教师的成长

教师不仅在独立设计创新游戏玩法的能力、观察孩子的能力方面得到发展，还丰富了幼儿园的园本课程建设。

【案例6】

《高考新政策下中学英语课堂教学模式的创新研究结项报告》的研究成效：

（一）促进了学生学习效率的提高。在课堂内外，学生的学习方式得到了较大的转变，学生有了较强的运用英语语言的意识和能力，课堂氛围有较大改善，师生互动增强。

（二）提升了教师的专业素养，带动了课堂教学的优化。在研究实践中，教师努力将先进的教育思想内化为自己的教育教学理念，转变为自己的教育行为，升华为自己的教育教学特色。

（三）学生在课堂作业时，充分发展自己的特长，积极地练习语言，运用语言进行实践，不怕出错。最大限度地开发、挖掘学生的潜能。

（四）在促进学生发展的同时，教师自身的素养也同样得到了发展。

二

上述几个案例是课题结项报告的研究成效部分，也是结项报告的重要组成部分。从这几个结项报告的研究成效来看，它们在表达方式上显然有所区别，我们分析如下：

案例1中，课题组成员把“主要做法和经验”，即具体的问题解决策略或方法内容，当作了研究成效。案例2中，研究成效分为两部分，即实践成果和理论成果，不但比较随意，而且不够具体。案例3中，研究成效内容比较空洞，不聚焦、不具体。案例4中，罗列了八条活动式的结果或收获，比较散乱。案例5和案例6中，研究成效内容既大又空，不着边际。

那么，结项报告的研究成效该如何表达呢？我们再看看另一名教师结项报告的研究成效：

【案例7】

结项报告《小学高年级学生英语写作能力的提升研究》的研究成效：

通过对小学高年级学生英语写作能力提升的研究，课题组教师加深了对写作教学的认识，优化了写作主题及写作课堂，激发并培养了高年级学生的写作兴趣，同时在实际教学中探索出了一系列行之有效的写作教学方式，这些教学方式可以更加科学准确地对高年级学生的写作学习做指导；孩子们经过教师有针对性的指导教学，写作基础更牢固，写作能力也有了大幅度提升。

（一）学生的英语写作兴趣更加浓厚，写作热情更加高涨和持久。研究开展以来，孩子们对英语写作的兴趣增加了，书写作业上交更加及时了，每个班除个别孩子外，几乎都可以在规定时间内上交。写作课上孩子们的情绪也很高涨，她们期待着教师带来有趣的写作活动。课后趣味的写作活动和写作竞赛参与的人变多了，班级写作气氛浓厚，孩子们都想自己的作品能被大家看到，被展示出来。还有一件小事让我印象深刻，有一次课间，一位女同学告诉我，班上很多孩子都很喜欢我在课堂上放的轻音乐，她们享受这种边听轻音乐边创作的过程，想让我告诉她们音乐的名字，她们想自己在家写作时也放上一小段音乐。虽然这是一件小事，但我从中感受到孩子们对写作态度的转变，他们不再是排斥紧张，而是享受写作过程。

（二）学生的英语写作基础知识更加牢固，学会了基本的英语写作技巧，写作能力大幅提升。

研究开展以来，孩子们不仅上交习作练习更及时，而且习作质量也有所提高。这主要体现在：一是写作格式更规范，书写更工整，版面更整洁；二是写作内容更加有条理，大部分孩子学会在写作前借助思维导图列提纲，写作更有逻辑性；三是写作语言更加准确，拼写错误出错较少，句式运用更地道，语法知识点还有所提高。

除此之外，孩子们掌握了基本的写作技巧，写作能力大幅提升，写作成绩也有所提高。通过对比本届六年级学生2019年下学期英语测试作文部分得分情况和2020年上学期英语测试作文部分得分情况，我们得此结论。这里以六（七）班为例，六（七）班总人数为66人，作文满分为10分，大于或等于8分为优秀，大于或等于6分为合格，小于6分为不合格。

学期	优秀人数 / 优秀率	合格人数 / 合格率	不合格人数 / 不合格率
2019 下	28/42.4%	51/77.3%	15/22.7%
2020 上	38/57.6%	56/84.8%	10/15.2%

从上表数据我们可以看出，班级整体写作成绩有所提高，不合格人数减少，优秀人数较之前增多。数据说明一切，这是孩子们书写能力提升的一个重要依据。

显然，这名教师的结项报告研究成效内容，与之前的六项结项报告的研究成效内容相比，具有这样几个显著特征：一是研究成效更加具体、聚焦，甚至使用了具体的调查数据、表格、案例等进行表述，可信度比较高；二是具有较强的层次性、条理性，每一个内容都能够围绕一个主题阐述，清晰、明了；三是语言表达清晰、简洁，通俗易懂，在朴实无华的话语中能够感受到课题组成员通过研究真正的收获和成长；四是使用了第一人称“我们”“我”以及“孩子们”等昵称，让人感到亲切。

三

那么，研究成效内容应该如何表达？

我们曾经在《如何撰写课题的结项报告？》一文中这样表述：这（研究成效）是课题研究水到渠成的结果。课题的研究成效一般包括显性和隐性两类。显性的成效如获得的奖项或荣誉、发表的论文、出版的书刊、录制的课例、成绩的提高等外显的成绩；隐性的成效如课堂效率的提高、学生精神状态的变化、校园环境的改善等隐性的成绩。

事实上，我们认为这样的表述比较笼统，可操作性不强，也不够具体、聚焦和清晰。那么，研究成效的内容该如何表达呢？经过多年的经验总结与探索，我们认为结项报告的研究成效内容这样表述更好：

1. 具体明确。这是研究成效表述的主要特点。作为一项课题，一年的研究工作应该给我们课题组成员的教育教学工作带来一些收获，当然也有一些改变。但一项课题不可能带来“翻天覆地”的变化，如学生的综合素质提高了、教师的专业成长了、课堂教学效率提高了等大而空的表达方式应该避免。因此，研究成效的表述应尽量具体、明确。

2. 持之有故。研究成效不宜泛泛而谈、漫无边际，应该“持之有故、言之有理”。也就是说，研究成效来自于“主要做法和经验”，一般情况下每一个“做法”都会带来一个结果，即研究成效。显然，每一个研究成效的内容，都是我们课题组成员“通过问题解决而达到的效果”。这就是结项报告内容的一致性。对此，我们曾在《一致性——结项报告的内在需求》一文中提出，“对一项课题的结项报告来说，课题名称、研究背景、主要做法和经验、研究成效等结项报告中的核心内容的一致性，既体现了结项报告的本质特征，也是结项报告的价值体现”。

3. 内容丰富。研究成效内容可以使用描述性的语言，也可以插入一些案例、表格、调查数据、师生或家长的话等。也就是说，研究成效内容应该是鲜活的、生动的，能够让人真正感受到一年来“收获”的快乐与幸福。

4. 通俗易懂。从语言表达来说，研究成效内容的语言不要过于理论化，也不宜大量地引用他人观点，而应尽量表达得通俗易懂、朴实无华。而且我们建议以“我们课题组成员”或者“我”“我们”“我校”等第一人称进行表述。

5. 情感真挚。一年来，课题组成员付出了努力，也得到了收获；遇到了困难，也获得了快乐和成长。那么，这种情感往往是掩饰不住的，就可以通过文字表达出来。

当然，部分教师把课题的获奖情况、发表的论文、出版的成果集、获得的荣誉、分数的提高等有形成果作为研究成效，也未尝不可。但我们认为，课题研究工作促进学校或教师或学生内涵式提高往往是最重要的，这也是我们课题研究工作的初衷。

我们再看一项结项报告的研究成效：

【案例8】

结项报告《小学低年级学生数学日记写作能力的提升研究》的研究成效：

近一年来，通过对数学日记写作的提升策略研究，课题组每个成员都感受颇深，我们看到了孩子们数学日记写得越来越好，数学兴趣越来越浓，我们倍感欣慰。

（一）最明显的收获是孩子们的数学日记形式多种多样。经过大半年来的指导，低年级的数学日记不再仅限于购物，高年级也不再是记流水账，每个年级都有自己丰富多彩的内容。低年级的数学日记图文并茂，生动有趣；中年级的数学日记盛满了故事，记录了数学生活的点点滴滴；高年级学生连攻破一道数学难题都会得意地记录下来，让大家都知道自己有多厉害，更别说记录蒜苗成长的连载故事了。这些变化，说明孩子们的数学思维被打开了，数学眼界更宽了，孩子们发现生活中处处都有数学，只是以前没有发现，现在看来，值得记录的事情太多了。

（二）孩子们学习数学的兴趣和学习能力有了很大提高。通过调查，实验班有83.7%的学生乐于借用数学日记的学习方式，较非实验班的57.8%的比例来说，是相当不错的。通过老师们大半年的指导，孩子们对于数学日记不再无处下手，也不再感觉很难，我们组织的优秀日记分享、日记评价机制、绘本阅读，让许多孩子感到小有成就，思维更积极了，眼光也更独到了，对数学的兴趣也越来越浓，不知不觉促进了数学学习。六（七）班的朱禹豪原本并不喜欢数学，更不喜欢写数学日记，自从真实记录了一次数学活动并分享后，兴趣被激发起来，不仅日记写得越来越好，数学成绩也越来越高，用他自己的话说，他现在不偏科了。学生在写日记的过程中，各种数学学习能力在不断增强，对知识的理解也更加深入。学生们是在学有生命的数学。

（三）学生的写作能力、数学表达能力显著提高。在研究过程中，由于加强了对孩子们数学绘本阅读能力的提升，我们感觉到学生数学日记的文字功底越来越好。以前记流水账都是那么简单无趣，草草应付，现在一个反思日记就能几经周折，跟讲一个故事一样。另外，我们感受到课堂上学生的发言也越来越棒，这在实验班和非实验班对比很明显。实验班的孩子们读得多了，看得多了，积累得多了，眼界宽了，许多抽象的数学问题就能够表达得清清楚楚，而非实验班，在语言描述和数学表达上逊色多了。孩子们通过数学阅读，收获还不小呢，不仅提升了数学日记的写作能力，数学表达也提高不少。

结束语

明月别枝惊鹊，清风半夜鸣蝉。

稻花香里说丰年，听取蛙声一片。

这是南宋诗人辛弃疾的《西江月·夜行黄沙道中》[1]，他在这首诗中表达了对又一年丰收的喜悦与渴望。

每年年底，我们教师除需要总结一年来已经开展的主要工作外，还要提炼一年来的收获和感悟。显然，这些收获和感悟应该来自于我们的工作经历，而不是臆想出来的，更不是杜撰出来的。

同理，研究成效是结项报告的一项主要内容，当然也是课题组成员一年来辛勤研究工作所取得成绩的展示和总结。因此，我们课题组成员也应有理由、有信心表达出来。

最后，我们以苏霍姆林斯基的一句话作为结束语，希望与所有的中小学一线教师共勉：

“在每一个年轻的心灵里，存放着求知好学、渴望知识的‘火药’。就看你能不能点燃这‘火药’。激发学生的兴趣就是点燃渴望知识‘火药’的导火索。”[2]

[1] 辛弃疾：《稼轩长短句》，广陵书社，2015年版。

[2] 苏霍姆林斯基：《给教师的建议》（修订版，全一册），杜殿坤编译，教育科学出版社，1984年版。

敲黑板划重点啦：结项报告的七大“致命伤”！

尘劳迥脱事非常，紧把绳头做一场。

不经一番寒彻骨，怎得梅花扑鼻香。

这是唐代僧人黄檗禅师写的一首诗《上堂开示颂》[1]。

这首诗，恰恰是老师们一年来辛勤研究的真实写照。是啊，一线的老师们经过一年辛苦研究工作，已经到了该“开花结果”的时候了。

部分中小学一线教师把自己的结项报告发给我，希望我给予一点“指导”。我们相信，部分中小学一线教师的研究态度是认真的、诚恳的，当然也是迫切需要指导的。一般情况下，不管认识或不认识的教师，既然通过各种途径找到了我，说明他们对我是信任的。因此，我一般都会给出一点个人的想法，尤其是会指出结项报告中的一些突出问题，并给予一点建议。

我们发现，部分中小学一线教师的结项报告有一些共性且突出的“致命伤”，而这些“致命伤”恰恰有可能导致课题的结项失败。经过梳理，我们认为部分中小学教师的结项报告主要存在七大“致命伤”。

一、实践缺失

“问题即课题，过程即研究，结果即成果”，这是中小学一线教师课题研究工作的一个重要理念，也是中小学教师科研工作的“灵魂”。其中，“过程即研究”是一项课题研究工作最核心的环节。也就是说，没有过程就没有研究，没有过程就没有实践，这就是我们经常所说的假研究。

我们发现，结项报告缺乏研究过程即实践过程的问题比较突出。实践过

[1] 黄檗：《上堂开示颂》，《禅诗三百首赏析》，蒋述卓主编，广西师范大学出版社，2003年版。

程缺失，我们往往通过结项报告内容就能够看得比较清楚，因为这部分内容是很难“造假”的。实践过程缺失，其中一个最明显的特征就是“主要做法和经验”部分的内容比较少，问题解决策略或者方法不够具体。因此，在相关科研部门进行结项评审时，如果这部分内容少于两页即为不合格，也就是说课题没有达到预期的研究目标，一般不予结项。我们认为，这样的“规定”是有一定道理的，因为一年的课题研究过程如果连两页内容都“凑不够”，谈何研究呢？

二、案例堆砌

我们认为，扎实有效的课题实践过程，往往都是由一个个具体的教育教学活动构成的，这一个个活动就是一个个生动而鲜活的案例或课例。因此，我们建议中小学教师撰写课题的结项报告时，可以根据内容需要加入一些生动而鲜活的案例，进一步丰富、完善或者提高结项报告的质量。

但我们发现，部分教师的结项报告内容却成了案例的“大杂烩”，即大量案例的堆砌。也就是说，部分教师对“主要做法”往往“说不清、道不明”，甚至一带而过，因此，在每一个“主要做法”中堆积了大量的案例或课例，希望通过案例或课例来代替“主要做法”。事实上，这种想法本身也不能说有问题，但我们认为案例或课例只是对“主要做法”的补充，而不能替代。因此，我们不建议大量案例或课例的堆砌，更不建议使用案例或课例替代“主要做法”。

三、工作总结

“在研究中工作，在工作中研究”，这是我们中小学一线教师的一种理想工作状态。因此，工作与研究是相辅相成、互相促进的。其主要体现在：研究来自于我们的教育教学工作实践，即教育教学工作是研究的基础，但反过来研究又往往是为我们的教育教学工作服务的。而我们的部分教师却经常性地把工作和研究“混为一谈”，甚至认为“工作就是研究，研究就是工作”。

那么，这种研究和工作“混为一谈”的想法体现在课题的结项报告内容中，就是结项报告等同于工作经验总结。我们认为，二者的主要区别就在于：结项报告内容是围绕“问题”开展并对其解决过程的总结和梳理；而工作经验总结是脱离“问题”，把平时与课题相关或不相关的工作进行总结，“眉毛胡子一把抓”，把一年来做的所有工作都当成了结项报告内容，这样的结项报告，实际上就是工作经验总结。

四、内容混乱

中小学教师的结项报告，不需要大量理论依据，也不需要“高谈阔论”，更不要像某些教育理论杂志的文章一样“晦涩难懂”，而是内容要尽量通俗易懂，具有一定的趣味性、可读性。很简单，因为我们的课题来自于我们的教育教学工作，是基于教育教学实践中问题的解决过程，因此我们怎么解决问题就怎么表达，尽量简洁、丰富、明白，让更多人“读得懂”“学得会”“用得着”。

但我们发现，部分教师的结项报告“惨不忍‘读’”，看结项报告的过程简直就是一种“煎熬”，具体体现在：一是序号混乱，不能按照正确的序号即一、（一）、1、（1）、①、a……组织结项报告内容，而是经常出现跳跃、颠倒等现象，让人看得懵懵懂懂的；二是格式杂乱无章，部分教师按照自己的想法组织结项报告内容，结构不明朗，重难点不突出，思路不清晰；三是字体、字号、段落等大小不一、七长八短，让人读着非常不舒服；四是文章中插入的图片、案例、课例、引用等不是根据需要插入，而是与内容无关的随意“堆砌”。

五、不一致性

我们大多数教师都知道结项报告格式范例，即“研究背景、研究过程、主要做法和经验、研究成效、存在的问题以及下一步打算、参考文献”，这是我们提供给中小学教师的基本结项报告格式范例。我们之所以要提供结项报告的格式范例，一方面是我们的部分教师不会撰写结项报告，以至于部分老师们的结项报告“千奇百怪”“漏洞百出”；另一方面是我们提供的结项报告格式范例具有一定的内在逻辑性和规律性，比较符合结项报告的基本要求，又减少了大量不必要的环节。

我们发现，大部分教师都是按照这个结项报告格式范例撰写结项报告的，这本身没错。但我们认为，相当多的教师并没有认识到结项报告内容的一致性要求，即课题名称、研究背景、主要做法和经验、研究成效等核心内容的一致性。也就是说，我们相当多教师的结项报告内容前后不一致，甚至部分结项报告就是工作经验总结。课题名称、研究背景、主要做法和经验、研究成效等核心内容的一致性，体现了课题研究工作的内在需要，即基于教育教学过程中问题的研究。

六、拼凑字数

尽管我们不能以字数多少来判断结项报告的质量，但一项优秀的课题结项报告的字数不能太少，也不能太多。因此，相关科研部门对结项报告的字数一般都有具体规定，如某省级科研部门规定课题结项报告的字数为10,000字符以上，某市级科研部门规定课题结项报告的字数为3000～20,000字符。

我们发现，部分教师的结项报告内容有拼凑字数的嫌疑，主要体现在以下三个方面。一是把开题报告中的内容几乎全部照搬过来，如把研究背景、研究目的和意义、文献综述、研究目标、研究内容、研究方法、研究价值和创新点、研究计划、课题组成员分工、研究条件保障等都堆砌在结项报告中。而我们认为，尽管开题报告和结项报告有相通的地方，但二者的内容应该有所区别，不能把开题报告中的内容都堆砌到结项报告中来，甚至我们认为这有一种凑字数的嫌疑。二是案例或课例太多太长。我们认为可以根据内容需要，适当插入案例或者课例来丰富结项报告内容。但我们发现部分教师插入案例太多，有时在做法中插入四五个案例，而且案例内容基本上都是同质的。另外，部分教师把一节课的整个课例（四五页内容）都插入结项报告中，而不是有选择地插入部分相关课例内容。三是部分教师结项报告的参考文献足有十几个甚至二十多个，有凑字数的嫌疑。我们不禁要问：你真的参考了那么多文献资料吗？至于这些参考文献从哪来的，我们不得而知。而事实上，我们教师的结项报告内容都是我们教师自己的研究工作总结，都是自己撰写的，有没有参考文献是无所谓的。

七、拒绝查重

结项报告的网上查重工作是科研部门的一项重要工作。其目的很简单，就是要保证课题结项报告的质量和原创性，这是学术规范的重要体现，当然也是打击部分教师抄袭的重要手段。因此，有关科研部门对结项报告内容的文献重复率（相似度）都有明确规定，一旦超过规定的文献重复率即被淘汰。如某市级科研部门规定“文献重复率超过30% 将视为抄袭或剽窃等学术不端项目，直接予以淘汰”。

我们发现，部分教师有一个比较好的习惯，自觉自愿自费通过不同的查重软件进行网上查重工作，然后再进行修改或者完善。但我们也发现部分教师自信满满，拒绝查重，因为他们认为结项报告内容都是自己写的，最多是引用了名人名家或者课程标准中的几句话，因此拒绝网上查重工作。事实上，这种想法是极其错误的，拒绝查重有可能会导致课题不能结项。我们曾经做过一个实验：把自己写的文章（没有引用）进行网上查重，结果发现文献重复率是12%。显然，即使是我们自己写的结项报告，文献重复率也在10% 左右。如果引用了名人名家或者课程标准中的话，那么文献重复率可能就会高于20%。而我们自己使用的查重软件往往是不太规范或准确的，那么文献重复率再上浮10%，最后就很容易突破相关科研部门规定的文献重复率“临界点”。

结 束 语

我们认为，一线教师结项报告中出现的上述七个“致命伤”，有可能会导致课题结项工作“前功尽弃”——无法通过结项。尽管这可能只是部分教师结项报告中存在的个别现象，但我们广大教师也应该引以为鉴，尽量避免，争取撰写一份优秀的结项报告。当然，我们撰写结项报告的过程，其实就是对研究过程的总结和梳理过程，是对课题实践过程的呈现和表达，更是对课题组成员心路历程的还原和记录。

我国著名儿童作家冰心说：“成功的花，人们只惊羡她现时的明艳！然而当初她的芽儿，浸透了奋斗的泪泉，洒遍了牺牲的血雨。”[1]

这首小诗，何尝不是我们这些中小学一线教师一年来辛勤科研的真实写照呢？一年来，我们教师有付出，也有收获，有忙忙碌碌，也有殚精竭虑，“浸透了奋斗的泪泉”，也“洒遍了牺牲的血雨”，因此今天才会有更加“明艳”的“成功的花”——优秀的结项报告。每一项优秀的结项报告，都凝结着课题组所有成员的汗水和心血，当然也给我们中小学教师带来了快乐与成长。

[1] 冰心：《繁星·春水》，人民文学出版社，2018年版。

结项画上休止符　科研应是无穷期

一

我们先看几名教师课题结项报告中“存在的问题”：

【案例1】

结项报告《基于培养学生时空观的初中历史教学研究》存在的问题：

1. 教师关于培养学生时空观案例的归纳整合还不够系统，部分学生资料的收集、整理、归类等工作滞后于研究活动的进展。

2. 课题组成员课题研究的相关理论素养相对较薄弱，对资源的整合能力还很有限，这使得课题研究和历史教学视野仍比较狭窄，能呈献给学生的历史天地还不够开阔。课题组成员还需大量阅读，汲取相关史学专著及论文的最新理念，不断改进、创新，为时空观教学注入新的能量。

3. 对学生时空观素养的评价形式不够多样，缺少发展性的评价。教师在实施时空观素养教学时，教学方式主要是通过课堂引导学生进行实践，客观性的评价主要是利用现成的试题，在考查时空观念素养的试题命制方面缺少研究和实践。

【案例2】

结项报告《小学高段学生课外阅读指导策略的研究》存在的问题：

1. 由于课题组成员中年轻老师居多，对小学生课外阅读方面的指导策略不够精细化，我们只能在探索的过程中根据学生的实际情况不断调整改进。

2. 学生的课外阅读习惯还有待加强。研究课题的教师在实施的过程中发现，班上有一部分学生没有养成良好的课外阅读习惯，只要老师停止了督促，学生就会在课外阅读上有所懈怠。

【案例3】

结项报告《小学数学错题资源利用研究》存在的问题：

1. 关于错题的整理利用，一些后进生在错题收集整理上数量过大，在订正方面困难较多。

2. 关于错题资源的利用研究，贵在持之以恒，在培养学生整理错题的意识上还需要加强，并希望有更多的教师参与进来一起研讨，最好将本课题进行推广。

【案例4】

结项报告《小学低年级绘趣阅读的实践与研究》存在的问题：

1. 课题组成员对理论知识的掌握不够广泛、扎实，需要进一步开发新的阅读课程，加强课程开发和学生评价方面的理论学习。

2. 虽然此次课题研究得到了家长的支持，但是由于没有对家长进行系统培训和指导，导致部分家长过于依赖老师设计的导读单，无法高质量地自主指导学生进行亲子阅读。

【案例5】

结项报告《高中数学课堂竞争机制创设方式研究——自媒体的应用》存在的问题：

1. 很少一部分教师对新的竞争模式还不太适应，担心这种新型的教学模式会影响教学质量和课堂纪律，课堂上学生的主体地位体现得不够充分。

2. 学生的参与度不均衡。对于自媒体大背景下的竞争机制，优等生的参与机会略多一些。

3. 由于我们科研能力和理论水平有限，本课题的研究缺乏宏观与理论上的把握。

【案例6】

结项报告《小学低年级学生古诗词学习生活常态化的策略研究》存在的问题：

1. 我们XX路小学家长素质普遍还是比较高的，能够比较好地理解我们课题组老师做课题的意图，支持我们的做法。这也是课题进行顺利、效果较好的重要原因之一。但是仍有一小部分家长只看到孩子眼前的试卷成绩，忽视了学生的语文素养。而语文素养的提升需要长时间的积累才能显现出来。这部分家长从心里不重视古诗词的学习，配合度比较低，导致孩子的背诵积累无法扎扎实实完成，导致学习效果不好。

2. 课题研究的过程中，我们课题组的老师觉得最不好把握的环节是评价环节。评价环节其中有一部分是需要家长来帮助记录，积分后进行分层级的表彰奖励。但怎样能给孩子们的学习活动一个更为客观公正的评价，以及使评价的过程更多样、多元化，从而更好地激发学生学习古诗词的热情，是课题下一步需要深入思考的问题。

3. 接下来学生已经进入中年级，已经有了大量的诗词积累。我们的古诗词群文阅读课的主题再深入一步，比如“孤独”“登高怀远”“诗中的月”等，从体会诗情的角度，引导学生进行古诗词的赏析，逐步培养学生独特、独立的审美品位和诗词鉴赏能力。

【案例7】

结项报告《从整本书的原生价值中寻找教学价值及文化价值的实践研究》存在的问题：

1. 阅读时间仍然不够，阅读进度难以保持一致。部分学生因为作业负担或升学压力（九年级）等因素，阅读活动断断续续或基本停滞。另外像《水浒传》这样篇幅较长的作品，阅读周期较长，部分未养成阅读习惯、对读书兴趣淡薄的学生，平时尤其是假期的阅读时间和效果均难以保证。学生的阅读背景、速度和体验都不尽相同，开展活动时，呈现的效果也因为其阅读情况不同而参差不齐。另外还存在一些家长和班主任不认可阅读的作用和价值，阻挠甚至制止孩子的阅读活动的情况，都导致了阅读时间仍然匮乏的问题。

2. 对“整本书”的理解受限于师生当下的阅读能力。囿于执教教师的积累、视野、气质类型等因素，对整本书文本解读的深度还参差不齐，甚至有时在试错之后才发现某个角度或某种方式是不合适的，耽误了宝贵的教学时间。另外，学生自身的阅读能力也直接影响到其对文本的接受度及鉴赏、理解程度。

3. 课上教授的阅读方法在课下阅读中的具体实施情况难以及时检测。比如《小王子》《鲁宾逊漂流记》两节课均进行了人物形象的探讨，但因为时间等因素的限制，课上所授分析人物的方法，学生能否运用到课下其他群文阅读活动中，未能得到及时落实。

4. 考试仍是唯一有力的评价方式。尽管我们已经在“整本书”的阅读和教学中开展多种活动，尽可能多地拓展评价范围，丰富评价形式，但就现状看，在升学压力的驱动下，考试和分数仍是最有力的评价方式。单一且局限的考题很难实现刺激学生阅读兴趣、保持学生阅读热情以及最大限度呈现学生阅读效果的目的。

5. 初中阶段的名著类型中，目前我们课题组探究较多的是小说、散文等叙事性文本，其他类型的整本书阅读教学几乎空白，需要进一步探索。

【案例8】

结项报告《小学高年级语文随文小练笔的实践研究》存在的问题：

1. 理论学习不够广泛、深入、系统。小学高年级随文练笔的有效性策略研究的理论学习是课题研究的前提，也是课题研究强有力的保障。由于能搜集到的国内相关理论有限，教师教学任务较重，很难全身心地投入到研究中去，因而影响了研究的效果，所以今后我们会克服种种困难加强理论学习。

2. 在随文练笔指导中，没能很好地照顾到各个层次学生的需要。特别是有些学生还把随文练笔当成一种负担。该怎样激发这部分的学生内在潜能呢，作为老师的我们不能放弃。

3. 对随文小练笔阅读教学模式的评价和检测不够完善。对学生随文小练笔阅读教学模式的评价和检测，具体如何操作，如何实施，也是我们今后要研究的问题。

二

随着一年一度课题研究工作的结束，老师们都已经提交了课题的结项报告。这标志着一个课题研究周期的结束，而另一个新的课题研究周期即将来临。那么，这个新的课题研究周期起点在哪里呢？事实上，我们在结项报告的内容中已经“埋下了伏笔”，即课题研究“存在的问题”。

上述我们列举的八个案例，就是我们部分中小学教师课题结项报告的部分内容，即“存在的问题”部分。显然这八个课题的研究新周期，就是从这里开始的。当然，新的课题研究周期，未必都要以课题的方式即填写课题立项申报书进行，而是仍然在原来的研究方式基础上继续开展研究工作，最好保持课题组成员、研究方法、研究基础以及研究对象的稳定性（也可以根据具体情况自行调整）。

我们对这八个案例中“存在的问题”进行分析，大致可以归类为这样三种问题类型：

1. 课题研究过程中遇到的新问题。如阅读时间仍然不够，阅读进度难以保持一致；学生的参与度不均衡，对于自媒体大背景下的竞争机制，优等生的参与机会略多一些；学生的课外阅读习惯还有待加强，班上有一部分学生没有养成良好的课外阅读习惯，只要老师停止了督促，学生就会在课外阅读上有所懈怠；初中阶段的名著类型中，目前课题组探究较多的是小说、散文等叙事性文本，其他类型的整本书阅读教学几乎空白，需要进一步探索；等等。这些问题是在原有问题的研究过程中，又新发现的一些具体问题。那么，这些问题相对比较明确、具体，是真实的问题，也是比较棘手的问题。

2. 课题研究方法的问题。如理论学习不够广泛、深入、系统，由于能搜集到的国内相关理论有限，今后我们会克服种种困难加强理论学习；课题组成员的相关理论素养相对较薄弱，对资源的整合能力还很有限；由于我们科研能力和理论水平有限，本课题的研究缺乏宏观与理论上的把握；等等。这些问题属于课题研究的具体方法问题，也属于科研相关的基本知识内容。

3. 课题本身以外的困惑或者难题。如一些家长和班主任不认可阅读的作用和价值，阻挠甚至制止孩子的阅读活动的情况，都导致了阅读时间仍然匮乏的问题；就现状看，在升学压力的驱动下，考试和分数仍是最有力的评价方式，单一且局限的考题很难实现刺激学生阅读兴趣、保持学生阅读热情以及最大限度呈现学生阅读效果的目的；等等。这些问题往往是大环境因素造成的，属于教师个人能力之外的难题，而这些难题往往教师自身难以解决或者解决起来比较困难。

显然，在中小学教师的研究过程中，这三类问题都或多或少地存在着，即使课题已经结题了，但这三类问题依然存在。从以往的研究经验来看，第一类问题往往是最多也是最亟待解决的问题，当然也是最具有研究价值的问题。因此，作为课题组成员，我们应认真看待和正确处理这三类问题。

第一类问题，是课题研究过程中遇到的新问题，是具体而真实的问题。这些问题，是与课题密切联系的问题，也是课题延伸出来的新问题，因此这就是我们中小学教师下一步的课题研究方向。也就是说，从研究周期来说，一年的研究时间到了，我们的课题需要进行结项，那么我们课题组成员只能就目前研究解决的问题进行总结和提炼，形成结项报告；而像这类还没有解决的问题，就可以作为下一个课题的研究方向或选题方向。第二类问题，属于课题研究的具体方法问题，这需要课题组成员多阅读相关的科研专著或者相关科研理论，也可以向相关的科研专家咨询。这种科研理念性的问题，一般相对比较容易解决。第三类问题，属于教师个人能力之外的难题，这一类问题往往是教师个人能力短期内无法解决或者解决不了的问题，这类问题往往是由社会大环境决定的。那么，对于这类问题，我们中小学教师只能适应这个大环境或者在这个大环境之下做一点力所能及的事情。当然，也可以变通一下问题解决的思维方式。

三

课题研究“只有结题，没有结束”，这是我们中小学教师一贯遵循的一个科研理念。道理其实很简单，因为一项课题往往是有一定的研究周期的，如校级课题一般是一个学期或者两三个月，市级或区级课题一般是一年，而省级课题一般是两年时间。也就是说，每一个级别的课题研究周期是不太一致的。随着研究周期的结束，课题需要进行结项，一般是不能延长周期的。但事实上，我们会发现，研究周期结束的时候，课题组成员往往还有一些问题并没有解决，即部分研究任务没有完成。因此，课题组成员第二年仍然需要进一步地开展研究工作，才能逐步解决与该课题相关的研究任务。而第二个研究周期结束的时候，如果还有与该课题相关的问题没有解决，那么第三年则继续开展研究工作……以此类推，第四年、第五年……直至与该课题相关的问题基本上都得到了有效解决。

由此可见，一项课题的研究工作可以顺延若干年，可以不断地解决遇到的新问题。因此，我们中小学教师的一项课题研究3～5年，是完全有可能的，而且也是有必要的。我们之所以在每年的结项报告中要求课题组成员梳理一下“存在的问题”，目的就是希望我们的中小学教师对课题研究工作不要浅尝辄止，而是要“刨根问底”，多深入开展几年研究工作。

对一个问题进行深入探讨和研究，这样做的价值在于：对问题的思考更深入，对问题的解决更彻底，进而以该问题为“轴心”，辐射到某一个学科领域。当然，在解决这个问题的过程中，我们中小学教师的问题意识、探究意识、思考能力、合作与沟通能力、坚毅与耐心品质、课堂教学的改进能力等也不断提高了，而这些恰恰就是我们中小学教师专业成长的体现。

结 束 语

肖川教授对中小学教师专业成长持有的观点是：“教师的专业成熟包括这样三个方面的内容：专业眼光——能用发展的眼光、教育的眼光看待学生和用整体的、和谐的眼光看待教育性活动；专业品质——建基于教育理想与信念、体现于日常的细微的行为之中的以身作则、率先垂范；专业技能——课堂监控、演示讲解、练习指导等方面的技能。”[1]

显然，中小学教师的专业成熟即专业眼光、专业品质和专业技能不是一蹴而就的，更不是从天而降的，而是要经过一个漫长而艰苦的修炼过程。那么，在这个修炼过程中，我们认为科研起到了重要的推动作用。我们始终认为，科研是教师专业成长的一条“捷径”。

正如苏霍姆林斯基所说：“教师的工作就其本身的逻辑、哲学基础和创造性质来说，本来就不可能不带有研究因素。这首先是因为，我们与之交往的每一个个体，在一定程度上说都是一个具有自己的思想、情感和兴趣的独一

[1] 肖川：《教育的理想与信念》，岳麓书社，2000年版。

无二的世界……”[1]

最后，我们希望中小学教师都能够静下心来，就某一项课题深入、持久地开展研究工作，研究3～5年甚至更长的时间。那么，我们相信你一定就会成为某一学科或者领域的“专家”。

我们期待着，中小学拥有更多的“研究型”教师，这是教育之幸，学生之福。

[1] 苏霍姆林斯基:《和青年校长的谈话》,《苏姆霍林斯基选集》第四卷，教育科学出版社，2001年版。

第六章　科研管理谱写工作新篇

科研需要引领，科研需要管理。作为学校或区域科研管理部门，做好科研管理工作是分内之事和职责。不言而喻，一所学校乃至一个区域科研工作的开展及其功能发挥，很大程度上取决于科研管理的成效。

本章内容，回答了基层学校立项难、教研与科研的关系、科研指导能力提高、科研点面结合、学校领导参与研究、课题立项影响因素等科研管理中的困惑，希望能有助于您理清科研管理方向与思路，提升学校或区域的教科研水平。

如何破解基层学校课题立项难“困局”？

一、案例呈现

我们先看一组课题立项的数据信息：

【案例1】

经开区XX小学申报市级课题10项，通过2项；二七区XX学校申报课题8项，通过2项；中原区XX小学申报市级课题15项，通过4项；郑州XX中学，申报课题10项，通过2项；郑州XX中学，申报课题18项，通过11项……

我们再看部分学校领导的反馈信息：

【案例2】

我们去中小学校调研时，发现无论教科室主任还是校长，首先谈论的话题就是今年的课题立项情况，有报喜的也有报忧的。报喜的是今年立项省市区级课题多少多少项，眉飞色舞，一种自豪感由内到外地从灿烂的笑脸上都体现出来了，好像是获得一种巨大的荣誉似的。但更多的学校领导是报忧的，普遍反映说今年的课题立项率低，其中某学校的教学校长这样反映说：“……老师申报课题的积极性很受打击呀，此次课题申报老师们很认真，我们自己也两次把关，XX（相关部门）还给予了细致专业的指导，现在需要帮我们分析一下存在的问题，想邀请您来基地校把把脉，指导指导，调动调动老师们的积极性。”

二、案例分析

案例1中，从几组数据来看，每个学校的市级课题立项通过率是不一样的，有多有少，最低的立项通过率是20%，最高的立项通过率是61%。从某种意义上来说，这样的立项率也合乎常理，因为每一所学校的课题质量应该是不一样的。从以往的经验来看，学校能够重视、教科室主任负责并且业务能力强的学校，往往立项通过率相对就高，反之立项通过率就会低一点。

案例2反映了目前各所学校都比较重视课题立项申报工作，尤其格外关注学校老师们的课题立项通过率情况，当然除市级课题外，对其他如省级或区级课题也比较重视。其中，部分学校之所以格外关注课题立项通过率，主要是因为这些学校非常重视课题立项工作，认真把关，专业指导，而立项通过率却没有达到预期的目标，因此比较失望和不解。

对于课题研究，无论学校的领导是喜还是忧，无论是从哪个角度来关注，都一定程度上说明了学校目前已经比较在乎课题研究工作了。应该说，这是一件好事，我们隐隐约约也看到课题研究工作似乎已经从“丑小鸭”变成了“白天鹅”。课题研究工作引起了基层学校领导和教师的广泛重视，对曾经“荒漠”中的中小学科研本身来说，是一件好事，也是一件值得庆贺的事情。那么，如何解决因指标的限制而打击广大一线中小学教师科研的积极性呢？如何让这为数不多的申报指标发挥巨大的引领或者激励作用呢？这是我们每一所学校领导都应该关注和思考的问题。

三、如何破解课题立项难的困局？

那么，学校的课题申报工作，如何既能满足教师的功利性需要，同时也能够兼顾让教师真正做一些课题研究工作呢？或者换一句话说，我们学校怎样让教师把课题研究工作和功利性需要有机结合起来？这是一名校长智慧的体现。

我们认为，加强校级课题研究工作，教师全员参与小课题研究，这是一个可以值得借鉴的解决方案。具体操作思路如下，仅供参考：

1. 加强各级各类课题申报工作的层次性。

从课题研究的层次性来说，从低到高分别是校级课题、区（县、市）级课题、市级课题和省级课题（国家级课题就不说了，基层学校承担的可能性几乎为零），课题申报呈现“梯级状”。我们建议，学校每一年申报上一级课题，都要从上一年的下一级课题中产生，如果上一年没有下一级课题，那么就不能申报上一级课题。

比如，该教师要申报区（县、市）级课题，那么上一年就必须有校级课题；该校教师要申报市级课题，那么上一年就必须有区（县、市）级课题，否则无法申报市级课题。同理，如果要申报省级课题，那么他上一年就必须有市级课题。如此一来，教师要想申报上一级课题，都必须有校级课题，因此校级课题是所有级别课题申报的基础和前提。

2. 学校要务必做好各级各类课题的组织推荐工作。

由于各级各类课题申报的指标限制，每年向上一级申报课题的数量还是僧多粥少、口多食寡。因此，在向上一级申报课题时要做好课题的组织推荐和申报工作，尤其是学校的领导班子成员不能出现“加塞”现象，整个组织推荐过程做到阳光操作，公示公开。

课题的组织推荐工作，即把上一年课题研究工作做得最好的课题成果筛选出来，最好要有课题研究的成果展示、答辩、公示等环节，如果必要的话可以邀请科研专家参与活动，然后再向上一级进行课题的推荐和申报。这样做的价值在于，教师不仅要有下一级的课题，而且还要保证上一年对该课题认真进行了研究工作，并取得了一些好的研究效果。当然，由于课题的研究质量较高，在向上一级推荐时课题通过率也相应会大幅度提高。

俗话说，课题研究工作“只有结题，没有结束”。即使已经取得一定研究成果的课题，也应该还有一些问题需要解决，因此向上一级申报课题时，可以根据新的问题进行课题选题。这样一来，就保证了课题研究工作的延续性，使课题研究向纵深推进。事实上，对于我们广大中小学教师的研究课题而言，一项课题研究3～5年一般是没问题的。随着课题研究的逐步深入，课题的研究价值就会得到更大的体现，教师也就慢慢成为某一课题研究领域的“专家”，“研究型”教师也就呼之欲出。

3. 尽量做到课题研究工作的功利性和实用性有机结合。

在各级各类课题中，校级课题是最低级别的课题。校级课题做得好不好，直接决定了该课题能否向上一级部门推荐申报。这样一来，我们的教师对待课题研究工作也就不敢马马虎虎、敷衍了事。要实实在在地做一些课题研究工作，就必须让课题研究回归到课题的本源，即基于日常教育教学过程中实际问题的研究。因为只有扎扎实实、认认真真地做课题研究工作，才会“瓜熟蒂落”，才可能有机会被推荐。

只有在做好校级课题的基础上，广大教师才有机会得到上一级的课题结项或成果证书，才能满足评职称或者晋级的需要。也就是说，各级各类课题的获奖证书已经成为课题研究工作的“副产品”，是课题研究工作扎扎实实有效开展的结果。这样，我们的广大一线教师眼里就不再是“投机”或“功利”，而是要对课题研究工作进行真正的“投资”了。

四、校级课题研究是一切课题研究之源

众所周知，由于各级各类课题都有指标的限制，因此从学校到区（县、市）再到市级课题甚至更高级别的课题申报，能够立项通过的比例其实并不是太高。为了保证各基层学校课题申报工作的有序性，不至于出现混乱状态，各相关部门在课题立项通知中就对每个学校的具体申报指标数量进行了分配，并在申报系统上进行了指标的设置。

课题的级别越高，课题的立项通过率就会越低，这是一个普遍规律。不得不承认的事实是，我们相当多的教师之所以“积极”申报课题，显然具有较强的功利性和目的性，即评职称的需要。当然，教师的这种“功利”心理和行为我们无可指责，更不能上纲上线地进行批判或恶意攻击。

我们认为，校级课题研究工作是各级各类课题研究的起点。离开了校级课题的研究工作，其他级别的课题研究工作也就失去了课题研究之本。当然，在向上一级进行课题推荐或申报时，可以灵活掌握，多种方式有机结合。如，可以对原有的课题进行“重复”申报，课题名称不变，对原有的问题进行再研究；可以在原有的课题基础上进行申报，对课题名称可以进行调整，对课题研究过程中遇到的新问题进行进一步的研究；可以根据实际情况，更换新的研究课题进行推荐和申报；等等。总之，我们要善待老师们，尊重他们的意见，只要老师们认真做好校级课题研究工作，就要尽量给他们提供向上一级申报研究课题的平台和机会。

我们经常在一些学校做科研报告，发现有些学校的老师听报告时特别认

真，记笔记，提问题，而且还能够积极主动地参与科研互动；而有些学校的部分老师听报告时，不是玩手机就是小声说话或者批改作业，等等，并没有认真去听。这两种情况的原因，一方面可能和报告本身的质量有关，另一方面可能是部分教师对报告没兴趣，是学校领导“强迫”去听的。那么，教师为什么没有兴趣听报告？主要因素可能是他认为报告内容与他无关，或者没有认识到报告的重要性。从某种意义上来说，科研报告应该与所有教师都有着或多或少的关系，但为什么部分教师却没有这种意识呢？这是值得我们思考的现象。不言而喻，这部分没兴趣听报告的教师，很显然意识中认为报告和他无关，或者是认为“科研无用”。

那么，学校领导如何改变这部分教师的观念，这考验着一所学校领导的智慧。我们要让广大教师树立正确的课题研究观念，就要让学校所有教师的课题研究工作都从校级课题研究出发，不能逾越，做真正的课题研究工作。我想，只要我们学校领导持之以恒地坚持下去，我们相信基层学校课题研究工作的“春天”就不会太远了。

教研、科研的区别与联系是什么?

一、教研与科研困惑引发的思考

什么是教研?

什么是科研?

教研与科研的联系在哪里?

教研与科研的区别在哪里?

我们中小学教师需要什么样的教研和科研活动?

教研和科研对我们中小学教师专业成长的作用在哪里?

教研与科研对中小学校发展的价值体现在哪里?

……

这一系列关于教研与科研的困惑，都是我们中小学校比较关心的热点话题。尽管我们的许多中小学校对科研和教研越来越重视，但在与部分中小学一线教师接触过程中，我们仍然发现还有相当一部分中小学校的校领导、教师对教研与科研工作认识不清、定位不准、思路不明，视教研为科研，把科研当作教研，或者重视教研轻视科研，或者把教研与科研混为一谈，或者把教研与科研人为地分割开来，等等。

显然，中小学教师对教研与科研的认识和定位不清晰，导致了学校的教研与科研工作比较被动。那么，如何理清教研与科研的内涵、联系和区别，从而促进中小学教师更好地开展教研与科研工作，推动学校教育教学质量的整体提高?

二、教研与科研的内涵

（一）什么是教研？

百度百科认为，教研即教学研究，是指总结教学经验，发现教学问题，指导教学方法。

不难看出，教研的内涵应包含三个方面的主要内容。一是指对日常学科教学工作经验的总结与分享。对每一名教师来说，个人的教学经验是一笔宝贵财富，需要及时总结。在教研活动中，大家彼此分享教学经验，促进共同的专业成长。二是对学科教学中具体的教学现象和出现的实践问题而进行的微观研究活动。这种教研活动实质上就是具体的学科教学研究活动，教研的内容直接来自于日常教学实践中的实际问题，教研的成果直接为日常的教学实践服务。三是指学科教学方法的指导。对于中小学一线教师尤其是年轻教师来说，最缺乏的不是学科知识内容，而是如何把学科知识内容有效地传授给学生。那么，教研活动就是中小学教师进行学科教学方法学习或完善改进的途径，当然也可以邀请有经验的教师或教研员进行教学方法的指导。因此，中小学校的教研活动是经验总结分享、微观研究和教学方法指导的有机结合，是群众性、普及性和实践性为一体的常态化教学研究活动。

著名教育家马卡连柯曾说："如果有五个能力较弱的教师团结在一个集体里，受着一种思想、一种原则、一种作风的鼓舞，能齐心一致工作的话，那就比十个各随己愿地单独行动的优良教师要好得多。"[1] 就中小学校而言，教研活动就是一种常态化的学科教学分享、研究和指导活动，以促进全体学生的健康发展和全体教师的专业成长为目的，以各学科的课程内容和教师日常教学过程中所遇到的各种具体教学问题为研究对象，以广大教师为主体，以有经验的教师或教研人员为指导的实践性探究活动。

教研活动为中小学校广大教师提供了经验分享、集体交流、团队合作、

[1] 吴式颖：《马卡连柯教育文集》（上、下卷），人民教育出版社，2005年版。

智慧碰撞的机会，是中小学教师享受教研快乐、体验教学幸福的重要时刻，是和谐人际关系的体现，是充分沟通与交流的殿堂。中小学校通过持续性、高品质的教研活动，极大地促进了中小学教师和睦相处、平等对话、携手进步和共同成长。这样的教研活动，往往是最有效、最难忘的，也是弥久历新的。这也是我们中小学校教研活动所孜孜追求的理想境界。

（二）什么是科研？

百度百科认为，科研是以教育理论为武器、以教育现象为对象、以科学方法为手段，并遵循一定的研究程序，有目的、有计划地获取新的教育科学规律性知识的创造性实践活动。在科研过程中，研究者将系统地采用科学的态度与方法研究教育现象，提炼教育经验，发现教育规律性知识。因此，科研是一种较高层次的研究活动。

那么，就中小学教师而言，科研就是基于自己日常教育教学过程中的问题解决过程。中小学教师的科研不同于专家学者的科研，是“草根式”的科研行为。事实上，在我们日常教育教学的过程中，科研无处不在。现代教育家陶行知说得好：“处处是创造之地，天天是创造之时，人人是创造之人，让我们至少走两步退一步，向着创造之路迈进吧。”[1] 如，发现了我们课堂教学中的瑕疵，发现就是科研；反思了我们的课堂教学行为，反思就是科研；整合了我们使用的国家教材，整合就是科研；开发了适合学生的校本课程，开发就是科研；调整了我们的课堂教学设计，调整就是科研……显然，科研就在我们身边，科研就是我们日常教育教学工作的重要组成部分。

中小学教师的科研，课题研究是科研的一种主要方式，但还包括更为多样化的研究方式，即教学反思、课堂观察、教育案例、教育叙事、读书心得、教育日记等。著名教育学者朱永新认为：“中小学教师搞教育科研，就是应该从记录教育现象、记录自己的感受、记录自己的思考开始，把这一串串的‘珍珠’串起来，那就是一根非常美丽的项链。”[2]

---

[1] 陶行知：《创造宣言》，《陶行知全集》，四川教育出版社，2005年版。

[2] 朱永新：《我的教育理想》，南京师范大学出版社，2000年版。

三、教研与科研的区别

教研与科研，是我们中小学教师比较熟悉的两个概念。二者既相互区别又相互联系，其中都包含着一个共同的关键词——研究。那么，教研与科研两种研究活动有什么区别呢？

（一）教研与科研的研究范围（研究内容）有大小之分

研究范围，也就是研究的内容。相比较而言，教研的研究范围小一点，而科研的研究范围要大许多。

中小学校的教研活动，其主要研究范围包括学校（或县市区）日常的教学内容、教学方法、教学设计、教学过程、教学手段、教学评价、课程建设以及教学工作的组织与管理等教学领域的真实、具体问题，教学以外的内容不属于教研的研究范围。因此，教研的研究范围往往直接来源于学校（或县市区）日常的教学活动实践本身，即教学研究，且大多都属于微观的研究。

科研的范围则相对比较大，既有微观的研究，又有宏观的研究；既有教学方面的研究，又有班级管理、心理健康、招生考试、社团活动、学生素养发展、教师专业成长等诸多方面的研究。科研的范围涵盖了一切教育现象和教育过程，不仅包括教育理论的研究，还包括教育实践的研究；不仅要对一所学校的教育教学工作研究，还要对一个区域（县市区或省级）甚至是一个国家的教育问题研究；不仅要研究教育的过去、现在，还要研究教育的未来和发展方向；等等。

由此可见，科研的范围要比教研的范围大得多，教研范围大多情况下只属于科研的微观研究方面——教学研究。也就是说，从研究范围来说，教研从属于科研，教研范围只是科研范围的一小部分。

（二）教研与科研的研究方式有差异

中小学校的教研方式一般分为三种情况。一是校本教研活动。如学校每周都有一个固定的教研活动时间安排，各教研组教师在教研组长的带领下，围绕某个教研主题组织教研活动，集中进行交流和研讨。二是区域性教研活动。一般是指上级（县市区）教研部门组织的教学指导活动，如各种优质课的比赛活动、听评课活动、落实课改精神活动、区域教研主题推动活动、期中期末或者中高考质量分析活动等，这些区域性的教研活动，是按照上级教研部门组织要求进行的。三是群众性的教研活动。包括学科组外出教研或者培训活动、学校共同体组织的教研活动以及同类学校的听评课观摩活动等，这些群众性的教研活动相对是比较分散的、个体的和临时性的。

中小学校的上述这些教研方式，实际上也都是有效的研究方式，是以集中交流、平等对话、经验分享、专家指导等方式进行的。在教研活动过程中，广大教师进行了思维的碰撞、智慧的分享，从而更新了自己的教学理念，改进了自己的教学方法，促进了自己的专业成长。因此，每一次高效的教研活动，实际上都是一次比较高效的研究活动，也是个人专业素养提升的过程。

中小学教师的科研方式也是多样化的。科研不仅仅是指做课题研究，而且还包括教学反思、课堂观察、教育案例、教育叙事、读书心得、教育日记等多样化研究方式。

课题研究相对时间比较长、难度比较大，是教师解决日常教育教学过程中问题的重要研究方式。课题研究一般包括发现问题、确定选题、制定方案、实施研究、中期评估、课题结项等多个环节，是有目的、有计划、系统的研究活动，是一个相对比较完整的连续性活动过程。

而教学反思、教育案例、教育叙事、读书心得、教育日记等研究方式，则相对比较简单、灵活、便捷，而且比较容易操作和把握，与课题研究是相辅相成的。显然，这些多样化的研究方式都是我们中小学教师所亟须的，都是教师个人专业成长的“助推器”。

（三）教研与科研的具体研究方法有差别

中小学教师进行的教研活动，往往都是自己在日常教学活动过程中遇到的具体问题研究，如教学方法、教学内容、教学环节、教学设计、教学评价、教学手段等方面的微型研究，是可以通过自我反思、专家指导以及文献研究等方式进行的。但在具体的研究方法上，教研往往都是教学实践的运用研究，即对已有的教育规律或教育成果的运用和实践，这种研究方法就是行动研究法。除行动研究法外，中小学教师在教研活动中还可以使用经验总结法。这是教研活动最常用的两种研究方法。

对于中小学教师而言，科研活动的研究范围比较大，因此研究方法也相对比较多。其中，中小学教师经常使用的研究方法主要有这样几种：文献研究法、行动研究法、调查研究法（包括观察法、访谈法、问卷法）、经验总结法、个案研究法、比较法、实验法等。就一项课题而言，可以使用一种研究方法，也可以是多种研究方法的有机结合。

由此可见，教研活动的研究方法相对比较单一，而科研活动的研究方法相对比较丰富。当然，无论是教研活动还是科研活动，研究方法都是根据研究活动本身的需要进行选择的，而不是越多越好。

（四）教研与科研的研究成果形式有区别

中小学校的教研活动，往往是中小学教师对日常教学活动过程中的某一种教学方法、某一点教学内容、某一个教学环节或某一课教学设计等方面问题的具体研究，是一种比较微型的研究。这种微型研究，主要体现在对自己原有教学方法、教学内容、教学环节、教学设计以及教学评价等内容进行完善和修改，使之更加趋于合理、科学、丰富。这种微型研究，可以通过自我反思、专家指导以及文献研究等方式进行。

因此，教研的研究成果形式，一般表现为教学课例、教学设计、教学方法、校本教材、教学设备、教学经验总结、教学过程管理总结等。这些形式的研究成果，往往来自于日常的教学实践，因此也可以直接运用到日常教学实践活动中，及时改进教学工作，有助于教学质量的提高。

中小学教师的科研活动形式是多样的，其研究活动主要包括教育教学工作经验的总结和提炼、教育教学过程中问题的解决过程、教育教学工作的个人反思、读书的思考与感悟、教育教学工作的心路历程等。科研活动形式的多样化，为中小学教师教育教学活动增添了无穷的魅力。

因此，科研的成果表现形式一般为研究报告、论文、专著、教学反思、读书心得、教育日志、教育案例、教育叙事等。当然，除了这些有形的研究成果，还包括无形的研究成果，主要体现为课堂教学效率的提高、学生的健康成长以及教师的专业发展等。这些无形研究成果虽然是我们看不见的，但也是实实在在地存在着，也是研究成果的表现形式。

（五）教研与科研的组织机构不同

由于工作性质有一定的差异，教研活动和科研活动的组织机构也有所不同，并分别由不同的组织机构组织开展教研活动与科研活动。

教研活动一般由各级教学研究室（简称教研室）负责组织工作。我国中小学目前实行的是三级教研制度，即省、地（市）、县三级教研室，并配备专门的研究和指导教学的人员——教研员，各中小学校也相应成立教导处或学科教研组。教研室的主要职责是组织和指导中小学教师开展教材教法研究、推动教学改革实验、组织教师培训学习活动以及开展教学经验交流等教研活动。

教研活动一般由各级教研室（包括学校教导处或学科教研组）负责组织，以学科为单位，以各级学科教研员或学科教研组长为主要负责人，合理、有序、科学地组织中小学各学科教师进行教研活动。

科研活动一般由各级教育科学研究所（简称教科所）负责组织工作。目前，我国的科研组织机构有四级，即国家（中国教育科学研究院）、省、地（市）、县四级教科所（教科院或教科室），并配备了专门的科研员（研究员），各中小学校也相应成立了教科室。当然，部分县（市）区没有设置专门的科研组织机构，但安排有专门的科研负责人。教科所的主要职能是紧跟教育形势、瞄准教育前沿、揭示教育规律、解决教育热点难点问题，做好三个服务工作，即服务教育改革发展、服务办学水平提升、服务教师专业成长。

科研活动一般由各级教科所（教科院或教科室）负责组织，以各级科研员（研究员）为主要负责人，对中小学校进行科研的普及、指导和管理工作。

如果就某一项研究课题而言，则是以课题组为主要组织形式，课题组成员往往由具有共同目标、相似学科、研究专长和爱好兴趣的中小学教师自发组成。课题主持人是课题的主要负责人，负责课题的管理、研究和指导，合理进行分工与合作，有序地开展课题研究工作。

四、教研与科研的内在联系

尽管教研与科研在诸多方面有所区别，但我们认为教研与科研的区别是相对的，二者都共同作用于我们中小学教师的日常教育教学工作，是密不可分的有机整体。教研是基础，科研是提升，教研与科研不仅是中小学校教育教学发展的两大“抓手”，也是促进中小学教师从“经验型”教师走向“研究型”教师的捷径。

著名特级教师余映潮在教育教学工作中把教研与科研融为了一体，曾经说过这样一段话，值得我们中小学每一名教师深思：“我曾充满深情地这样小结过我的教研工作：最有特色的是我坚持多年的抓好五支教师科研队伍的教研工作形式；最值得骄傲的是引领着教师们进行过长达16年的课堂教学艺术研究；最欣慰的是我的卓有成效的中学语文教研工作改变了很多基层教师的命运；最自豪的是我20多年独力支持，将一个以农村为主的地区的初中语文教学研究工作做得有声有色。”[1]

在中小学校，把教研与科研有机融合，以科研推动教研，以教研促进科研。教研与科研是中小学校开展教育教学工作不可或缺的“双翼”，有着不可分割的内在密切联系。具体体现如下：

（一）教研与科研都是基于教育教学真实问题的研究

中小学教师进行的教研活动，往往都是教师自己在日常教学活动过程中遇到的真实而具体问题的研究，如教学方法、教学内容、教学环节、教学设计、教学评价、教学手段等方面实际问题的微型研究。

中小学教师进行的科研活动，我们一直倡导的是进行小课题研究，宏观研究、比较研究、理论研究并不适合中小学教师。那么，科研活动也是基于中小学教师日常教育教学过程中真实问题的研究。

由此可见，尽管教研与科研活动的研究范围有小有大，但一般情况下都

[1] 余映潮：《我的“苦做”8法》，载于语文潮网站，2009年6月。

是中小学教师基于自己日常教育教学过程中实际而具体问题的研究，都属于小课题研究。

（二）教研与科研的研究目的具有一致性

在中小学校，教研活动与科研活动都是学校发展的重要组成部分。就中小学校教师而言，无论是进行教研活动还是科研活动，其研究目的都是解决自己在日常教育教学过程中遇到的实际问题。

著名语文特级教师余映潮说："作为一名优秀的力求上进的语文教师，坚持研究是提升自己的真正坦途。就教师的职业而言，积累决定底蕴。几十年坚持不懈的人，才有可能成为'专家'。细水长流，深刻思考，勤奋探究，一定能够让一位脚踏实地的奋斗者'化蛹为蝶'，脱颖而出。"[1] 中小学教师在解决实际问题的过程中，不断增强自己的问题意识，提高自己的反思能力，提升自己的经验总结能力，最终促进学生的健康发展和教师的专业成长。

（三）教研与科研的常用研究方法具有相似性

教研活动一般都是教学实践的运用研究，即对已有的教育规律或教育成果的运用，通过自我反思、专家指导以及文献研究等方式进行，因此经常会用到的研究方法有行动研究法和经验总结法。这也是教研活动最常用的研究方法。

与教研活动比较而言，中小学教师开展科研活动使用的研究方法比较多一些，如文献研究法、行动研究法、调查研究法（包括观察法、访谈法、问卷法）、经验总结法、个案研究法、比较法、实验法等。这其中包含行动研究法、经验总结法。

显而易见，无论是教研活动还是科研活动，中小学教师常用的研究方法都有行动研究法、经验总结法等。这是广大中小学教师比较喜欢的常用研究方法，当然也是教研与科研活动中最重要的两种研究方法。此外，文献研究法近年来也得到了广大中小学教师的青睐，也逐步成为教研与科研活动中比

[1] 余映潮：《致语文教师》，华东师范大学出版社，2013年版。

较常用的研究方法。

（四）教研是科研的载体，科研促进教研质量提升

中小学教师参加教研活动的频率和次数要远远高于科研活动，因此对教研活动最为熟悉和了解。但我们也发现，部分中小学校的教研活动中“教而不研”现象比较突出，因此教研活动往往形同虚设，教研的作用并没有充分发挥出来。

作为常态化的一种研究方式，教研活动的实践性非常强。教研活动也往往是以集中交流、平等对话、经验分享、专家指导等方式进行的。苏霍姆林斯基的成功经验启示我们：“教师必须要学会通过教研活动来提升自己的整体素质，教师完全可以通过教研活动来重塑自己的职业形象，教师有机会通过教研活动来形成一种新的工作与生活方式，教师应善于在和学生一起成长的过程中完善自我、成就事业。”[1] 在教研活动过程中，广大中小学教师的教学理念得到更新，教学方法得到改进，教学过程得到完善，教学评价得到优化，等等。但我们也发现，在相当多的教研活动中，只是其中的一部分问题可以得到及时有效的解决，而一部分问题可能比较棘手，当然也有可能在教研活动中产生新的问题，显然这些问题是教研活动本身难以解决的。那么，对于这些教研活动难以解决的问题，就有必要借助科研活动来解决，进而成为我们中小学教师的科研活动内容。

由此可见，教研活动中的问题往往是科研课题的重要来源，是科研活动的载体，也是科研活动的基础，教研活动为科研活动提供了较为丰富的研究素材和资源。与此同时，科研活动有助于教研活动中问题的解决，科研对教研具有指导作用，我们可以通过科研活动来提高教研活动的质量。

（五）科研成果的推广有赖于教研活动

对于广大中小学教师而言，做科研已经逐渐成为一种常态化的工作方式。当我们经过一段时间的深入研究或者课题结项后，往往会形成一定的有形科

---

[1] 赵海霞：《教师有效开展教研活动的基本策略》，载《教育艺术》，2012年7月。

研成果或无形的研究经验，这些科研成果或研究经验具有较强的应用价值和借鉴意义。那么，如何不让我们的这些科研成果“束之高阁”？如何不让我们的研究经验“自然消亡”？也就是说，如何做好科研成果或研究经验的推广与普及，是值得我们中小学校思考的问题。

教研活动往往是教学实践的运用研究，即对已有的教育规律或教育成果的运用，因此教研活动往往是实践性研究或应用性研究。那么，科研成果或者研究经验的推广就有赖于教研活动的开展。也就是说，我们中小学教师可以通过教研活动，使科研成果或研究经验能够真正在日常教学活动中“落地生根”——进行推广和运用，科研成果的价值才能得以真正体现。这也是教研活动的意义所在。

（六）教研与科研都是学校发展的动力“源泉”

在中小学校，教研活动与科研活动是相辅相成、相互依存的，都是学校教育教学工作开展的重要动力“源泉”。学校发展离开了教研活动，日常的教育教学工作难以正常、有序地开展；学校发展离开了科研活动，教育教学工作将难以得到高品质发展。中小学校只有教研与科研“齐步走”，学校发展才会更加稳健、高效和蒸蒸日上。

科研是教研的更高级表现形式，为教研活动的开展提供了思路、指导和路径。教研是科研的前提和基础，为科研活动提供了教育教学工作的问题与素材。在日常的教育教学过程中，只有通过科研活动，才会对教育教学工作实践中司空见惯的教育现象理解得更透彻、更深刻。同时，教研活动的有效开展，又为科研活动提供了扎实的研究基础和原始素材。

结束语

关于教研与科研，我们的部分中小学校领导、教师都有许多的困惑：什么是教研？什么是科研？教研与科研的区别和联系是什么？教研与科研活动对中小学的价值在哪里？

我们翻阅了大量的文献资料，发现没有多少人能够说得清、道得明。其中，大多数关于科研的文献资料，都是就科研院所或高校专家教授们的科研来论述的，理论性比较强，科学性要求也比较高。事实上，我们认为中小学教师的科研活动不能也不应该等同于科研院所或高校专家教授们的科研活动。顾泠沅认为，教师要有自己特点的教学理论表达方式，远离身边教学改革与发展实践的“研究”恐怕会高原缺氧。根据工作性质和实际需要，我们中小学一线教师应该有属于我们自己的科研方式。

通过对文献资料的整理和与部分一线教师的交流，我们对教研与科研的内涵、区别和联系等进行了系统的解读，也回答了部分中小学一线教师的一些困惑。当然，本文仅是一家之言，可能还有疏漏或理解片面的地方，希望大家能够斧正。我们希望通过本文，能够给中小学教师答疑解惑，能够真正促进中小学校搞好教研与科研活动，能够为学校发展和教师成长贡献绵薄之力。

我们希望，中小学校不仅要重视日常的教研活动，也要重视科研活动，真正实现教研与科研“两条腿”走路。教研与科研活动“齐步走”，才能够使学校发展更加稳健，也才能够促进学校的高品质发展。

最后，我们以苏联教育家苏霍姆林斯基的一句话作为结束语：“不研究事实就没有预见，就没有创造，就没有丰富而完满的精神生活，就不会对教师工作发生兴趣。不去研究、积累和分析事实，就会产生一种严重的缺点——缺乏热情和因循守旧。只有研究和分析事实，才能使教师从平凡的、极其平凡的事物中看出新东西。能够从平凡的、极其平凡的、司空见惯的事物中看出新的方面、新的特征、新的细节，——这是创造性劳动态度的一个重要条件。同时，这也是兴趣、灵感的源泉。”[1]

[1] 苏霍姆林斯基：《给教师的建议》(修订版，全一册)，杜殿坤编译，教育科学出版社，1984年版。

如何提高科研指导能力？

作为一名科研员，听过很多不同层次“专家”的科研指导。

在听“专家”科研指导的过程中，有欣喜，有失望，有如坐针毡，也有如沐春风。

如果把“专家”的科研指导能力进行分类的话，我们认为大概可以分为这样几种类型。

第一种类型：肯定、肯定还是肯定，只说好，不提问题。可能没有看出课题中的问题，也有可能不想说出课题中的问题。

第二种类型：有肯定，也提问题，肯定得多，问题提得少，或者问题点到为止。可能是对问题把握不准，也有可能给人“留情面”。往往提问题之前会说这样一句话：“不一定对啊，我提一点小小的建议。”

第三种类型：有肯定，也提问题。但我们把他指导的几个课题听完，发现他对所有课题的指导无论是肯定还是提问题，都大同小异，指导方法和内容几乎差不多。

第四种类型：有肯定，也提问题，肯定得少，问题提得多，但提出的问题往往都是细节性问题，如表述性问题、规范性问题、理论性问题等。提出的这些问题本身无可厚非，但这些都不是课题中最重要最核心的问题，并没有解决教师关心的问题，因此课题组成员听完指导之后还是一头雾水。

第五种类型：侃侃而谈，洋洋洒洒，理论一大套，新名词一大堆，避开课题的本身，游离于课题之外。课题组成员听得云里雾里，完全不知所云。没听之前本来还明白一点，但听了指导后却更加糊涂了。

第六种类型：否定、否定再否定，对课题一顿批评，哪儿哪儿都是问题，从题目到内容到格式到细节，一无是处。让人听着很不舒服，甚至大汗淋漓、无地自容。

第七种类型：不是简单地肯定和否定，而是抓住课题中的一些最核心的要素，如开题报告中的研究背景、研究内容、研究目标、课题组分工等最主要的内容，与课题组成员平等对话，系统梳理，理清思路。至于开题报告中一些共性的问题，如概念界定、现状综述、研究方法、研究计划、条件与保障、创新点及研究价值等不再单独一一指导，而是统一解读。这样，既能够节约时间，又能够抓住课题中最核心的要素，解答了课题组成员最关心的一些问题。课题组成员明确了课题研究思路，也有利于课题下一步的研究工作开展。

……

根据我们多年来的经验，“专家”的科研指导情况大致可以分为这样七个类型，尽管不一定完全准确，但我们相信有部分科研“专家”应该可以“对号入座”。需要说明的是，我们这里的科研“专家”是一个统称，而不是真正意义上科研院所里面的科研专家，其中包括科研员、兼职科研员、教科室主任、名师等进行过科研指导的教师。请您对照一下，看看自己属于哪一种类型的科研“专家”？

如今，中小学教师积极申报课题，主动参与课题研究工作，这是一个令人欣喜的好现象。但是，我们发现部分中小学教师在课题研究过程中总是遇到这样或那样的问题与困惑，以至于课题研究工作踟蹰不前或者半途而废。那么，这种情况下就需要有相关的科研“专家”对课题研究进行指导，促进课题研究工作顺利开展。显然，科研“专家”进行课题指导是有必要的，也是必需的。

有时，我们发现部分科研“专家”进行课题指导后，对课题的指导作用不大，课题组成员对课题研究工作仍然一头雾水。显然，这是课题指导不到位、不准确、不清晰的结果。比如上述七种类型的科研指导情况中，前五种科研“专家”的指导情况可能都会出现这样的结果。这样的“专家”科研指导，有时不仅不能解决课题组教师的问题与困惑，还有可能把课题组成员带到“茄子地”里去。

那么，如何才能提高科研指导能力呢？我们认为，这需要“专家”多做“功课”，做足“功课”，才能做到课题指导的有效性。具体体现在：

1. 要积极主持或参与课题研究工作。指导别人的课题，自己应该有做课题研究的一些经验和体会，知道课题研究的一些基本方法、步骤和思路。如果自己就没有课题研究的经验，那么对别人进行科研指导显然是勉为其难了。这是科研指导的最基本要求。

2. 科研指导之前要熟悉该课题的基本情况，了解该课题相关的研究内容，“备好课才能上好课”。

3. 科研指导时要首先肯定该课题的选题价值和意义。这个其实并不难，一般情况下中小学教师的课题都是来自于自己教育教学过程中的实际问题，都有一些较好的地方值得肯定。此外，中小学教师大都是“好面子”的，指导时尽量谦虚、友善一点，这样课题组成员才能比较容易接受和吸纳你提出的问题和建议。

4. 敢于指出课题中存在的问题，敢于让老师们提出自己的困惑。只要是课题中存在的问题，可以中肯地指出来，并说清楚课题的具体问题是什么，最好能说明理由。事实上，课题组成员是希望科研“专家”指出自己的问题的，只要你说得明白、清晰，切中要害。

5. 帮助课题组成员梳理一下课题研究思路，找到课题中的一些问题“关键点”，突破“重难点”，明确课题下一步的研究方向。其实，这才是课题组成员最需要、最欢迎的科研指导。

此外，要想提高个人的科研指导能力，还要多阅读一些相关教育理论或科研理论书刊，多提高自己的学科专业素养，多掌握一点科研指导方面的技巧等，这些也都是科研指导能力的重要组成部分。

对于我们中小学教师而言，课题研究其实很简单，基本上都是基于自己日常教育教学过程中实际问题的研究，因此课题研究就是问题解决的过程。著名教育家李镇西认为：“一个又一个教育难题，就是对我们的挑战。攻克这些难题，就是智慧的增长，就是教师的成长。学生不断给我们‘出难题’，就是在教我们当老师。所以我的第三个观点是：‘把每一个教育难题都当做科研课题，是最有效的专业成长。’”[1] 在课题研究过程中，课题组成员遇到一些问

[1] 李镇西：《学生教我当老师——2019年3月24日在哥伦比亚大学的演讲》，载微信公众号“镇西茶馆”，2019年3月25日。

题与困惑是正常现象，也是不可避免的现象。这些问题与困惑，往往就成了中小学教师课题研究过程中的“拦路虎”。往往在这个时候，最需要科研“专家”的指导，“专家”引领的价值也就体现出来了。

因此，我们的科研“专家”要真正急课题组成员之所急，真正解决课题组成员遇到的实际问题，帮助课题组成员明确课题下一步的研究思路和方向。

学校领导怎样参与课题研究?

笔者写过一篇文章《课题研究：学校领导不能只挂名不研究》，引起了广大教师的关注和讨论。在文中，我们以郑州市实验幼儿园的黄艳副园长能够积极主持并参与课题研究为例，进一步分析了目前部分学校领导只挂名不研究的普遍现象。我们的本意不是“抨击”某些只挂名不研究的学校领导，而是呼吁学校领导不能只挂名不研究，应该成为课题真正的主持者和研究者。

针对上述文章，部分中小学教师参与了讨论。有的老师说：“说得对，说得好。”有的老师说：“深以为然。”有的老师说：“确实是。”有的老师说：“领导很忙。局里开会啊，学校开会啊，应付检查啊，有时候也要上课啊。真正要参与科研很难，尤其是年龄偏大的领导。”有的老师说：“开会上课不能成为不做研究的理由吧？领导做研究影响更大，除非假研究……这是意识问题。很多特级教师和名校长都做研究的，仅仅做管理的校长，没有自己的一套经验和理论，力度是不够的。”有的老师说：“作为领导来说，他的主要任务是管理学校，对于老师来说，可以做课题，那么如何解决这个领导做研究的问题呢？我的想法是领导可以把自己的想法、思路或者一些做法，口述或者以其他的方式跟老师交流，然后老师呢，可以把这些信息做到研究里边，但是我不主张领导只挂名不研究。”有的老师说：“课题研究不能为了评职称而研究，应该成为教师成长的途径！如果哪一天职称跟课题、论文、优质课不挂钩，建立科研奖励制度就好了。”

……

从老师们的讨论情况来看，学校领导做课题研究只挂名不研究是一种普遍现象。学校领导只挂名不研究，带来的负面影响是显而易见的，比如，滋生学术腐败、制造教师矛盾、缺失专业引领、管理工作低效等，这显然对学校的长期发展是不利的。

事实上，我们的希望是学校领导不仅要挂名，还应研究。挂名是形式的要求，至少让老师们知道学校领导也在搞研究工作，起到了很好的引领和示范作用。研究是实际的需要，学校领导只有真做研究，做真研究，真正解决了学校发展过程中遇到的问题，才会带动更多的教师积极参与课题研究工作。据了解，某些相关科研部门在评选课题时，往往会对学校领导的课题有所倾斜，其最主要目的就是希望发挥学校领导的课题引领和示范作用。从某种意义上来说，学校领导对课题研究工作的重视程度、参与的积极性，对于一所学校的科研推动具有十分重要的影响作用。

作为学校领导来说，每天需要处理的事情千头万绪，因此不可能像大多数的普通教师一样能够静下心来，结合日常教育教学工作完整地做一项课题研究工作。那么，对于工作繁忙、压力巨大、迎检繁多的学校领导来说，怎样才能兼顾课题研究工作呢?

我们认为，可以从以下几个方面入手。一是聚焦问题。学校领导的课题研究，应该与中小学教师的课题研究一样，也是基于问题的研究。既然是学校领导主持的课题，那么，其问题自然来自于学校领导自己遇到的实际问题，即个人专业方面的问题或者学校管理方面的问题。因此，课题问题是学校领导提出来或者是学校领导班子集体讨论而来的。这是课题研究的起点和原点，也是课题研究工作的最重要环节。二是合理分工。在明确课题的问题之后，学校领导不可能有时间填写立项申报书和参与整个的课题研究过程，因此需要组建一个课题组，进行明确的课题分工。而且，我们建议明确一个实际的课题负责人，由这个课题负责人负责整个课题的研究和管理过程，包括课题选题、研究过程和课题结项等。三是尽可能参与。在研究过程中，如果有时间或者有条件，我们建议学校领导尽量多地参与课题研究的过程，当然也可以提出一些个人的想法，但我们不建议学校领导过多地干预课题研究工作。学校领导积极参与研究过程，既了解了课题研究的进展情况，也起到了督促课题研究的作用。四是专业指导。在课题研究过程中，课题组成员可能会遇到一些问题与困惑，这是一种正常的现象。如果我们的学校领导不能进行专业指导，那么可以想办法邀请相关的科研员给予专业指导，及时地为老师们答疑解惑，保证课题研究工作顺利开展。五是评价跟上。在课题研究过程中，课题组成员虽然有一定的分工，但每个成员的能力、付出是不一样的，因此学校领导要清楚每一名成员对该课题的贡献情况，并给予适当的精神鼓励。当然，如果有课题经费的话，也要给予一定的物质鼓励。

我们认为，如果学校领导挂名的课题做到了以上的几个方面，那么该课题研究工作就不会中途“流产”，更不会出现“只挂名不研究”的现象。每一项课题的研究工作都是一个过程，学校领导要多关注这个研究过程。只要研究过程扎实了，课题研究工作就一定会“开花结果”。而通过课题研究工作，也切实解决了学校发展过程中遇到的实际问题，提高了学校的教育教学质量。这是学校之幸、教师之福。

苏联教育家苏霍姆林斯基认为：“只有善于分析自己工作的教师，才能成为得力的、有经验的教师。在自己的工作中分析各种教育现象，正是向教育的智慧攀登的第一个阶梯。”[1] 他还说：“一名校长如果想引导老师们进行创造性的研究，借以丰富教师集体的精神生活，使每个教师都能确立起作为善于思考的和具有创造精神的个性的自尊感……那么你就应当是一位探索者和研究者，你自己没有火花就无法去点燃别人的火花。只有当学校里有一个具有创造精神的教师组成的核心时，才能形成一个真正的教师集体……向教师指出在日常工作过程中进行一些创造性的研究的可能性——这是学校领导的任务之一。每一位善于思考事实和分析事实的校长都能胜任这项任务。”[2]

由此可见，学校领导的第一身份是一名教师，然后才是学校的领导——教师中的教师。因此，学校领导应该具有双重的身份——既是研究者，又是科研的引领者和示范者。学校领导主持并参与科研工作，这是他们分内的事情，是学校教育教学工作本身的需要，也是学校教育教学工作的重要组成部分。

[1] 苏霍姆林斯基：《给教师的建议》（修订版，全一册），杜殿坤编译，教育科学出版社，1984年版。

[2] 苏霍姆林斯基：《和青年校长的谈话》，《苏霍姆林斯基选集》第四卷，教育科学出版社，2001年版。

点面结合，谱写工作与研究新篇章

一

我们先看一则案例：

【案例】

课题《初中青年教师成长的培养策略探究——以XX学校为例》的研究背景：

XX学校自建校以来，非常重视青年教师的培养工作，近三年入职的青年教师有50余人。他们年龄在22～27岁，有的刚从师范院校毕业，除了毕业前的实习经历，没有其他任何工作经历；有的有一两年工作经历，学历本科或研究生，怀揣育人理想踏进了教师行列。尽管学校想方设法引进专家对青年教师进行培训指导，教育主管部门每年也有针对青年教师的岗前培训，但是青年教师成长之路依旧充满了艰难险阻。经过多年实践，我们发现青年教师成长有一些共性问题，主要体现如下：

1. 上课基本流程不清楚。

青年教师拥有满腔热情，然而一个星期下来，大多听课教师会发现青年教师根本不会上课。要么把书本上的内容照本宣科搬到PPT上，要么讲课偏离了教学重难点。青年教师对本学科教学的基本流程、教学环节设计等还不清楚或不熟练。

2. 课堂管理能力有待加强。

面对突发事件不知所措：课堂上偶尔会有突发事件发生，面对这些情况该如何处理，是青年教师在工作之初遇到的问题之一。主要表现在：课堂上有调皮捣蛋学生接话茬，插科打诨，直接干扰课堂秩序，有的青年教师被气得在课堂上哭泣，有的甚至觉得学生欺负自己，躲到办公室委屈地哭，更有甚者对自己的职业都失去了信心。这样的例子不胜枚举，常常使得青年教师的教学陷入被动。如果处理得当，有助于师生关系的和谐发展与课堂效率的提高。

3. 班主任管理工作举步维艰。

新担任班主任的青年教师，工作更是困难重重。班级的卫生、纪律、宿舍管理、学生之间摩擦的处理、与学生家长的联络等，各种问题如雨后春笋般冒出来，使得青年教师东奔西突，像打地鼠一样，顾此失彼；而且对于优等生的培养、学困生的转化、习惯的养成、情感的沟通、心理问题的释疑、突发事件的解决等都是短板，青年班主任常常无计可施，疲于应付。

4. 课堂教学重难点把握不准。

工作一年以后，青年教师在各方面都有了进步，教学也稳定下来了。但是教学中对重难点和考点的把握还不精准，主要原因是做中考题较少以及对考试内容理解不透彻。

5. 不能上好一节好课。

青年教师在集体智慧下都能上好一节出彩的公开课，但是自己独自备课却很难上出一节精彩的优质课。如何准备一节好课，是青年教师目前比较关注的问题。在赛课中，在各种优质课比赛中，如果想取得好的成绩，就必须懂得如何准备一节好课。

6. 小课题研究能力需要提高。

在教学之初有许多问题，但每个人最主要的问题各不相同，很多人找不出自己教学中的主要问题，更不知道如何解决自己教学中的问题。学校领导要求进行小课题研究，但实际上青年教师并不知道如何真正开展课题研究，总是觉得很难，不知道如何入手。

……

上述这些问题，都是青年教师入职后亟须解决的难题。我们学校教师发展中心希望通过课题《初中青年教师成长的培养策略探究——以XX学校为例》进行一些研究工作，进一步促进我校青年教师的专业成长。

二

上述案例，取自某学校老师的课题《初中青年教师成长的培养策略探究——以XX学校为例》（部分内容略有修改）。我们只节选了课题的“研究背景”部分，即为什么要研究该课题，这也是该课题的核心内容部分。从该课题研究背景即问题的论述中，我们发现该教师要解决的问题比较多，主要体现为六个方面内容，即上课基本流程不清楚、课堂管理能力有待加强、班主任管理工作举步维艰、课堂教学重难点把握不准、不能上好一节好课、小课题研究能力需要提高等。

不难看出，这六个问题是该校青年教师专业成长过程中的突出问题，也是亟待解决的实际问题。我们经常说，问题即课题。那么，从这个意义上来说，该教师的选题本身没有太大的问题，因为这些问题显然都是学校需要解决的，而且也是必须尽快解决的难题。因此，该教师能够基于自己工作中遇到的实际问题而进行课题研究工作，这是非常难能可贵的，也是值得肯定的。

但是，如果从一项课题一年的研究时间（如果掐头去尾的话，研究时间充其量也就大半年）来说，这些问题能不能都得以有效解决，是值得商榷的。我们不妨再看看这六个问题（尽管有交叉的部分内容），相对都比较宏观，都是青年教师成长过程中比较棘手的难题。显然，一项课题一年内要解决这样六个较为宏观的问题，几乎是一件不可能完成的事情，因此课题很有可能是浅尝辄止，或者研究难以深入，甚至搁浅无法进行下去了。最后的结项报告，很有可能就是一份一年来的工作总结，里面难以有研究的成分。从另一方面来说，也会造成课题组成员的研究压力太大，工作量增多，时间和精力也付出太多，等等。如果出现这样的结果，显然是我们课题组成员不愿意看到的。

三

事实上，上述这个课题案例，暴露了我们部分教师对研究和工作关系的认识与理解存在误区。也就是说，该教师把研究和工作混为一体了，没有搞清楚二者之间的区别与联系，因此把研究当成了工作，把工作当成了研究。

或者还有一种认识误区：研究就是工作，工作就是研究。

我们认为，研究和工作的区别与联系就在于：我们平时工作的内容相当多且相当复杂，因此不可能也不必要把每一项工作都进行研究。显然，研究是从点开始的。这个点，就是平时工作中遇到的突出问题或者难点。而工作恰恰是从面上开展的，要兼顾全面，分内的每一项工作都不能缺少或者落下。点面结合，相辅相成，这就是我们工作和研究的最佳状态。如果我们的日常工作仅仅停留在面上，显然工作深入不够，工作效率难以保证，尤其是工作中遇到的一些棘手或者难点问题，就会影响和阻碍我们的正常工作开展，这可能也会导致我们工作的低效或者负效。苏霍姆林斯基认为："研究工作对教师来说，并不是什么神秘莫测和高不可攀的东西。不要一提研究就感到害怕。就其本来的基础来说，教师的劳动就是一种真正的创造性劳动，它是很接近于科学研究的。"[1] 因此，我们就有必要做一些研究工作，研究解决那些棘手或者难点问题。这些"棘手或者难点问题"就是点，就是我们要研究的内容。如果研究深入了，就能够保证我们的日常工作顺利开展，提高日常工作效率。这就是点与面的结合，也是工作和研究的有机结合。

不可否认，上述课题案例中提到的六个问题应该是真实、客观存在的，也是急需要解决的难题。实际上，这六个难题也是该学校教师发展中心的六项工作内容，而该教师刚好是学校教师发展中心负责人。也就是说，这六个问题既是该教师的工作内容，也是该教师的研究内容，因此二者是融为一体、不可分割的。在实际的研究和工作中，二者又是相对独立、相互并行的。我们的研究显然不是在干另外的一件事情，而是与工作形影相随、相伴而行的。与此同时，研究的过程是依附于日常工作进行的。

一方面，作为该教师的工作内容，这六个方面的工作显然不可偏废，都要作为日常工作正常开展。在常规工作开展过程中，需要对青年教师定期、分批进行培训、指导、督促、提高与考核等，而且要把青年教师的培养工作纳入到学校的工作计划之中。这就是平时的常规工作。另一方面，作为一项

[1] 苏霍姆林斯基：《给教师的建议》（修订版，全一册），杜殿坤编译，教育科学出版社，1984年版。

课题的研究内容，我们认为不是所有的工作内容都要作为课题研究的内容，而是通过对青年教师基本素质的深入分析，选择其中问题最为突出的一两个方面工作内容作为研究的内容。这样一来，研究内容就突出了重点和难点，也减轻了课题组的压力和精力，而且研究的效果也将会比较显著。

四

当然，日常工作中遇到的棘手或者难点问题，并非都要以课题的方式进行，研究方式可以多样化，课题研究只是研究的一种方式。此外，如果教师所负责的工作存在的突出问题比较多，那么可以把问题进行分解，由与工作相关的不同教师承担其中的某一个突出问题，进行深入研究工作。

研究与工作是相辅相成、相得益彰的。工作是研究的基础，研究是对工作的提升。没有工作，就不会遇到问题，研究也就不复存在了。因此，工作是研究的“源头活水”。没有研究，工作就会出现简单的、机械的重复，难以深入，浅尝辄止，而且枯燥乏味，缺乏工作的激情和信心。正如苏霍姆林斯基告诉我们：“不研究事实就没有预见，就没有创造，就没有丰富而完满的精神生活，就不会对教师工作发生兴趣……如果教师没有学会分析事实和创造教育现象，那么那些年复一年地重复发生的事情在他看来就是枯燥的、单调乏味的，他就会对自己的工作失掉兴趣。而如果教师没有兴趣，那么学习对儿童来说就会变成枯燥的事情。”[1] 因此，研究不能脱离工作，而工作也不能离开研究。

在研究中工作，在工作中研究。这是我们教师的一种理想的工作与研究状态。点面结合，就能谱写出工作与研究的新篇章。

---

[1] 苏霍姆林斯基：《给教师的建议》（修订版，全一册），杜殿坤编译，教育科学出版社，1984年版。

影响课题申报成功的因素有哪些？

我们先看两个案例：

【案例1】

XX 学校的一名主任给我打电话："XX 好，XX 老师的课题没有通过我们区里的评审，被刷掉了，咋回事？这个课题可是您亲自指导过的啊！记得当时您还说，这个课题选题和内容都很好！"我问她："你们学校这次通过了几个课题啊？"她说："我们学校的课题这次区里评审通过了七个。"我给她的解释是："我指导的课题不一定都能够被选上啊！再说，你们的课题已经入选七个了，你看看有多少学校入选课题超过七个的。这也有可能是由于数量指标的限制或其他因素吧！"

【案例2】

某区负责教科研的老师发给我一条与 XX 学校老师的交流信息，内容是这样的："XX 老师，咱们 XX 课题申报评审工作结束，我校报了三个，有一位老师的没有通过。您能不能抽时间看一下，她的问题出在哪里？小姑娘非常用心，之前也请 XX 主任指导过，她也改了好几次，这次没有通过，想看看是哪些地方不足。"然后，该区负责教科研的老师又给我发一条信息："我们被质问为什么你指导的课题没评上。"我的回复是："我指导的课题多了啊！都被选上啊？"

这是两个有关课题评选的案例。

这两个案例，都是老师对课题没有被评选上的疑惑。应该说，这两个老师的疑问具有一定的代表性。似乎在她们看来，自己的课题被 XX 科研人员指导过或者培训过，就能够理所当然地被选上。而且，这种心态的老师还不在少数吧！当然，老师们为了一个课题，利用课余时间辛辛苦苦接受培训，认真修改，结果没有被选上的心情是可以理解的。

那么，课题没有被上级相关科研部门选上，问题到底在哪里呢？我们不妨分析一下，课题能否入选的具体因素有哪些。

（一）课题本身的质量

课题能否入选，课题本身的质量显然是第一位的。虽然部分教师自认为课题已经修改了好几遍，也得到了某些科研专家的认可，但这并不能说明课题的质量就一定好。我们接到过相当多教师有关课题选题的咨询，发现有些老师“悟性高”，提供一个案例或者简单地交流一下，课题论证内容的撰写就能够“有模有样”的。而有部分老师，无论你怎么点评，提供什么样的案例，或者提供什么样的文章，课题论证内容的撰写还是有很多的问题。其中还有个别教师，你提供给她相关文章，让她认真阅读，这显然对课题论证内容的撰写是有所帮助的。但是，她很少读或不能深入研读，总是喜欢不停地问，课题质量显然令人担忧。当然，这只是个别现象，但这也说明了个别老师对待课题确实是不太用心。

我们认为，课题来自于教师自己在教育教学过程中遇到的实际问题，相关的科研专业人士只能起到指导作用，帮助课题组成员明确一下研究思路和方向。而课题质量如何，最终起作用的还是教师本人。因此，课题没有入选，首先要从自身找原因，而不能认为科研人员指导过就一定能够入选。当然一般情况下，被指导或者培训过，课题选题相对而言要规范一些，通过率也会高一些。

（二）课题数量指标的限制

每年，由于科研工作的需要，每一个科研部门的课题评选，都会有一定的数量指标限制，因此课题都会有一定的淘汰率。据了解，某县区课题初评时课题数量超过了分配数量指标的一倍还多，不得不经过几轮评选，结果还多出二三十篇。而且，这些课题的质量总体上来看都比较好，怎么办？如果按照课题质量的话，这二三十篇课题入选也是可以的，但数量指标有所限制，最后该县区教科室不得不忍痛割爱再淘汰了一部分课题。

再如，某校长给我打电话说：“区里给我们两个省级课题申报指标，而老师们都比较积极，申报了六项课题，怎么办？方便的话，你给我们老师的课题打打分，排排序，推选出两项课题吧！”我看了看学校老师申报的六项课题，质量都还不错。显然，该校也是因为课题的数量指标有限制，因此只能淘汰其中的四项课题了。就像案例1中的学校，已经入选了七项课题，应该说课题的入选比例已经很高了，这也说明该校老师课题的整体质量还是比较高的。当然，对部分县区教科室来说，他们也要兼顾所属学校之间课题的相对均衡性。但是，由于课题数量指标的限制，即使课题本身质量没多大的问题，往往也是难以入选的。

（三）课题评审的依据

每一个科研部门在课题评审时，制定的评审细则应该有所不同，因此即使是同一项课题，依据不同科研部门的评审细则，结果可能就会不一样或者大相径庭。那么，科研部门的评审依据来自哪里呢？一般而言，课题的评审依据主要来自于科研本身的属性，相关科研部门对科研的态度、认知水平和科研理念等。我们不可能要求每一个科研部门的评审依据都是一样的，也没有必要强求不同科研部门都是一个评审标准，当然这也是很难做到的。因此，我们教师申报哪一级课题时，要多关注和了解该级科研部门往年课题评审的相关信息，尽量做到课题申报的针对性和有效性。显然，我们教师只要有针对性地选题，课题入选的可能性就会高一点。

（四）评委的科研认知水平

评委首先是一个活生生的人，那么对事物的认知就会有自己的不同看法和不同判断标准。同理，对同一项课题，不同的评委可能观点也会不一样。有的评委可能打80分，有的评委可能打70分，而有的评委可能会打一个不及格的分数。这就是所谓的仁者见仁，智者见智。尽管相关科研部门也尽可能给评委提供了统一的评审细则，但评委的理解和把握可能会不一样，打分也就会有一定的差异。尤其是当前中小学科研水平整体偏低的情况下，评委的科研认知水平自然也是课题能否入选的重要影响因素。

当然，课题能否顺利入选，除上述的几个主要影响因素外，很可能还存在着其他一些不可确定的因素。因此，如果课题没有被选上，教师务必要放平心态，不要抱怨，不要指责，更不能自暴自弃。再者，每年都会有课题申报的机会，今年不行明年重来也不晚。只要想做课题，什么时候都不晚。正如 XX 学校的主任所说 ："我们认真对待，明年继续积极申报。"

从某种意义上来说，我们教师做课题研究工作，本身不是为了课题入选，更不是为了获奖，而是为了解决我们在教育教学过程中遇到的实际问题。这才是科研的最终目的，也是科研价值的最大体现。当然，也不排除我们中小学一线教师有一些功利性的需求，但这种需求应尽量淡化，教师应放平心态。如果我们教师真正把科研做到课堂上、做到班级中、做到课程里，那么我们相信"课题之花"一定会绽放开来。

职称评审之后，就不需要课题研究了吗？

我们先看两个案例：

【案例1】

与一名老教师交流，他总是习惯性地说这样一句话："我的高级职称已经评审过了，课题对我也没什么用了，主要是几个年轻教师还需要用，所以课题就挂我名，活都是他们干的呢！"事实上，说这句话的教师不在少数，尤其是一些高级职称评审过的老教师更是经常如是说。

【案例2】

某学校老师高级职称刚刚评审通过，一天她见我时和以前大不一样地说："XX 老师，以后我再也不用做课题了，也不会再麻烦你了。"说实话，该老师过去经常"麻烦"我，主要是因为不会做课题研究工作。事实上，我也没有觉得这是一种麻烦，反而认为该老师比较"谦虚好学"，自然也就比较喜欢"好为人师"。原来，她也是冲着评职称去的啊！

不难看出，相当数量的中小学高级教师不自觉地把课题和职称挂上了钩。在他们看来，做课题就是为了评职称，不评职称课题就没有什么用，就是一种负担或压力。我们很难想象，这些老师曾经的研究课题是怎样立项和结项的啊？我们不否认部分教师做课题研究的"功利性"——评职称的需要，但我们反对教师为了评职称而做课题研究工作。这种过于"功利性"的科研工作，非但不能促进教师的教育教学工作改进，反而会成为教师的一种工作负担和压力。也就是说，我们部分教师的课题研究不是基于教育教学工作过程中真实问题的研究，而是为科研而科研，为获得一个荣誉证书而科研，这等于给自己在正常工作之外又增加了一份额外的工作，这不就是一种工作负担吗？

显然，这样的课题研究工作，我们的部分教师自然而然就会感到很累，压力也很大，课题也就成了教育教学工作中一个不折不扣的负担。那么，我们中小学教师该如何看待科研呢？我国著名教育家魏书生曾经说过这样一段发人深省的话，他说："谈到科研，老师们常常以为那是教研所的专家学者的事。仔细分析，其实是我们每位教师分内的事，是每位教师心灵深处的需要。今天和昨天有什么不一样呢？上班、下班，备课、上课、批改作业，学生还是那些学生，同事还是那些同事，领导还是那些领导，校园没变，办公室没变，教室也没变。近乎呆板枯燥的生活，使人兴味索然，甚至使人厌烦……如果只当一名教书匠，用因循守旧的眼光看问题，教师工作真是又苦又累，又呆板枯燥。我引导老师们思考，为什么同样是教书，斯霞、于漪、钱梦龙、欧阳代娜等许多优秀教师却感觉幸福、快乐，充满了新奇感，工作充满了创造性？重要原因之一在于他们不是教书匠，而是教育科研工作者，是教育艺术家。他们总是从科学研究的角度看待教育教学工作。分析研究许多优秀教师的经历和他们的成果，人们不难发现，他们成功的一个重要原因就是能够从教育科研的角度看待自己的工作。"[1]

其实，魏书生就是一名科研型的教育专家。他之所以能够取得令人瞩目的教育成功，与他长期坚持不懈地开展科研工作密不可分。在魏书生看来，我们教师从事科研工作，是"我们每位教师分内的事，是每位教师心灵深处的需要"。他认为斯霞、于漪、钱梦龙、欧阳代娜等教育名家之所以成功，"一个重要原因就是能够从教育科研的角度看待自己的工作"。因此，他认为科研要注重研究的过程，他说："一线教师进行教育科研，如果过分注重结果，则比较难以起步。起步后，倘过分注重结果，也容易中途停顿……其实，研究过程本身就充满着乐趣……当老师们为自己研究的课题观察、了解学生的时候；当老师们为自己研究的课题积累各种数据的时候；当老师们有了一点体会，便自然流畅地写入科研日记的时候，这本身已经使老师们站到了一个更高更新的层次来看待自己的工作，他已经在自新，已经品尝到了科研的欢乐。"[2]

当然，在当前的教育大背景下，我们也不排除中小学教师科研的"功利性"需要——为了评职称。但我们认为，我们不能忘记科研工作的初衷——

---

[1] 魏书生：《教育改革与素质教育》，沈阳出版社，2000年版。

[2] 同上。

基于日常教育教学工作问题的研究，提升我们的教育教学质量。科研不是“摆设”，也不是“噱头”，更不是为了“装点门面”，而是实实在在的教育行为。我们可以适当地满足“功利性”需要，但我们的科研行为不能舍本逐末、轻重倒置，不能过于注重科研的结果和科研的“功利性”。

事实上，我们中小学教师高级职称评审过了，那么就站在了更高的教育平台之上，更需要发挥科研的引领和示范作用。我们已经不再有“功利性”的需要，那么我们的科研行为就会更加纯洁，更加有效。一方面，我们可以通过科研解决更多的教育教学工作实际问题与困惑，不断提高我们的教育教学艺术，提升我们的课堂教学效率；另一方面，我们还可以通过指导年轻教师开展课题研究工作，不断提升年轻教师的科研能力，不断促进年轻教师的专业成长，让更多的年轻教师脱颖而出。事实上，教育拥有大量的肥沃土地，当然也有值得开垦的大片沼泽和贫瘠之地，我们老教师要充分利用好科研这个“犁耙”，深耕细作，潜心研究，这样一定会收获满满，快乐满满。

不言而喻，职称评审过了，我们的高级教师不是不需要课题研究工作了，而是应该更多地开展科研活动，发挥科研的引领和示范作用。我们要始终坚信，我们中小学教师的教育教学工作会因课题研究而更加精彩。

最后，我们以苏霍姆林斯基的一句话作为结束语：

“在我看来，教师的成长取决于教育学知识的质变和深化。进修提高，首先就意味着教师今天对某一教育真理的看法已经不同于昨天。一个努力提高自己的教师不断地处理着理论与实践的关系，好像是在用理论的光芒照亮自己前进的道路，这是他的成长和积累丰富经验的基础。”[1]

[1] 苏霍姆林斯基：《给教师的建议》（修订版，全一册），杜殿坤编译，教育科学出版社，1984年版。

做研究，中小学教师也一样可以成为“专家”

我们先看几个案例：

【案例1】

课题《学科核心素养背景下学生的深度学习研究》中期报告，课题研究过程中的问题与困惑：

1. 理论学习不够，对很多问题和策略的表述不够精准。

2. 如何在平时教学中坚持深度学习策略、开展深度教学?

3. 感觉每一个问题都比较大，很难研究透。

【案例2】

课题《提升初中生几何证明题审题能力的策略研究》中期报告，课题研究过程中遇到的问题和困惑：

尽管课题在有计划地实施中，但是还是很苦恼所采取的这些措施对学生审题能力的提升是否真正有帮助。我又该如何检测呢？具体困惑如下：

1. 如何检测学生审题习惯培养的好坏?

2. 如何检测学生发散思维能力的强弱?

3. 如何检测学生逻辑推理能力的强弱?

4. 班上部分学生习惯不好，存在审题要求上的懈怠，我应该如何做?

5. 审题能力培养公开课有没有必要？选什么样的课型?

6. 对于老师问卷该如何设置?

7. 我不知道我最终研究的结果该如何呈现。

【案例3】

课题《小学中年级语文教学中小组合作的策略研究》中期报告，课题研究过程中遇到的问题与困惑：

1. 学生学习能力参差不齐，学习速度也不一样，往往好学生很快就掌握了，而差一点的学生跟不上，导致参与度不高，这是一个亟待解决的问题。

2. 在课堂上，存在这样一种现象：往往是刚开始让学生展开合作学习，学生也刚进入状态，我们却为了不打乱自己的教学计划和进度，匆匆结束合作学习，结果造成小组合作学习的效率不高，收获不大。

【案例4】

课题《小学高年级语文随文小练笔的实践研究》中期报告，课题组成员研究过程中存在的问题：

1. 部分学生由于阅读量偏少，知识面较窄，对课文的理解、感悟往往停留于表面，要让学生写出自己独特的感悟，有一定的困难。也发现有个别学生就等着同学们发表以后再写，同学说什么他写什么。如:《草原》课后练笔，作者一行和蒙古族人民依依惜别，生活中你有没有相同的经历？写一写。个别学生就简单地写道："有，我和朋友拥抱、握手然后说再见。"没有很好地表达出自己的感情。对于这样的学生如何提高还需进一步研究。

2. 要激起学生习作的兴趣，评价语很重要，如何恰如其分地评价学生，这方面我们需进一步改进。

3. 课题实践中，由于进行了随堂的"小练笔"，相对要花更多的时间，有时影响教学进度。

4. 片断式随文练笔篇幅短小，难度较低，学生易于训练，可一旦要求连缀成篇，有些学生仍存在着极大的困难。

……

上述的四个课题案例，是在我们课题协调员的课题中期走访过程中，课题组老师们提出来的问题与困惑。我们经过梳理和分析，发现老师们提出来的问题大致可以分为两类。一类是研究方法方面的问题与困惑，如对于老师问卷该如何设置；我不知道我最终研究的结果该如何呈现；理论学习不够，对很多问题和策略的表述不够精准等。这一类问题与困惑，往往由课题协调员解答。一类是课题本身的问题，即研究过程中遇到的新问题、新困惑。上述案例中的大部分问题与困惑都属于课题本身的问题，是广大中小学教师课题研究工作中遇到的研究"障碍"，需要课题组成员及时予以解决。

事实上，对于广大中小学教师而言，在课题的研究过程中遇到新问题、新困惑，是一种正常现象。如果研究过程中没有发现问题与困惑，反倒是一种不正常的现象。原因很简单，因为随着课题研究的日益深入，隐藏在课题深处的问题就会逐步“浮出水面”，而这些问题往往并不会在最初选题时发现。也就是说，只有深入地探索与实践，才会真正发现课题中更深层次的问题与困惑。这就像我们平时上课一样，在上课之前，我们也会预想到一些课堂上可能出现的问题，一般都会有预案。但我们上课过程中或上完课之后发现，课堂上的问题远远不止课前预想的那些问题，还有一些意想不到的问题也出现了。这就是新生成的问题或者隐藏在课题深处的问题。

对于广大的中小学教师来说，研究过程中遇到新问题，尤其是课题本身的问题，这是课题研究深入的体现，也是下一个课题研究的起点。我们一直认为，课题研究“只有结题，没有结束”。结题是从课题的研究周期来说的，因为课题周期一般都是一年时间（当然，省级以上课题可能时间长一点），到时间就需要结题，这是相关科研部门的要求。但是，我们在课题研究过程中的部分问题却还没有得以解决，因此仍然需要课题组成员进一步解决。那么，这些没有解决的新问题往往就是下一个课题研究的起点。在下一年的课题研究过程中，可能还会遇到新问题，那么第三年就接着继续深入研究。可见，一项课题研究三至五年是可能的，也是必要的。事实上，也只有深入性、持续性地开展研究，课题才会结出丰硕的果实，才会真正促进我们中小学教师的专业成长。

我们主张广大中小学教师进行小课题研究，这主要是从课题研究周期和课题的可操作性来说的。一线中小学教师平时工作忙、任务重，研究小课题更容易解决问题，也更容易结题和出成果。但与此同时，我们更主张中小学教师在小课题研究的基础上，以问题为导向，适当地扩大研究范围，在某一研究领域内进行更深入的研究行为。如，案例4中课题《小学高年级语文随文小练笔的实践研究》研究过程中发现的四个问题。显然，这四个课题问题，就是课题组成员下一步需要继续解决的问题。当然，课题目前只是进入到中期阶段，在后半程的研究过程中，可能还会遇到一些其他的问题。所有的这些问题，都是有关“语文小练笔”方面的研究内容。如果课题组成员经过三五年甚至更长时间进行深入研究，他们就会遇到、发现和解决更多的课题相关问题与困惑，研究成果就会更加丰硕，研究经验也就更加丰富。那么，这些课题组成员就是有关“语文小练笔”方面的“行家里手”。他们今后可以给更多的人答疑解惑，可以去讲课，也可以著书立说。这就是中小学教师由经验型教师向“专家型”教师的“蜕变”过程。

什么是专家？百度百科认为，专家是指在学术、技艺等方面有专门技能或专业知识全面的人；特别精通某一学科或某项技艺的有较高造诣的专业人士。在我们的高等院校或者科研院所，为什么有那么多的专家学者？原因很简单，因为他们在某一学术领域研究了十几年甚至几十年或者一辈子，能不成为专家吗？比如我国知名的专家学者：水稻专家袁隆平，数学专家华罗庚、陈省身、陈景润，航天专家于敏、王大珩、王希季、朱光亚、孙家栋，火箭专家钱学森，物理学专家吴有训、王淦昌……知名的专家学者不胜枚举，还有更多不知名的专家学者更是数不胜数。他们身上有一个共同的特质，那就是在某一领域坚持不懈、潜心研究了一辈子，最终成为专家学者。

当然，我们中小学教师不可能像这些专家学者一样，取得那么大的成就，拥有那么多的资源、时间、精力和资金等，但这并不能否定我们中小学教师成为“专家”的可能性。其实，我们中小学教师在某一学科或教学领域，以问题为导向，持续性、深入性地研究几年甚至十几年，一定就会成为某一学科或教学领域的专家。在我们身边，我们熟知的金水区实验小学宋君副校长，中原名师，潜心研究小学数学阅读教学若干年，已经出版好几本专著，成为首届中原名师，当然他也是小学数学阅读方面的教学专家。还有郑州16中学的昝亚娟老师，首届正高级教师，潜心研究英语写作教学很多年，成为英语写作方面的学科教学专家。

其实，我们每一名中小学教师都是潜在的学科或者教学专家，只是没有真正地深入发掘“潜力”而已。目前，我们发现相当多教师的某一项课题研究工作，往往还没有开始就已经结束了。也就是说，课题研究缺乏持续性、深入性。我们认为，中小学教师的课题大多都可以研究三五年甚至更长时间，唯有如此，我们的教师才可能成为“专家”，也就是我们经常所说的“研究型”教师。

请相信自己：

做研究，我们中小学教师也一样可以成为“专家”！

后　记

这本书是我的“处女作”。

当翻阅到本书的最后一页时，我忽然想起了唐朝诗人贾岛的一首诗歌《剑客》：

十年磨一剑，霜刃未曾试。
今日把示君，谁有不平事?

是啊，十几年来，我终于“磨”出了一把“剑”——《手把手教你做科研——写给中小学教师》这本书的“面世”。尽管这把“剑”并未见得有多么的“锋利”，但它却凝聚了我十几年的心血和汗水，也饱含着一名科研人对科研事业十几年来的孜孜追求和不懈努力。

当然，一本书的诞生，谈不上是什么了不起的事业，更谈不上有多大的成就。尤其对那些“著作等身”的人来说，一本书只不过是增加了一个数字而已。但对于我个人而言，这本书的诞生却具有十分重要的人生意义：这可能是我人生的一个新起点，也标志着我个人的专业成长进入了一个新的境界。而2020年，恰恰是我“知天命”的年龄，因此这本书的艰难“面世”，似乎颇有一点“大器晚成”“老年得志”的感慨。

这本书的诞生，也让我逐渐明白了一个浅显的道理：一个人十几年甚至几十年坚持把一件事情做好，就一定有所获、有所成。

本书能够得以诞生，并非我一个人的能力所能达到，是身边那些科研同人们给予了我大量的无私帮助和鼓励，是大家共同辛勤劳动的集体智慧结晶。也正是因为身边这样一群可爱而又令人尊敬的科研人的大力援助，我才能在科研道路上迈开更加矫健的步伐。

在本书的撰写、整理和编辑过程中，需要感谢的人太多太多了。感谢宋彬彬、石毅、许悦、胡晨曦、陈晨、周丹、范文婷、陈霞、赵丽、曹装装，李志敏、李相儒、周玲等老师，他们对文章的修改、书稿编辑和校对工作，都给予了许多无私的帮助。感谢“科研工作室核心群”的几名同人：刘永江、王松波、李斌、赵晶、袁丽娜和孙琳丽等老师，他们为科研工作室和“老胡聊科研”微信公众号的建设倾注了大量心血，对本书稿的组织、策划给予了大力支持。感谢宋君、司冬梅、郭淑红、黄想安、周玲、张慧民、陈静、李志芳、王晓航、王晓敏、杨婧婧等一线教师，他们为本书提供了大量翔实、生动的科研案例。感谢“老胡聊科研”微信公众号的众多粉丝们，他们每天不辞劳苦地阅读、分享和点赞，给予了我撰写书稿的信心和动力。此外，书中也引用了一些国内外教育名家及社会学者的名言警句和案例，为本书的表达、阐释和佐证起到了重要作用，在此一并表示感谢。

感谢河南大学出版社的阮林要等编辑们，他们对本书的设计、编辑、完善和提升提出了许多宝贵意见。在此，向各位编辑们的认真、严谨治学态度致以崇高的敬意！

感谢郑州市金水区黄河路第二小学白秀彩老师的大力支持、细心指导以及举荐，对她的真诚、善良和热情深表谢意！

当然，也要感谢单位的各位领导和同事，他们为我搭建了一个开阔而优质的成长平台，创造了一个宽松而惬意的科研环境，让我有更多的精力和时间做一点自己喜欢做的事情。

最后，当然也要感谢我的家人们，他们一直在默默无闻、一如既往地支持我的科研工作。

作　者

2020年5月